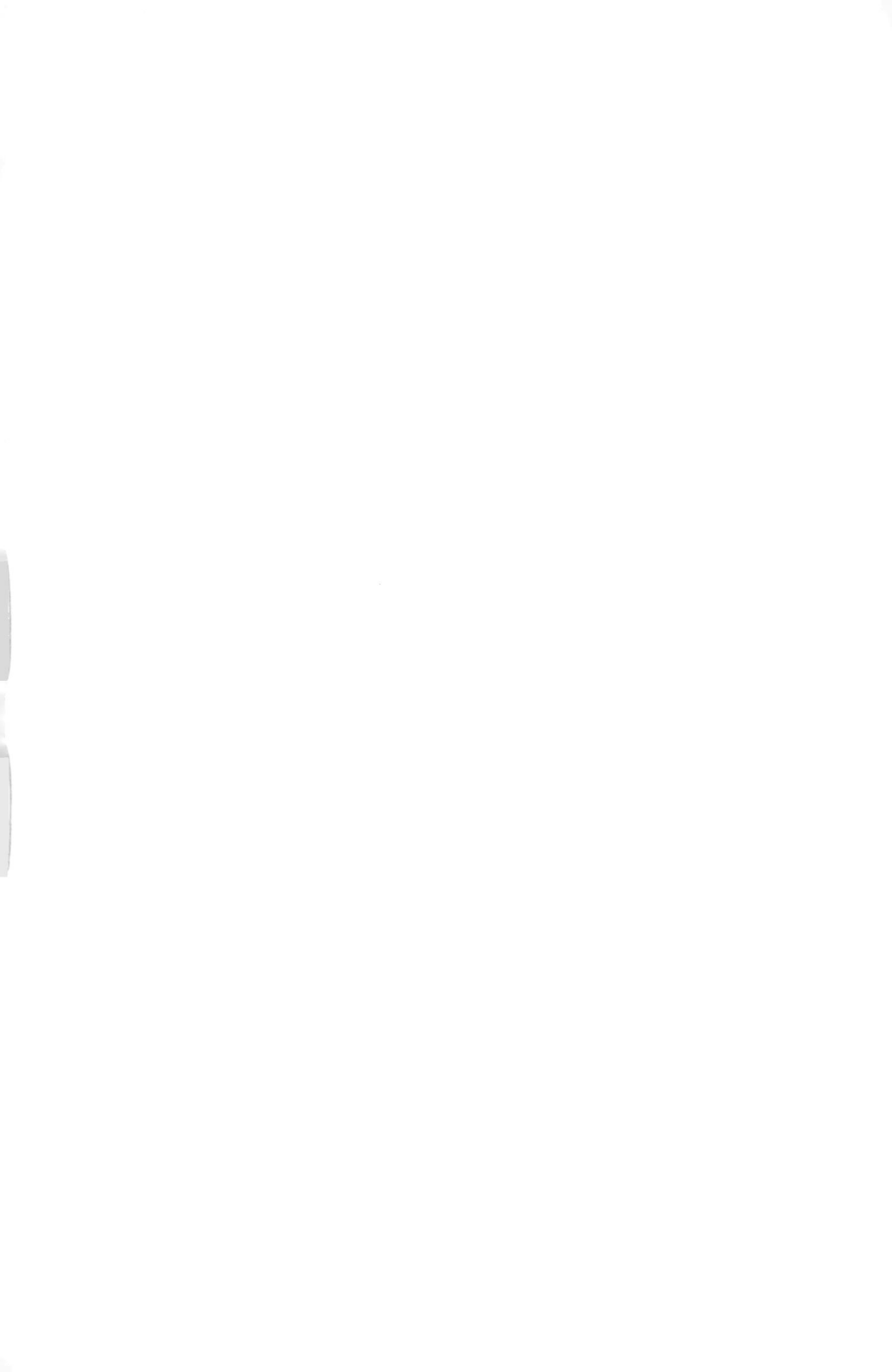

李登輝與台灣的國家認同

Taiwan

蔡石山——原著

曾士榮、陳進盛 譯

許雪姬 校訂

獻詞

謹以此書緬懷我的

父親 蔡阿朝（一九一一—二〇〇〇）

母親 李桂枝（一九一六—一九九三）

目次

新版序

《李登輝與台灣的國家認同》英文精裝本於二〇〇五年九月，由 St. Martin Press 的全球分部紐約 Palgrave Macmillan 出版。十五個月後，中譯本由台灣前衛出版社於二〇〇七年一月出書，承蒙國內讀者的眷顧，中文版目前已經絕版。為了滿足中文讀者的需求，涂豐恩博士創辦的「有理文化」出版社，徵求前衛林文欽社長的答應首肯，決定將此書的中文更新再版。涂博士請我為此寫新版「序」，我很樂意接受他的邀請。

Palgrave Macmillan 英文版出書時，邀請了兩位國際知名的台灣研究學者丹尼・羅伊（Denny Roy）跟馬若望（Ramon H. Myers）於封底，為本書撰寫評論簡介。另外，《美國歷史評論》（American Historical Review）也請紐約市立大學魯賓思坦（Murray A. Rubinstein）教授，對我的書進行評論。魯賓思坦在二〇〇六年六月的《美國歷史評論》寫道：「蔡石山的李登輝傳記平衡、敏感，文筆優美。」魯賓思坦接著評論說：「儘管作者與李登輝關係密切，但是，這是一本內容豐富而慷慨的書。書中對李登輝的缺點和所有……都作了平衡而且深刻的描述。這本書寫得很好，某些段落可以細細品味……

讓讀者深刻地感受到一個重要人物，一個在他所處的時代和地方改變國家的人物。台灣人、中國人、研究日本殖民主義的學生，都會發現這本書有趣、有啟發性而且充滿感情。」

李故總統長壽，但並非沒有潛在的健康問題和偶然的住院治療。二〇一八年十二月初，李登輝再次住院，據說已臨生命的終點。就在此時，倫敦《金融時報》（*The Financial Times*）預見到李登輝的可能離世，為了搶先新聞報導，向我提出一系列有關李登輝對台灣民住化貢獻的問題。以下是完整的問題以及我回覆的答案（二〇一八年十二月五日）：

問：你認為他的生命中，有那些重要的時刻？

答：李登輝一生中，有幾個重要時刻，包括一九六八年六月在康乃爾大學獲得農業經濟學博士；一九七〇年七月宣誓為中國國民黨黨員，一九七八年六月十九日起擔任台北市市長；一九八四年二月二十五日被選為中華民國副總統。但我認為他政治生涯中最重要的開創性時刻是一九九六年三月二十三日，當時台灣一千四百萬合格選民投票，以壓倒性多數，選出李登輝為首次民選總統。

問：如果沒有李登輝的堅強領導，台灣能否實現民主化？

答：如果沒有李登輝的堅強領導，台灣的民主化，也不無可能實現。除了李登輝那一代，對日本文化和歷史懷有鄉愁的台灣同胞之外，其他尚有數以萬計，受過高等教育，且具有奉獻精神的台灣青年人（他們或居住在台灣境內，或在海外接受教育或工作），他們自二十世紀七〇年代以來，一直在台灣島內，透過和平及非暴力抗爭，堅持不懈地試圖在自己祖國台灣建立美國式的民主。再者，由於美國政府不斷的搪塞，加上獨裁者蔣介石及其兒子蔣經國的逝世，台灣的民主，遲早會成現實。儘管其步伐，可能會慢一些，過程也可能會複雜而且混亂！

問：野百合抗議活動後，決定聽取學生意見的歷史意義？

答：依照對野百合運動學生的承諾，新任當選總統的李登輝特別寬大處理二十七名持不同意見者（非國民黨籍），而且召開國是會議。會議確定了國民黨與民進黨之間的未來。

問：他的領導對創建／強化台灣國家認同的影響？

答：李登輝領導的遺產和他最具特色的特質是他的擔當精神及敏銳的自知之明，並且願意將兩者傳播。李登輝的聲音鏗鏘有力，在喚起台灣民族方面且有奇妙的煽動力和誘感力。李登輝本人是白色恐怖的受害者。在他大力強化「新台灣人」身份認同方面功不可沒！這種「新台灣人」建立的身份是——大陸人、客家人、福佬河洛人和原住民——納入一個和諧的國家，以便維護民主、自由、人權。他成為台灣獨立的擁護者，也是歷史的推動者。他是歷史的主體，就像每一個新國家的開拓者一樣，李登輝在台灣歷史上留下的記錄，對後世既是激勵，也是鞭策！

問：在回顧李登輝的一生時，你認為還有什麼其他重要，不為人知的事，值得注意。

答：李登輝不接受單一中國歷史觀。中國歷朝的政治版圖，似手提風琴一樣，有時擴大，有時緊縮，分久必合，合久必分是必然的現象。反之，他以文化主義的思想，將中國視為一個完整的華夏文明，就像歐洲的基督文明一樣，比利時、丹麥、荷蘭等小國在其中成為共同文化的政治單位。又如中東，北非的伊斯蘭阿拉伯文明體系，總共有二十二個獨立的主權國家。一言以蔽之，李登輝自己的歷史演變方案，是把台灣的海洋型憲政民主與中國大陸型的共產主義極權結構區分出來！

擁有農業經濟學博士的李故總統，對世界歷史興致濃厚。他尤其喜愛探討跟台灣有緊密關係的荷蘭跟英國。有一次，在台綜院的訪談中，我們討論到荷蘭和英國之所以從最早的殖民地小國，發展成為全球性的海洋帝國。荷蘭原本是西班牙 Habsburg 王朝的一部份。一五七二年獨立後的一百年間，在全世界建立了二十九個貿易站，包括紐約、雅加達、長崎與我們的安平等等。他們以冒險患難的精神，再以海島貿易為背景，創建了人類最早的股票市場。

英國南部有三分之二的土地，曾經是羅馬帝國的一部份，總共超過三百五十年（公元四十三年到四百一十年）之久。當時叫做 Britannia，就是後來的 Britain（不列顛）。可是到了十九世紀，二十世紀，大不列顛（英國）變成為世界最大的海洋帝國，充分的表現了英國人冒險患難的海洋文化精神。他們發跡的理由固然很多，但主要的是英國人在一七六〇年代以後發明了蒸氣機，隨之引起了人類的工業革命，以新的動能創造各種新的機器，再加上「海」與「島」為背景的強大海軍，以及百年順序演進的君主憲制議會民主政治，在二次世界大戰以前，英國變成了全球最強盛的國家，目前英國國協總共有五十六個會員國，這些會員國，隨著大戰前後，紛紛成為主權獨立的國家，包括加拿大（一八六七）、澳洲（一九〇一）、南非（一九三四）、紐西蘭（一九四七）、巴基斯坦（一九四七）、印度（一九四九）、科爾多（Kuwait，一九六一）、杜拜（Dubai，一九七一）、巴林（Bahrain，一九七一）、馬爾他（Malta，一九六四）、阿曼（Oman，一九七一）等等。

李故總統地下有知，近來台灣的發達也具備英國當初發軔時期的三個主要條件：（一）台灣目前是全球最新科技晶片的重鎮；（二）台灣是一個憲政、民主、自由、法治的國家；（三）台灣以「海」跟「島」為腹地，也向全世界發揮了冒險患難的海洋文化精神與作為。

經過長期住院治療，李登輝總統最終於台灣時間二〇二〇年七月三十日離世，享年九十七歲。同一天（美國東部時間），《華爾街日報》援引我書中的序言，報導了他去世的消息，其中寫道：「在過去的二十年間，李登輝塑造了台灣的意識，就像納爾遜曼得拉塑造了南非的意識一樣；他創造了台灣的身份，就像李光耀塑造了新加坡的身份一樣；他使台灣能想像一個不受外國勢力控制的獨立國家，就像一八九〇年代何塞黎剎塑造了菲律賓的身份一樣。」

回想，一九九六年三月二十三日正當台灣舉行歷史性第一次民選總統的時候，中共黨報《人民日報》詆毀當時七十三歲的李登輝，說他的政策會把「台灣人民推入災難的深淵。」但是十九年以後，事實證明，李故總統不但沒把台灣人民推入災難的深淵；恰恰相反，李總統佈局的諸多政策，反而帶來台灣人歷史上享受最繁榮的經濟生活與安穩的民主自由。依據二〇二五年國際貨幣基本組織（IMF）所統計的「人均國內生產總值GDP」，在全世界一百九十七個國家當中，美國排名第九（八萬九千六百七十八）；台灣跟荷蘭排名第十一（八萬兩千六百一十五）；南韓排名第二十六（六萬五千五百八十二）；日本排名第三十六（五萬四千九百〇七）；中國卻排名第七十三（兩萬八千〇八）。＊

最後，我要再度感謝李故總統為我們下一代台灣人的子子孫孫創建並留下令人值得驕傲，穩固的政治，經濟基石。更重要的是，他帶引我們朝向歷史正確的方向！

蔡石山

謹序　二〇二五年四月寫於竹北旅次

＊筆者按：維基百科全書 Wikipedia 把台灣列為全球的一百九十七個國家之一。

代序

中研院台灣史研究所前所長
許雪姬

生平第一次打工是在我就讀台大歷史所博士班的第二年（一九七九），工作性質是為台北市即將召開的「耆老座談會」擬題目、訪問耆老，以便自老人家口中去發掘歷史、保存歷史，這時的台北市長就是李登輝先生。召開台北市耆老座談會那一天，第一次見到市長，他那高挺的身材以及厚實寬大的下巴令人印象深刻。雖然我已不記得開幕式時他說了什麼話，因為這並不重要，重要的是，這次的經驗成為往後我從事口述歷史工作的開端，雖然我第一本口述歷史（與陳三井先生合訪）《林衡道先生訪問錄紀》要到一九九二年才出版。一九九一年我被選定為二二八事件工作小組成員之一，撰寫《二二八事件研究報告》，為不幸的死難者找回公理、真相，促成李登輝先生以總統的身分道歉，而立法院也通過「二二八事件補償條例」。雖然我們幾個成員中有人收到黑函，也飽受外界異樣的眼光，使我常自我解嘲說我是李先生時代的「御用學者」；但如今想來，卻慶幸自己能在那時刻盡力。民選總統那一年（一九九六）我到京都大學遊學，當中共對台灣沿海發射砲彈，使在日本的我憂心如焚，每天看日本各人媒體報導，總是忐忐不安、難以成眠，一直到我趕回台灣，對他投下我神聖的一票，心中才安定下來。

台灣在李先生十二年（一九八八―二〇〇〇）的領導下，舊的惡政尚難清除，新的良政也待展開。我看到的是一個老台灣人對台灣前途的擔憂，他們不允許下一代再做只有故鄉沒有自己國家的一代，他努力改善台灣的外交環境，企圖為後代子孫打造一個可以安身立命、長長久久的台灣。這一切的一切，都因李先生已進入老年，時間相當有限，故他無所懼，一味向前行。也許李先生那一代的台灣人，年輕時未能對台灣的未來做出具體的貢獻，此刻把握住執政的最後時期，由宣傳理念，進而具體實踐，這對李先生而言，也是一種具體的補償作用。

二〇〇〇年國民黨總統選戰失利，雖然政黨順利輪替，但李先生卻成為其黨內「同志」眾矢之的，被逼提早交出國民黨黨主席的位置；沒有人料到他退而不休，以在野身份仍關注國事，批評國民黨，以致被開除黨籍。老驥伏櫪的他又成為新政黨台聯的精神領袖，真是為了台灣不知「死」之將至！

這樣一位對台灣發展扮演舉足輕重角色的李先生，是不可能沒有傳。早在蔡石山教授這本書之前，已有五花八門的傳記出現，造神、批判他的都大有人在，其中較具水準的，中文著作就不必再提，日文著作則有若林正丈《蔣経国と李登輝：「大陸国家」からの離陸？》（東京：岩波書店，一九九七年）與伊藤潔（劉明修，二〇〇六年過世）的《李登輝傳》（東京：文芸春秋，一九九五年），但尚未有一本英文的李登輝專著，而且超過到二〇〇〇年他離開總統的職位時。

蔡石山教授費了許多心力，親自訪問李先生及其相關人物，將複雜的資料化繁就簡，卻又能精密分析其一生重要的轉折。李先生先是學做一個日本人，再過渡到學做一個中國人，到晚年才回復到作為一個台灣人，這是老一輩台灣人必經之路，甚至還多一段再學做一個美國人。蔡教授試著去了解其心理歷程、時代背景、遭遇的周折，以及他如何學習執政，又如何利用自己的位置來為台灣尋找另類的出路。他人格的優缺點是僞裝、堅執，都透過蔡教授的生花妙筆躍然紙上。對李先生人生大轉折之際，究竟背後是什麼看法產生好奇，而想得到解答的，可以在本書得到答案。

我和蔡教授素無淵源，但在學中拜讀過他的《西洋史學史》，去年（二〇〇五）他到中研院台史所來當訪問學人半年，今年（二〇〇六）二月再來半年，送我 Lee Teng-hui and Taiwan's Quest for Identity（New York, N.Y.: Palgrave MacMillan, 2005）一書，告訴我他打算譯成中文出版。我既主持台史所所務，就有義務協助他做成這件有意義的事，替他找了曾士榮、陳進盛兩人擔任中譯的工作，並由我做中文版的監譯與校讀的工作。承蔡教授信任與諒解，中譯本修正了一些英文原著中的小瑕疵，使本書更趨正確，而可讀性也更高。如今這本書即將出版，令我如釋重負。坦白說，我一直在找機會想做一件對李先生有正面意義的事，以報答他為台灣付出的心力（於萬一）。也謝謝蔡石山教授，他讓我有機會來為這本書的中文版把關。謹爲之序。

二〇〇六年十一月二十二日夜十一點半

於近史所研究室

前言

一九九六年三月二十三日，中國共產黨的平面媒體機關《人民日報》有一篇社論，誹謗年已七十三歲的李登輝，視他為一個藐視祖國的「分離主義份子」、一個勾結美國的「騙子」、一個以政策「將台灣推向大災難深淵」的人。同一天，台灣的一千四百萬合格選民，無懼於中國長達一週的軍事演習與飛彈試射的威脅，在全國一萬兩千五百九十七個投票所自由投下他們的選票，壓倒性選出李登輝為總統。擁有壓倒性的選舉勝利與人民的授權，這位台灣人總統李登輝不斷且直率駁斥中國對台灣主權的主張。事實上，李登輝在就職演說中，宣告台灣是「一個主權國家」，誓言要使台灣完全獨立於外國的控制（這個宣告根本背離了其前任蔣介石和蔣經國的明確政策。一九四九年因逃避共產黨遷到台灣之後，蔣介石與蔣經國僅打算，將台灣視為國民政府未來光復中國大陸的堡壘）。[1] 李登輝隨後解散台灣省政府，在一九九九年七月九日接受「德國之音」的訪問中，進一步要求一個「特殊國與國」的外交機制，欲透過此一機制進行未來中國與台灣之間的協商。[2]

藉著宣告台灣是「主權國家」，李登輝很清楚想要提倡一種「國家民族主義」（state nationalism）的形式。蘇聯瓦解以後，國家民族主義開始因新的主權國家的擴增而在整個一九九〇年代期間支配著歐洲。李登輝了解，中國人長期以來適應了太平盛世的帝國權力架構，二十世紀之後，又受到近代民族主義情感的刺激。然而，他並不將中國文化視為一個整體，也不接受單一的中國史觀。因此，李登輝要應用文化主義（culturalism）的概念，將中國視為「可媲美於西方基督教的一個完整的文明。而在西方基督教內部，像法國與英國等民族國家成為具有共同文化的政治次單位（subunits）」。[3]在李登輝自己的歷史演變架構之中，「國家民族主義」是一種相當受到認可的民族主義，正如在立陶宛、愛沙尼亞、拉脫維亞與烏克蘭所建立的主權國家，它不應該被解釋成為純粹的「種族民族主義」（ethnic nationalism）。[4]「國家民族主義」不是立基於哲學、藝術、文學與宗教等文化上的差異，而是立基於政治的架構，與台灣島的地理和社會習俗的不變事實之上。也就是說，台灣的海洋型傾向的憲政民主，並不類同於大陸型的中國，以及其共產極權無所不包的權力結構。

儘管北京可能並不完全了解李登輝關於民族主義的新說法，李登輝關於中國與台灣關係的構想（「特殊國與國」）所產生的影響，則是立即的、長期的與情感的。李登輝最大的優點在於，他能夠敏銳解讀並塑造國內的公共意見，同時能夠激起民眾追隨他自己的目標。儘管大部分的台灣人原為漢族，一般來說，他們受到漢文化的影響並不一致，而且從一八九五年起，在政治、社會、經濟，甚至語言上，即和他們的中國大陸遠親分隔開來（除了一九四五年到一九四九年的四年內戰期間之外）。其實，一八九五年五月二十五日，在日本從清朝政府接收台灣以前，台灣島民早已建立台灣民主國，希望尋求歐洲人與美國人的支持。儘管該台灣民主國十分短命，這一段歷史卻「代表一個虛擬的台灣國族認同概念的歷史起點」，因為它「在象徵上與法律上標示著台灣從中國最初的分離」。[5] 過去幾十年間，台灣分裂的國族認同變得更明顯且更容易分辨。究其原因，一部分是因為台灣更民主化、更多自由與經濟更成功，另一部分則是因為共產中國令人遺憾的違反人權記錄，以及它持續威脅以武力「解放」台灣。二〇〇四年，中國沿著大陸南部海岸部署了大約六百枚飛彈，對準台灣。

李登輝努力喚起的「國家民族主義」的政治意識，似乎已經贏得台灣島上多數福佬人、客家人與原住民的支持。但是，仍有頗高比例的「外省人」（一九四九年隨中華民國政府由大陸逃難到台灣），繼續維持與中國深切的個人關係與情感聯繫，而且他們一般來說並不信賴李登輝，也不奉行李登輝的政治議程。為了舒緩台灣內部矛盾衝突的多重認同（本省人對外省人，或獨立對統一），李登輝尋找一個簡稱為「新台灣人」的新認同方案的可能性。李登輝多族群、多文化的提議，在他所稱的「國家民族主義」與傳統的「族群民族主義」之間明確做出區別。這個無所不包的「新台灣人」概念，將所有台灣住民給包括進去，無論其族群背景和來到台灣的時間先後。一九九八年台北市長選舉時，香港出生的馬英九宣告自己是「新台灣人」，並擊敗台灣本土出生且頗受歡迎的陳水扁的時候，這個新的認同遂於一九九〇年代後期蔚為風行。

然而，李登輝的「新台灣人」概念長久以來仍處於孕育階段，而且胎盤不穩。李登輝剛繼任台灣的總統一職時，就像其前任一樣，似乎熱切支持中國統一。但是，退休之後，他經歷了心理學家所稱的「政治的贖罪」（political atonement）。這表現在他無情地指控國民黨是個「外來政權」，並且積極地提倡台灣獨立等事實之上。[6] 二〇〇三年一月，李登輝在一次演說中指出：「台灣人出賣他們的身體與靈魂給外來政權的時間太久了，現在正是將之取回來的時刻。因為台灣是屬於台灣人的。」[7] 這類說詞反映出李登輝正在解構他自己的「中國性」，另一方面卻受到台灣海峽兩岸中國人的同聲譴責。再者，李登輝承認年輕時，自己對日本的感受多過對中國的感受，這是因為他是在日本人辦的學校與其他日本人同學競爭中長大，後來就讀於京都帝國大學，也在日本的陸軍擔任過尉官。簡言之，文化上混血的李登輝一直是個具有多重認同的人，因此體現出些許矛盾衝突。他早先認同自己是個日本人，然後是個中國人，最後則是個台灣人。他的生命史是近代台灣社會的縮影和真實的寫照，本書也是一本關於台灣認同的塑造、解構與再造的陳述。

李登輝是台北縣三芝鄉一位小生意人的兒子，他見證了幾乎整個近代台灣的歷史發展，亦即，從第二次世界大戰時期台灣作為日本策略性島嶼的地位，到一九四〇年代後期的國共內戰糾結，再到以當前台灣追求國族認同為發展頂點的（戰後的）政治、社會與經濟的轉型。李登輝也象徵台灣的多元文化融合的傳統——它長期且持續（但有時頗具爭議）將中國、日本與西方的文化融合成一個獨特的公民社會。因此，本書前兩章討論李登輝成長的地理與歷史背景，同時也討論在某種程度上，李登輝的日本教育如何形成了他的世界觀（Weltanschauung），特別是他對中國的觀點。

第二次世界大戰以後，李登輝回到台灣，進入國立台灣大學繼續大學教育，並於一九四九年取得台大農業經濟學系的學士學位。雖然李登輝也曾在愛荷華州立大學就讀（一九五二—一九五三年間），然而並未在該校取得碩士學位，可知媒體報導有誤。但是，一九六八年，在四十五歲時，他取得了康乃爾大學的博士。李登輝經常從政治災難中倖存，他驚險地逃過惡名遠播的一九四七年台灣大屠殺（始於二月二十七日，乃台灣史上的大動亂），與一九五〇年代到一九六〇年代蔣介石政權的白色恐怖。在這段艱困歲月中，李登輝就像他的祖國台灣一樣，身心承受極大苦痛。然而，無論是童年時所患的長期病痛，或是第二次世界大戰期間與死神的擦身而過，以及他在台灣的警備總司令部（秘密警察）審訊室內的恐懼與苦痛，這些經歷在在模鑄其耐心、謹慎與極為複雜的性格。這些嚴峻考驗也有助於他思想的深化，求生本能更為敏銳，也造成了他難以捉摸的個性。本書第三章與第四章描述台灣史上最悲痛的事件，並闡明這些事件如何影響了李登輝看似相互矛盾的信念的養成，以及如何影響台灣人變動且多面向的認同。

為了加速工業成長，蔣介石政府首先從土地改革著手，希望建立符合未來台灣計畫經濟擴張與社會發展所需的基礎建設。一九七二年，李登輝作為一個對台灣農業經濟現代化多所貢獻的能幹技術官僚，在這些資歷下，四十九歲的他被任命為行政院政務委員，可以說是以台灣人的身份，踏進了通往權力的門口。一九七五年蔣介石死後，其較為務實的兒子蔣經國決定將外省人所獨占的權力加以鬆綁，在政府中逐漸選用一些本省人擔任較高的職位。一九七八年，李登輝被提名為台北市長，隨後擔任台灣省主席，六年後更成為蔣經國的副總統。一九八八年一月，蔣經國死後，李登輝得以繼任成為第八任中華民國總統。一九九〇年三月，國民大會選舉他續任總統，為期六年。一九九六年，他終於通過人民直選，繼續擔任總統。雖然這位坦率的平民主義者經常引用《尚書》中的話說「民之所欲，長在我心」，卻是以承繼自兩蔣的威權主義權力進行統治。本書第五章與第六章討論李登輝的諸多面貌，分析他如何再創自我與再造他的「中國性」，並且依循李登輝從技術官僚轉型為政治家、從馬克思主義者轉型為基督徒的迂迴途徑，加以分析。

李登輝向上爬升成為台灣總統，這不僅在政治上令人嘖嘖稱奇，在歷史上也是意義重大。李登輝在六十五歲以前，多多少少是個政治上的謎樣人物，大多數人把他看成只是個很快就會被台灣政壇上另一個外省籍「強人」所取代的看守者。但是，李登輝最後憑本身能力證明自己是個能幹、熟練、果斷、受過良好教育的政治人物。由於李登輝在國民黨內的政治基礎十分薄弱，且對軍隊缺乏影響力，於是循序漸進在國民黨內部形成一個溫和的改革團體，並融合其務實、智慧與藝術家的預感，航行於危險的政治水域。他具有一種料事如神的敏銳嗅覺，和追求成功的頑強決心，這不僅將台灣導引向順利的民主轉移，對於激發出台灣的經濟「奇蹟」也提供了助力，同時使台灣成為國際社會中受人尊敬的成員。然而，李登輝作為台灣領導人的記錄並非完美無瑕，他的政府受到許多貪污醜聞所困擾，核心圈內人士也被認為與聲名狼藉的商業巨頭及黑道人士太過接近。李登輝自己則被批評為擅權且揮霍無度，他任命的內閣成員，有些並不孚眾望。本書第七章與第八章討論台灣演變中的政體與經濟，及其如何對李登輝主政時期的台灣之國家與社會的重構提供助力。

二〇〇三年一月十五日，李登輝已經八十歲了，像他這種受過日本教育的世代，正面臨揮之不去的陰影。他了解到自己的人生已經接近尾聲，卻不能確保台灣的主體文化而憂心忡忡。李登輝從總統職位卸任以後，只要將具有爭議性之政治信條的粗糙邊緣磨光，很容易就可以成為台灣的「政治佛陀」。然而，李登輝決定不留在黨派傾軋的爭議之外，選擇與國民黨決裂，並於二〇〇一年八月十一日協助成立「台灣團結聯盟」（TSU，台聯）這個支持獨立的新政黨。實際上，李登輝這個選擇使他自己成為政治上的「土地公」與草根接近，並且能密切涉入民眾的生活。在本質上，李登輝已成為目前執政民進黨（DPP）的堅定盟友。民進黨也支持台灣獨立、國家民族主義，或者（至少）通過公民投票以達成某種形式的自決。因此，李登輝雖然繼續在台灣政壇上保持活躍，卻也成為一位爭議不斷的人物。＊

李登輝退休以後，比較有時間（在台灣深深依賴中國文化的背景下）重新審視並回顧台灣的文化。但個人成長時期的生活經驗是很難拋棄的，李登輝仍保留他日本歷史文化的鄉愁。然而，他對提升與日本文化聯繫的強調，卻令大陸的中國人與台灣的外省人都感到不舒服。他的文章與公開的發言有時候也給人一種印象：亦即，他喜歡戴著戰前日本凋萎的花朵，像一位現代武士一樣騎馬前行。李登輝對台灣獨立的強硬立場，加上清晰的國家民族主義的理念，最終激怒了中國共產黨，並導致相當多台灣人的不安——他們大都只想維持台灣現狀，而不想引起與中國的任何衝突。他們也擔心台灣已經成為一個爭鬧不休而無法團結的國家。在這樣的情況下，國家民族主義如果遭到蓄意操作，很可能脫離正軌，變質成為像北愛爾蘭，或是第一次世界大戰之後，奧匈帝國（Austro-Hungarian Empire）的巴爾幹壓力鍋一般，充滿著敵意的族群民族衝突殘殺。李登輝是否能夠繼續在台灣發揮重要影響，有待觀察。但是，在過去的二十年期間，李登輝已經如曼德拉（Nelson Mandela）之於南非一般鑄成了台灣意識，也如李光耀之於新加坡一般為台灣塑造了自己的認同，更如一八九〇年代的荷西．黎剎（Jose Rizal）之於菲律賓一般使台灣人能夠想像一個不受外國控制的獨立國家。中國的諺語提醒我們：「蓋棺論定。」因此，本書最後兩章將分析：李登輝透過哪些動力，在當代台

＊編按：本書繁體中文版初版於二〇〇七年出版。

灣的政治生活中，將民主從一種觀念（notion）變成一種基本規範（norm），並且，在台灣與中國的未來關係上，將民主從一片和諧景象變成狂熱的爭辯。同時，最後這兩章也將分析：是什麼因素導致李登輝在政治與個人意義上一百八十度的轉變，讓自己經過再造而成為再生的台灣之子，並且，最後容許他，面對著他自己，他的上帝與他的人民，說出他心中深藏的聲音。

致謝語

一九九六年，李登輝以壓倒性的勝利贏得台灣第一次總統直選，我開始萌生撰寫一本關於李登輝的一生與經歷一書的念頭。由於當時我正忙著寫《永樂皇帝》（Perpetual Happiness: The Ming Emperor Yongle, University of Washington Press, 2001）一書，只好把李登輝的撰寫計畫暫時擱置。後來，在藍厚理（Harry J. Lamley）寄給我的耶誕節祝賀信件中，其中一封信問起我是否已經忘了我的計畫——亦即撰寫一本關於台灣正在興起的國族意識的書，透過歷史上一位主要人物的傳記，闡述這個主題。雖然，本書在過去九年的孕育期，經歷幾次波折，我希望沒有讓這位美國的台灣研究先驅失望。

在我進行這個計畫期間，感謝台灣的中央研究院與教育部，提供廣泛的原始史料與二手資料，供我研究。我也受惠於台灣研究學者的作品，他們針對台灣歷史與社會的諸多面向已經做出詳盡的研究成果，其中，特別是陳以德、馬若孟（Myers, Ramon H.）、高棣民（Gold, Thomas B.）、蔡慧玉、周婉窈、陶涵（Jay Taylor）、葛超智（Kerr, George

H，一譯柯喬治）與康培莊（John F. Copper）。我想謝謝我的弟弟文杞、國策顧問許登宮與我的學生何敏滄，他們幫我安排並促成我與李登輝的訪談，同時提供本書所列圖片的翻印。我的兒子九峰從忙碌的律師工作中撥冗為本書的初稿進行編輯，並藉此表達他真誠的孝心。我也感謝金德芳（June Teufel Dreyer），她花了一整個寒假閱讀全部手稿，並給我許多關於台灣與美國知名官員的寶貴建議和深刻見解。

我很幸運能夠得到來自台灣與美國的同事與朋友的研究協助和建議。我的記者朋友王景弘固定從他位於華盛頓特區的工作地打電話給我，向我透露在美國的台灣外交人員的精彩軼事。出版家及作家王榮文則與我分享近年來在台灣政治驅動之下而興起的「新台灣史學」。在本書籌備的不同階段之中，我也受到其他同事與學者的協助與鼓勵，他們是劉翠溶、陳秋坤、莊英章、黃富三、陳慈玉、陳永發與許雪姬（以上皆任職於中央研究院）；Hoyt Purvis、Chuck Adams、Donald Lamm、敖潔生（Jason Alter）與 Beth Juhl。我也感謝鐘英昌幫我處理中文電腦軟體，福島達也幫我處理日文譯音的校對，我的研究助理 Yulia Uryadova 為我跑了數百趟的圖書館。

我要感謝台灣的遠流出版社，允許我使用他們有關台灣歷史收藏品之中的幾張照片，＊台灣的人權教育基金會提供有關綠島政治監獄的重要歷史文件，Tanya Zanish-

Belcher從愛荷華州立大學的特藏室中影印了許多寶貴的資料。我也感謝中央研究院台灣史研究所於二〇〇四年春天，為我提供一個駐所訪問學者的職位。最後我要感謝（卻不是最少的）我的妻子秀娟與女兒雪楓，在我寫作本書期間，她們的耐心、慷慨的支持與愛。

＊編按：此處的照片為初版中收錄。

第一章 李登輝誕生時的台灣

二〇〇二年五月十一日母親節前一天晚上，大約有兩萬名台灣人在台北遊行，呼籲每個住在這個島上的人都應以他們的祖國台灣為榮。在此一遊行開始之前，遊行的帶領者宣讀一篇由七十九歲的中華民國前總統李登輝所寫的正式聲明：「咱的母親是台灣，咱就是台灣的主人……數百年來，咱的母親寬容慈愛，辛苦養育每一代的台灣人；作為台灣子女的應盡本分敬愛咱的母親，疼惜咱的台灣。所以今仔日咱每一個人都要拿出勇氣，光明正大喊出『我是台灣人』！」[1]

數百年來，台灣，或稱福爾摩沙（Ilha Formosa，葡萄牙語的「美麗之島」之意），一直是一個自治體，而且通常受到中國忽視；同時，它也不必然屬於任何國家的疆界聲稱之內。一四三〇年，明朝的三保太監鄭和（一三七一—一四三五）寄給明朝皇帝一份關於此一島嶼的調查報告，卻沒有引起朝廷官員的興趣。一個半世紀以後（一五八二），一群前往澳門途中遇到船難的葡萄牙船員，抵達島嶼的西南海岸尋求避難，停留六週之久，然而並未建立任何軍事或貿易據點。眾所周知，最先在這個島嶼上定居的是許多南島民族（Malayan-Austronesian）的部落；直到十七世紀早期，島上居民開始包括一些日本人，以及由中國福建與廣東移入的不少移民。這些大約三萬到五萬的移民之中，大部分是漁民與農民，他們定居在約占全島四分之一面積的西部平原（台灣的大小大約等同於西維吉尼亞州，長三九四公里，寬一四二公里，面積三萬五千九百六十一平方公里）。一六二六年五月，菲律賓的西班牙艦隊向台灣北部前進，他們占領基隆（西班牙語稱為La Santisima Trinidad）以後，在港口建立一個名為聖薩爾瓦多（San Salvador）的據點。經過兩年的時間（一六二八），西班牙人在淡水建立了另一個據點，名為聖多明哥堡（Fort Santo Domingo，即後來的紅毛城），藉以加速他們對台灣北部的占領。往後的十六年期間，這些西班牙商人忙著開採台北盆地的硫磺礦藏，同時，西班牙道明會（Dominican）的傳教士則致力於宣傳天主教。這些傳教士編纂一本《淡水字典》，教導當地住民有關西方的醫學。[2]

在那段期間，建立巴達維亞（Batavia，今日的雅加達）的荷蘭帝國奠立者科恩（Jan Pietersz Coen），也宣稱台灣是荷蘭的殖民地。他們在澎湖群島（Pescadores，葡萄牙語意指「漁人」）建立一個軍事據點。澎湖群島是台灣島西方的群島，亦即今日的澎湖。

為了獨占香料貿易，並控制其他來自亞洲珍貴商品的交易，荷蘭人決定將所有外來實體逐出台灣。那些與台灣島內的原住民偶有接觸但對該島仍缺乏興趣的漢人，選擇不與荷蘭人競爭台灣的主權。另一方面，西班牙人卻宣示保衛他們在台灣北部所建據點的決心。一六四二年八月二十四日，荷蘭人以重砲轟擊聖多明哥堡，迫使西班牙人放棄所有對台灣的權利宣示。荷蘭人在該年九月取得這個據點以後，花了八天的時間慶祝勝利，宣告荷蘭才是台灣無可爭議的主人。往後的數年，荷蘭人將台灣建設成為該國在亞洲的十九個主要貿易中心之一，對台灣的糖與鹿皮輸出到日本以換取銀圓的貿易，做出了貢獻，因此獲取相當可觀的利潤。很快地，荷蘭人就用磚頭、石材與未熟化的石灰，重新建設聖多明哥堡，使城堡在未來面對攻擊時，更為堅不可摧。由於聖多明哥堡八寸厚的圍牆建構得極其完善，以至於一八八四年法國砲轟聖多明哥堡的時候，法國的砲彈幾乎只能在城堡圍牆上留下少許痕跡。荷蘭人很快將歐洲的傳教士引進台灣，因此轉而信奉基督教的台灣島民超過六千名，這也導致了台灣島內文化的重新塑造。荷蘭人組織一個半自治的地方政府，稱為藍塔達（Lantadag），又在現今的台南建立熱蘭遮城（Fort Zeelandia），並在當地許多聚落中設立荷蘭文與拉丁文的學校，以及一所書院（college）。荷蘭人將一些新的農作物引進台灣，例如甘藍菜、豆類、蕃茄、芒果與紅番椒。[3] 然而，一六六一年，在荷蘭人遭到國姓爺（鄭成功，一六二四—一六六二）所率領效忠明朝的軍隊逐出台灣的時候，台灣的「荷蘭化」也隨之結束。國姓爺的軍隊一來到台灣，台灣的歷史也就進入了一個新的時代。

國姓爺生於日本，父親是漢人，母親是日本人。國姓爺與他的海盜父親一直在中國廣大的沿海地區與滿洲人進行對抗。滿洲人在一六四五年前已經取得北京，建立新的滿清王朝，且幾乎平定了整個中國。一六六一年，國姓爺帶領一支擁有九百艘船隻與兩萬五千名海軍兵員的艦隊，橫越分隔台灣與大陸其寬度達二百公里的台灣海峽。這支艦隊擊敗荷蘭的防衛部隊，因此，一六六二年二月一日，荷蘭總督揆一（Frederick Coyett，一六一五或一六二〇—一六八七）透過一紙條約，將台灣的主權讓渡給這些明朝的忠貞遺民。國姓爺有意在這個島嶼上建立一個王國，再以台灣作為未來光復中國大陸、推翻滿清的基地；只是他在一年之內便過世了。然而，國姓爺向台灣的出走，也帶來了數以百計的明朝之遺民、學者與各類流亡者。這些跟隨國姓爺到台灣的漢人，開始以晚明社會作為典型，進行對這個島嶼的開發。這些瓦解的明朝文化力量，進入台灣的荒野之後，重新取得活力，在台灣建立了一個有秩序的邊疆社會。在這個邊疆社會中，每個軍事單位，定期執行防衛職務，也花不少時間在開墾土地和農務上。這些軍事農民

（soldier-peasants）得以利用熱帶的氣候、肥沃且未開發的土地，以及充足的水資源，栽種農作物，一年三熟。台灣島民也種植甘蔗，透過出口蔗糖到日本，賺取數萬銀兩（一兩等於一點二〇八英國盎司）。現在，官方的書寫文字改為中文，同時，明朝私塾很快取代了歐洲教育。更且，以儒家經典為基礎的考試，每隔三年舉行一次，金榜題名者得以在官僚體系中任職。結果，滿洲人取得大陸控制權的時候，台灣這個島嶼的身分突然改變，從一個類似歐洲的前哨基地，轉變成一個部分類似明朝的社會。[4]

同時，位於淡水的這個聖多明哥堡的身分也改變了。經過大幅度翻修，國姓爺將城堡重新命名為紅毛城——紅髮蠻族的城堡，一個對這個城堡的歐洲遺留的證據。直到李登輝的曾祖父來到淡水定居的時候，這個城堡地標普遍稱為紅堡（Red Ford）。但是，正如台灣的身份一樣，這個淡水城堡的身分也經歷再次的改變。國姓爺以三十九歲之齡早死，可謂壯志未酬身先死，孤臣無力可回天。在他死後，明朝的反抗運動氣勢開始衰退。鄭氏王朝內部鬥爭不斷，逐漸弱化台灣本身的防衛。一六八三年，國姓爺的屬下將領們向中國的帝國軍隊投降。由於台灣過去從來不是中國帝國的一部分，北京的中國統治者不知道如何處置這個島嶼。在《台灣通史》一書中，連雅堂（一八七八—一九三六，一般被稱為台灣的歷史之父記載）：「廷議以其孤懸海外，賊易藪，欲棄之。」[5]

威爾斯（John E. Wills, Jr.）也提及，中國當局甚至設法說服荷蘭人買回台灣，但荷蘭人興趣缺缺。[6] 在與中國統治者間激烈論辯後，北京派一個駐守部隊與一個文官代表團到這個島嶼，台灣最後變成福建省的一個府，後來又於一八八五年中法戰爭以後建省，設有台灣巡撫。在中國帝國統治之下，中國的書寫語文（漢字）與儒家道德，繼續在這個島上傳授盛行；同時，官員在島上建造寺廟與亭台樓閣，推行中國的風俗習慣。新政府在台灣島上奠立了科舉考試制度，並由台灣社會士紳階層的文人之中，選取上層的行政人員。台灣島上每個縣都必須奉行官方政令與文化政策，不論是被迫或認同，都必須唯命是從。島上部分菁英接受了統治中國的滿洲人之價值觀。

總而言之，此一「逐漸滲透的」漢化——漢文化與組織化的實踐，並未對島上居民產生巨大影響。可以確知的是，台灣的確培養出少數翰林學者，也有人取得進士功名；甚至出了一位伯爵王得祿（一七七〇—一八四一，他是台灣人當中唯一取得貴族頭銜者）。但是，普遍無效率且濫權的帝國統治，最後無法將台灣從根本轉變成一個真正的中國社會。清帝國在領土之內強調內、外區別，在邊境地區則有內地人與外地人之分。大陸與台灣之間仍然存有本質上的差異，這是因為台灣仍屬中國的邊陲地區，台灣島民普遍被視為外地人。有一位住在台灣的外國人士薩兒馬那札（George Psalmanazar，一六七九—一七六三）為這個情形提供了佐證：他在一七五二年寫給倫敦的伯奇牧師（Reverend Birch）的信件中，保存許多有關台灣獨特的宗教、風俗、禮規與政府的相關記載。[7] 就地理而言，危險可畏的海峽具有天然的屏障作用，將中國主流文化與台灣的邊疆拓墾者隔離。這些墾荒者不得不適應這個桀驁不馴的環境、熱帶的疾病、遍布的沼澤地、難以穿越的山嶺、野獸、颱風、地震與土著民族。美國外交官葛超智（George H. Kerr）指出：台灣的偏僻村落之間經常發生爭鬥，這些偏僻村落受到家族族長與宗親會控制，在他們自己的疆界內，這些頭人說了就算，他們本身便是法律。[8] 因此，在自身特殊的台灣文化趨勢下，中國式生活雖然進入本島，台灣卻將之變更，且加以發展。經歷十八世紀與十九世紀上半葉的過程，台灣仍是一個野蠻與文明的交會地。這些台灣的冒險家與農業拓墾的先鋒與備有武器且保存獵人頭習俗的土著民族正面迎敵。即使晚至一八七〇年代，加拿大的傳教士馬偕（George Leslie Mackay，一八四四—一九〇一）仍「親眼目睹客家拓墾者與衰退中的山地部落之間的衝突，沿著中央山脈的邊緣地帶發生」。[9] 這些情形持續到十九世紀結束，在畢麒麟（William Alexander Pickering）的《歷險福爾摩沙：滿洲官員、船難與獵人頭蠻族之間的冒險回憶錄》（Pioneering in Formosa:

Recollections of Adventures among Mandarins, Wrecks and Head-hunting Savages）一書中有鮮活的描述。[10]

這些拓荒的冒險家也包括客家人，廣東話的字面意義是「客居的開墾者」（guest settlers）。客家人也意指定期遷移到新的地域墾荒或者逃避戰禍與不公迫害的移民族群。根據江運貴（Clyde Kiang）的論點，客家人的語言、文化與遺傳系譜可追溯到滿洲平原、蒙古與貝加爾湖區。而且，和中國人相比，客家人與日本人及韓國人彼此的血緣更為接近。[11]第一個客家人移民群大約在十七世紀早期來到台灣，後來成為台灣最大的少數族群。台灣島上每一個較大的客家社群中，皆有一間義民廟，或稱正義之民的廟。廟中奉祀那些被原住民殺害，或在派系暴力械鬥中被殺的拓墾者。台灣客家人在每年陰曆七月的第二十天為他們死去的英雄舉辦紀念活動。[12]幾乎每一位台灣客家人都自稱是「義民」的後代。

此一客家傳統是型塑早期台灣成長與性格的許多獨特影響之一。同樣，十三個說南島語的原住民族群仍然保留各自的習俗，繼續舉行各自的傳統節慶。包括：阿美族每年六月中的捕魚祭；泰雅族的豐年祭；卑南族在每年一月一日的猴祭；排灣族每五年一度的團聚節慶（maleva）；布農族的「耳祭」；魯凱族的階級社會制度；以及達悟族在五月或六月舉行的小米祭。直到最近，傾向中國的歷史學者主要從中華帝國的觀點研究台灣，強調中國文化對台灣的影響，卻忽略了邊疆開拓經驗（包含客家與原住民）在刺激台灣成長上的角色。這些歷史習慣性將台灣視為中國大陸化的附屬品，卻忽略海洋地域、殖民過往，以及土著傳統。

一九六〇年代以來，許多台灣籍學者開始將台灣視為海洋亞洲深具活力的歷史一部分，因此駁斥將台灣視為所謂明清「大地域」（macroregions）一部分的命題。他們強調台灣與航行於各海洋的歐洲人、東南亞人、中國沿海、日本人，甚至美國人的接觸。[13] 船難、暴力事件，以及希望取得煤、茶、淡水與食品供應等因素，經常吸引主要海權國家對台灣島的注意力。有一個眾所周知的事實，一八五三年到一八五四年間，培里（Commodore Matthew C. Perry，一七九四—一八五八）在他開啟日本門戶的歷史性航程中，曾提議將台灣納入「保護領地」；美國赴日本的第一位公使湯森．哈里斯（Townsend Harris，一八〇四—一八七八）也「公開提議購買台灣」。[14] 早在一八一五年，英國商人即來到基隆購買樟腦，當時台灣生產世界最多的樟腦。一八四二年，兩艘英國船在基隆港外海失事，有一百九十七名倖存的船員遭到殺害。朗（Simon Long）指出，英國曾經不太認真地想過「將台灣變成像澳洲一樣的法定殖民地」。[15] 稍後為了控制樟腦市場，英國在一八六八年派遣砲艦到台灣。自那時起，由陶德（John Dodd）帶領的英國與美國商人經常在淡水、高雄、台南的安平（接近台南）與基隆做買賣。在台北府城，英國與美國商人於淡水河邊設立許多商店（貴德街上今天仍矗立著幾棟當時的西式建築）。他們通常販售鴉片給台灣人，並用所得購買茶葉，賺取巨大利潤。台灣人將此一河濱地區稱為「洋人住宅區」。一九二一年，經由慈善家林獻堂（一八八一—一九五六）與著名的蔣渭水（一八九一—一九三一）醫師首倡，台灣的知識份子在此地創立了台灣文化協會，藉以提升台灣文化。[16] 一八七四年，日本派遣一支擁有三千六百名兵員的遠征軍赴台灣南岸討伐原住民，因為這些原住民在三年前殺害了五十四名遭船難的琉球人。在一八八四年因越南而起的中法戰爭期間，法國人占領澎湖群島、淡水與基隆，並封鎖台灣海峽將近一整年。

至於淡水城堡，再次變成妾身未明。一八一三年，北路軍淡水營的指揮官指示在城堡內設置五座大砲，每座大砲重達八百斤（約四百八十四公斤）。其後，在一八六七年，此一城堡被永久租給英國政府。同時，英國人也在周邊建造一個陽台式的殖民風格領事館。李登輝還是個年輕學生時，經常來到城堡，爬上大砲台，緬懷台灣的過往。李登輝的血型是AB型，換句話說，他是那些被視為「普遍的受容者」少數人之一，也就是說，他的血可以接受任何其他血型的血液。同樣，台灣也一直是某種「普遍的受容者」類型。幾個世紀以來，台灣的血脈中不斷輸入中國、日本與西方的諸多影響。直到一九七二年，除了第二次大戰期間短暫中斷之外，淡水城堡一直是英國非官方代表處的所在地。同時，它也是台灣持續追尋自我身份認同的象徵。

在鄭成功時期，台灣的人口約在五萬到十萬之間，大部分居民住在台南周邊，其他則散布於西海岸的各個聚落中。清朝在一六八三年接收台灣之後，立即下令所有先前已移入台灣的官員和軍隊必須搬回到中國大陸。堅貞效忠鄭成功的許多人，受制於此一官方飭令因而被解職。[17]一七一七年，所有居住海外的中國人皆被召喚回國。那些與明朝忠貞遺臣無密切聯繫的人，則被赦免，沒有受罰。至於想要移民海外（包括台灣）的廣東人與福建人，則被要求在特定條件下提出移民許可的申請。然而，由於人口稠密與國內資源貧乏，福建省與廣東省的居民，繼續漂洋過海冒著受政府處罰的危險，移民到東南亞與台灣，尋找更大的經濟機會。百姓經常透過賄賂官員或其他非法手段，逃離中國大陸。

雍正皇帝在位時（一七二三—一七三五），海外反滿的勢力被大大弱化。同時，清政府放鬆了禁制性的移民法。一七二七年，據說雍正曾說：「朕思此等貿易外洋者，多不安分之人，若聽其去來任意，伊等全無顧忌，則飄流外國者，心致愈眾，嗣后應定一期限，若逾期不回，是其人甘心流于外方，無可憫惜，朕意應不令其復回內地。」[18]然而，在五年之後的一七三二年，雍正皇帝仍然准許所有在台灣擁有資產且守法的居民，與福建居民，可以自由往返大陸與台灣兩地。在十八世紀下半葉到十九世紀的前二十五年間，此一寬大政策造成了一股來自大陸的移民潮。台灣的人口調查資料顯示，一七五六年有六十萬一百四十七人；一七七七年有八十三萬九千八百人；一七八二年有九十一萬兩千人；一八二四年有一百七十八萬六千八百八十三人。[19]

新到的移民通常稱為福佬人，他們說一種特殊閩南方言，希望在這個荒煙遍布的島嶼，建立他們自己的「蓬萊仙島」，或所謂永恆不朽的島嶼。「蓬萊仙島」意味著世外源，人間仙境，在此世界中，那些熱愛自由的人們可以拓墾蠻荒，過快樂和平的生活；但也必須面對原住民族的挑戰，遭受一次又一次暴力威脅。這些衝突中，有許多是源自台灣獨特邊陲社會的本質；有些衝突起因於新移民與舊住民之間不同的商業貿易活動、日益耗盡的荒地，也來自一七三三年以來在台灣實施保甲制度的清帝國官僚的壓迫。一般相信，北宋政治家王安石（一〇二一—一〇八六）首先建立保甲制度，目的在於國家外部的防衛與內部的安全考量。每一個地區以自我警衛、集體安全與集體責任的目的組織起來，以十戶為一單位（甲），再以金字塔形式構成百戶（保）。但是，島上的移墾者經常公然向清帝國當局挑戰，組織反抗勢力，對抗專斷的限制、官僚的監控與帝國的宰制。就緊急情況的應變而言，保甲制度也被認為是一個缺乏效力的警察機關。事實上，晚至一八三六年，嘉義縣與彰化縣關於轄區誰屬，清廷官員們仍是一本糊塗帳。[20]從一六八四到一八九五年期間，則共有一百五十九次大型民變發生；從一七六八到一八八七年期間，則共有五十七次武裝衝突爆發。[21]嘉慶皇帝在位期間（一七九六—一八二〇），惡名昭彰的台灣海盜首領蔡牽（一七六一？—一八〇九）率領一個「海盜艦隊」，於一八〇四年入侵海岸城鎮鹿港，稍後還封鎖了台灣與大陸間的公海。往後兩年中，蔡牽就像是台灣的霸主（chief arbiter），向通過台灣海峽的每一艘船隻抽取四百銀兩。難怪在台灣的清朝官員記載：「吾等之先民，三年一小反，五年一大反。」[22]北京的帝國建立者渴望穩定，並試著將帝國的普世法律與秩序施行於危險且遙遠的台灣。但是，帝國在台灣的地方官員卻發現要將這個未開拓的島嶼加以穩定，不是那麼簡單。從一開始，台灣歷史一直不間斷向帝國建立者要求更多自由與更少控制。

十九世紀晚期，清帝國政府已失去活力，清朝社會也走向式微敗壞，無望挽回。自從反英的鴉片戰爭（一八四〇—一八四二），乃至其後的半個世紀間，清帝國在與西方強權的交手中遭遇連續挫敗。一八九四年到一八九五年間，清帝國在一次發生於朝鮮的嚴重爭議中，徹底敗給日本，並且被迫簽訂將台灣與澎湖群島割讓給日本的下關條約（馬關條約）。在台灣島民回到兩百多年前的宿命，詛咒著國姓爺的將領們向清帝國降服的那一天，他們再一次遭逢認同的危機。新到的日本當局規定，所有台灣人民在兩年寬限期內可自由選擇歸屬。任何人在一八九七年五月八日的最後期限內，可以自由離開。然而，最後期限截止時，台灣的二百八十萬人口之中只有四千四百五十六人（僅占百分之〇點一六）真正打包離台。大多數台灣人拒絕離開台灣，部分原因是他們的祖先是為了脫離清帝國與封建專制統治的壓迫而來到台灣。

如所意料，台灣人受到邊疆文化與島民性格的驅動，極度憤怒並拒絕領土的割讓。因為這個條約帶來了痛苦的悸動，台灣島民發起了一次獨立運動。亞洲史上第一個共和國，遂由台灣人於一八九五年五月二十五日宣告成立。不幸，這個共和國的組織並不嚴密，台灣民兵也缺少強固的中央領導與重裝武器。結果，共和國在短短五個月內就被殲滅。[23] 然而，誠如高格孚（Stephane Corcuff）與許極燉的論點：這個一八九五年的共和國不僅構成了「台灣作為一個單一實體在漸進浮現的歷史中一個奠基的起點」，而且首次出現了當時稱之為「台民」

或「台人」的這個「台灣人的概念」。[24] 真的，台灣島民想擁有一個得以免於壓迫的蓬萊仙島的美夢並未因此消退，因為在往後幾年間，台灣島民用標記著先民的堅決與勇敢，對抗日本帝國統治帶來的種種新限制。好幾個台灣人的游擊隊組織持續對日本人進行永不屈服的流血抵抗，這些日本人使用異於台灣人的語文進行說與寫，他們在台灣徵收新的稅賦，採用不同貨幣，甚至採用不同度量衡系統。

日治時期台灣通常可區分為三個階段：台灣人的反抗和軍事統治（一八九五—一九一八）、強制性的同化（一九一九—一九三七）與戰爭時期（一九三七—一九四五）。如表一所示，日治時期共有十九位總督，其中十位是武官（一八九五—一九一九，一九二六—一九四五），另外九位則是文官。[25]

表一、台灣的日本總督，一八九五—一九四五

歷屆總督	姓名	官階	任期
1	樺山資紀（Kabayama Sukenori）	海軍大將	1895/5 - 1896/6
2	桂太郎（Katsura Taro）	陸軍中將	1896/6 - 1896/10
3	乃木希典（Nogi Maresuke）	陸軍中將	1896/10 - 1898/2

4	兒玉源太郎（Kodama Kentarou）	陸軍中將	1898/2 - 1906/4
5	佐久間左馬太（Sakuma Samata）	陸軍大將	1906/4 - 1915/5
6	安東貞美（Ando Sadami）	陸軍大將	1915/5 - 1918/6
7	明石元二郎（Akaishi Motojiro）	陸軍中將	1918/6 -1919/10
8	田健治郎（Den Kenjiro）	文　官	1919/10 - 1923/9
9	內田嘉吉（Uchida Kaki）	文　官	1923/9 - 1924/9
10	伊澤多喜男（Izawa Takio）	文　官	1924/9 - 1926/7
11	上山滿之進（Kamiyama Mannoshin）	文　官	1926/7 - 1928/6
12	川村竹治（Kawamura Takeji）	文　官	1928/6 - 1929/7
13	石塚英藏（Ishizuka Eizo）	文　官	1929/7 - 1931/1
14	太田政弘（Ota Masahiro）	文　官	1931/7 - 1932/3
15	南弘（Minami Hiroshi）	文　官	1932/3 - 1932/5
16	中川健藏（Nakagawa Kenzo）	文　官	1932/5 - 1936/6
17	小林躋造（Kobayashi Seizo）	預備役海軍大將	1936/6 - 1940/11
18	長谷川清（Hasegawa Kiyoshi）	預備役海軍大將	1940/11 - 1944/12
19	安藤利吉（Ando Rikichi）	陸軍大將	1944/12 - 1945/8

由於日本接收台灣時遭遇台灣人激烈抵抗，寡頭的日本統治者相信台灣應置於日本的軍事占領之下，台灣總督應由現役高階的陸軍或海軍將領擔任。他們選任海軍大將樺山資紀（一八三七—一九二二），藉以強化台灣的占領。樺山資紀是一位來自薩摩藩的老戰士，曾擔任過海軍大臣。在一八九五年十月底以前，樺山資紀的軍隊已成功鎮壓主要的反抗勢力，並於十一月二十日在台北舉行大型的勝利慶祝。然而，日本在征戰中喪失一位指揮官以及超過三萬名士兵。這些士兵大都死於瘧疾、霍亂與傷寒等熱帶疾病。

之後，暴動接二連三，造成日本人與台灣人雙方極大傷亡。一八九六年到一九一三年期間，游擊隊組織——日本人稱之為土匪或反亂，對日本人進行全島性的攻擊與騷擾。一八九五年到一九〇二年期間，由士紳階層的低階成員所領導的台灣人游擊隊有五十四名，對日本人的設施進行襲擊，並且發動九十四次攻擊，導致近一萬名游擊隊員喪生。中台灣的雲林地區，游擊隊首領簡義組織一股六百餘人的勢力，並以斗六為總部，建立了一個準革命據點。然而，一八九六年六月，樺山資紀的軍隊對簡義所領導的游擊隊進行反擊，斗六市及鄰近的五十五個村莊屠殺約六千名台灣人。日本人採取堅壁清野的策略，焚毀的房屋超過四千兩百間。[26]然而，台灣人的游擊隊持續著殊死的游擊式攻擊與適時的騷擾，並以高地作為基地。另一位游擊隊首領林少貓則以高雄附近的一個南台灣小鎮為據點，林少貓與數百個同夥在其控制地區用竹子建立柵欄，並挖掘壕溝以資防衛；他們也築路挖渠，播種五穀，飼養家畜，製糖釀酒；經營賭場、妓院與醫療診所。一九〇二年五月三十日，林少貓被日本人誘騙到控制地區之外，遭到殺害。27

第二任台灣總督桂太郎（一八四七—一九一三）是山口縣出身的武士，他在甲午戰爭時是個成功的指揮官，後來三度擔任日本首相，並取得伯爵、侯爵、親王等三項貴族頭銜。然而，桂太郎的台灣總督任期僅僅五個月，事實上他真正在台北辦公的時間少於十天。之後與桂太郎同為山口縣武士出身的乃木希典（一八四九—一九一二）擔任第三任台灣總督，他一再使用軍隊鎮壓台灣人的反抗運動。乃木希典後來在日俄戰爭（一九〇四—一九〇五）中成為日本民族英雄，並曾擔任王儲嘉仁的家庭教師。他採用一種稱為「三段警備」的制度，技巧結合軍隊、憲兵與警察力量，打擊不同集團的游擊隊。在警察單位加入鎮壓台灣人游擊隊的行動中，估計約有一千名警察派出所因此而設立，這些派出所甚至遍布島上最偏遠的角落。根據一九〇五年日本在台首次進行的人口調查，世紀之交時，台灣約有三百萬人口，這意味著每一個派出所負責管轄三千名島民。台灣島民對這些到處出沒且難免殘酷的日本警察頗為不滿，將他們稱為「四腳仔」（日本警察對其上司像哈巴狗一樣唯命是從，也像狗一樣，在戶外隨意地小便的習慣）。一八九八年到一九〇二年期間，日本軍警施行此三段警備制度，在全島殺害約一萬兩千名台灣人游擊隊員，使數十萬鄉民與村眾時時提心吊膽。然而，日本此一「綏靖」計畫卻變得越來越棘手，殖民當局被迫要配置超過百分之四十的國民預算以維持警力支出。[28]施政動搖不穩，加上來自日本的補給延宕，導致冗長的「綏靖」計畫更為困難。由於時刻面臨威脅，加上疾病與戰鬥導致的傷亡越來越高，乃木希典最後決定修正「綏靖」計畫。他不僅承諾赦免，而且願意授予部分游擊隊首領官職。像辜顯榮（一八六六－一九三七）等著名的台灣人協力者，則被賦予協調者的角色，勸降簡義等人。辜顯榮於一九三四年獲選為日本貴族院的議員。

頑強獨立的台灣人從未真正信賴過這個綏靖和解計畫，因為他們相信：日本人一旦情勢確定控制住後，就會放棄和解。一九〇二年五月二十五日，在中台灣的一個投降典禮上，超過二百六十名游擊隊員受到伏擊而被殺害，導致島民前仆後繼，不斷反擊。事實上，一九一〇年到一九一五年期間，反日事件一再發生。原因部分在於一九一一年到一九一二年中國革命的影響，部分則與台灣本土的宗教運動有關。一九一三年，五百名台灣人跟隨他們的苗栗客家人首領羅福星發動另一次大規模反日暴動。即使羅福星後來被絞死，這個大規模暴動並未停歇。離台灣東海岸花蓮港不遠的太魯閣的一個部落，原住民在石灰岩牆與大理石崖壁後方，建構他們自己的準革命式領土。一九一四年，台灣總督佐久間左馬太（一八四四—一九一五）調動一支超過一萬名兵士（包含警察與苦力）的隊伍，配置二百挺機關槍，將藏身於險陡岩牆與彎曲地道中的反亂份子驅散而出。當時年已七十歲的佐久間左馬太親自指揮這次攻擊，身受重傷，稍後身亡。一九一五年，一個由余清芳帶領的宗教團體，在位處台南的西來庵佛寺發動另一次反亂（又稱作噍吧哖事件）。與余清芳方同時受審的一千四百一十三名中堅反抗群眾中，有九百〇三人被判死刑，實際被處死的則有兩百人。然而，隱藏的反抗與公然的挑戰行動從未真正終止：一九三〇年十月，中台灣山區的霧社（日文稱為Musha）發生一群原住民攻擊日本人的事件，此一事件持續五十天，造成兩百名日本士兵的死亡。[29]

台灣人不妥協精神與旺盛抵抗，最後迫使第四任台灣總督陸軍中將兒玉源太郎（一八五二—一九〇六，任職期間一八九八—一九〇六）採取軍事鎮壓，但效果有限。兒玉源太郎雖然是山口縣的武士出身，卻是個務實的統治者。他很快了解到全島有一千一百二十七所私立學校，主要由地方士紳資助並交由傳統的漢人教師管理。兒玉源太郎並不肯定這類舊式私塾教育，決定對台灣的教育制度加以「近代化」，俾使台灣學童學習到科學與技術技能。更重要的是，兒玉源太郎看到一個可能性：亦即以小學為管道，使殖民者贏得那些依然桀驁不馴的民心，以此在未來建立一個立基於日本文化的公民社會。兒玉源太郎曾任職於陸軍部、文部省與內務省，他任命四十二歲的醫學博士後藤新平（一八五七—一九二九）為民政長官。後藤新平自此致力於殖民地的調查與編目，為全島農業、工業與教育發展奠下基礎。

後藤新平立刻下令進行土地調查與人口普查，並徵任蘇格蘭衛生工程師巴爾頓（William Kinninmond Burton，一八五六—一八九九）設計並建造污水處理與自來水水管的基礎工程，同時重建全島公共衛生與醫療制度。後藤新平很快在台北設立一所公立醫院與醫學校，協助在全島設立治療中心，藉以控制熱帶性疾病與逮捕那些鴉片濫用者。後藤新平規定，只有政府可以種植、進口與販賣違禁品，台灣人的鴉片吸食者只能向領有執照的經營者購買鴉片。事實上，李登輝的祖父領有一張這樣的執照，在政府的核可下販售鴉片長達數年；他那曾經當過保長的母舅，則具有勸阻村民吸食鴉片的職責。經過嚴格取締後，台灣有鴉片癮的人數從一九〇〇年的十六萬五千人降低到一九三〇年的一萬六千人。到李登輝出生時，三十歲（含）以下的台灣人已經沒有因吸食鴉片而被往上提報的例子了。30

後藤新平用以下幾個措施降低人民之中的暴力與恐懼：他以一般警察取代憲兵、禁止政府官員與教師穿著制服與佩劍，並構想出各種不同的方式來確定並理解「土匪」。[31] 他相信：台灣人民應該才是「有效殖民統治的答案（即以台制台）」，而日本人則應該只發揮「外力」的作用，所以他要求殖民地人民參與自身的社會秩序的維護。經過內化與改良，後藤採用修正的保甲制度，將之轉化成為一種新的日本殖民控制機制。此一再生制度謹慎選用並訓練保甲頭人，以與日本警察密切合作，最後形成一名學者所稱，「使日本人得以比清代更進一步穿透到地方社群的第四層級的殖民行政官僚體系」。[32] 為了顯示日本人對台灣習俗與本土傳統的尊敬，在一八九八年到一九〇〇年期間，後藤成立了四個「饗老典」。邀請八十歲以上的台灣老人到總督府享用晚餐，那些百歲人瑞每人獲贈一枝枴杖。在台灣的所有日本統治者中，後藤最擅長老人政治。然而，最後迫使後藤及其同僚修正台灣殖民政策的關鍵原因，很可能就是台灣人頑強的游擊反抗。無論如何，後藤在台灣的成就充分受到日本政府的認可，因為他後來獲聘為南滿鐵道會社的總裁，成為貴族院的議員，獲選為東京市長，擔任日本的外務大臣與內務大臣。

後藤新平的改革計畫並非全是利他的考量，他是一位務實主義者。他知道必須做些事，才能減低島民對政府諸多限制的怨恨，停止流血衝突，但他也敏銳覺察到來自東京的補助金越來越少。後藤了解必須從這個不到日本本土十分之一的島嶼上找到自身的財源。日本占領台灣之初，殖民政府每年的預算大約一千萬日圓，其中，東京每年支付台北七百萬日圓，其餘三百萬日圓直接來自島上資源。直到一八九七年，東京的補助金明顯從七百萬日圓降到四百萬日圓，這意味著台灣總督自己必須尋找新財源以彌補預算赤字。後藤的土地調查、人口普查、台灣銀行的設立（一八九九），和各種經濟創制，皆以擴大賦稅基礎、刺激台灣經濟，以及增加政府收入為主要目標。但最後奠立了台灣近代土地所有權權利與義務的土地調查，則是後藤最具雄心也最重要的事業。它增加了二十五萬七千八百一十甲（一甲等於〇點九七公頃或二點四英畝）的土地，這些地先前並未登記在政府的稅冊之中。結果，台灣的土地稅收從一九〇三年的九十二萬日圓增加到一九〇五年的二百九十八萬日圓，共增加三倍之多。[33]

雖然有不少台灣人從土地調查獲得豐厚利益，變成真正的大地主，但那些歸入政府的林地與可耕地的數量則相對可觀。許多新的土地以便宜的價錢售予日本人的公司及移民，土地已變成商品，這對於日本的資本主義極其重要。透過最小的投資以及內部安定的確立，台灣很快變成日本帝國經濟中一個珍貴資源。直到一九二六年，超過五百家日本公司在台灣設立資本額超過三十萬日圓的企業。以製糖業為例，在日本領台之前，日本被迫高度依賴砂糖進口，其比例多達百分之八十，因為日本帝國內部只能生產少量的砂糖。然而，一旦日本人發現台灣是個理想的砂糖產地時，他們遂在台灣中南部海岸平原購買相當數量的農地，將之變更為大規模的甘蔗農場。直到一九〇二年，日本人在全島的八個製糖廠總共投資二百七十萬日圓。由於這些大規模甘蔗農場相當適合日本消費者的需要，殖民政府鼓勵科學化的農場經營，並提供慷慨的補助；結果，台灣的大規模甘蔗農場的擴張計畫進展非常快速，製糖廠的投資，由一九〇八年的九百二十萬日圓增加到一九一二年的一千五百萬日圓。直到一九三九年，台灣成為世界第七大砂糖生產地。最著名的製糖廠，包括虎尾的大日本製糖會社、屏東的台灣製糖會社、麻豆的明治製糖會社，以及北台南的鹽水港製糖會社。34

最後，一個典型的殖民地經濟產生了，台灣變成日本的重要經濟附屬地——日本在台灣尋求的是本國的經濟成長，而非台灣本身的發展。日本從台灣進口高級的木材與農產品，卻向台灣出口工業產品。殖民政府建造超過六千五百公里的鐵路與公路，包括一九〇八年四月完工的南北縱貫鐵路。它也建造了水壩與蓄水庫，以及一萬六千公尺的灌溉水渠，促進灌溉並用以進行水力發電。當局也採取措施以壟斷像菸、酒、樟腦、鴉片與鹽等商品的生產與銷售，並設立公司以控制商業運輸、鐵路與電信。一九二二年，也就是李登輝誕生的前一年，日本農業專家在台中成功開發出一種名為「蓬萊米」的中型稻米品種。因為蓬萊米的特殊味道與黏性，很快在日本受到歡迎。由於此一新品種是以解決日本米糧短缺的問題為目標，因此僅供外銷日本，台灣人民根本吃不到。35

然而，最重要的是，後藤新平採取「文化統治政策」，此一政策著重於本島士紳階層菁英的教育，終極目標是提供特定有影響力的台灣人參與地方政治的機會。後藤認可一百五十一名台灣人士紳菁英，並從一九〇〇年三月五日開始，親自邀請他們到淡水參加每週一次的「揚文會」。雖然受邀者當中只有七十二位出席，後藤試圖說服島民開始學習日本文化，逐漸將他們的忠誠轉移到新的統治者身上。由於語言是了解任何文化的關鍵，後藤的首要措施是從公學校開始教導台灣人學習日文（直到一九一五年才有供台灣人就讀的中學校）。後藤的終極目標是同化台灣人：將台灣人轉化成忠誠的日本國民，使台灣人認同日本神道、以菊花為象徵的皇室與天照大神。這可由後藤於一九〇一年在台北建造的台灣神社為證（台灣神社位址即今日的圓山飯店）。後藤的繼任者於一九一二年開始建造十一層樓高的台灣總督府，直到一九一九年才完工，此一新建築成為了東北亞最大的建物，同時代表日本勢力的重要象徵。

為了強化日本的殖民地控制，兩位繼任的台灣總督，明石元二郎（一八六四－一九一九）與田健治郎（一八五五—一九三〇），繼續倡導台灣人的同化政策。陸軍中將明石元二郎曾經擔任朝鮮駐紮憲兵司令官及日本陸軍參謀次長，他試圖使台灣人更為合作，更理解日本的國家利益，只是他並無意願為台灣人帶來平等。在他的任期中（一九一八年六月到一九一九年十月），明石元二郎試圖培養足夠的台灣人擔任政府部門的職員、通譯與農業技術人員，並且將有志氣、有能力的台灣青年引導進入教學與醫療的職業。一九一九年，他發布一個教育法令，命令台灣人學生與日本人學生之間嚴格分離。當時，只有百分之六的台灣學齡兒童上學，卻有百分之九十的日本學齡兒童就讀於小學。明石元二郎甚至賦予一個與日本人學校的普通名稱明顯不同的台灣教育機構的名稱（即小學校與公學校之別）。台灣首任文官總督田健治郎（任期從一九一九年十月到一九二三年九月）提倡一個更為廣泛的同化政策，宣稱他的主要目標是「台灣日本化與台灣人同化」。[36] 田健治郎原來是鐵路大亨，轉換跑道成為政治人物。當他在凡爾賽和平會議（Versailles Peace Conference）之後派往台灣時，正擔任日本運輸大臣。對田健治郎而言，僅將台灣視為商業市場、原料來源，或是軍事補給基地，不無差謬。反之，台灣應被視為日本帝國整體的一部分，台灣人應透過教育轉化成為純粹的日本帝國子民（皇民化）。

田健治郎的自由主義政策是一九二〇年代日本自由主義政黨政治的延伸。此一政策對日治時期的台灣，在政治與經濟方面造成了重大變遷。首先，文官掌控了殖民政府的行政，台灣人因此得以參與殖民政府最高層的諮詢職務。商業法放寬了，使得台灣人企業家得以與日本人競爭。再者，教育機會增加，特別在實用的職業訓練、教學與醫療的職業方面。一九二七年八月，第一份由台灣人發行的日報出刊，名為《台灣民報》。在此之前，日本人壟斷了印刷媒體，台灣人只有三份日文報紙可供訂閱，包括《台灣日日新報》、《台南新報》，與《台灣新聞》。一九二二年十二月，一位名為杜聰明的淡水人（一八九三—一九八六）成為第一位京都帝國大學畢業並取得醫學博士的台灣人。一九二八年，台灣第一所大學台北帝國大學（即今日的國立台灣大學，也是李登輝的母校）創立。在一九二〇年代的十年之中，出現一些台灣人作家，包括屏東的楊華（一九〇六—一九三六）、彰化的賴和（一八九四—一九四三）及陳虛谷（一八九六—一九六五）。另一位台灣人作家張文環（一九〇九—一九七八）則是嘉義人，他以日文創作，並獲得可以在他所主編的《台灣文學》雜誌中為日本人所控制的朝鮮人參大做宣傳的獨占權。因為此一穩定的廣告收入，這份雜誌每次發刊銷售量在兩千本到三千本之間。但楊華與賴和意圖在他們的作品中揭露殖民壓迫與社會不公的時候，被控散布「危險思想」而被日本殖民當局逮捕。[37] 換言之，台灣人仍不能真正自由表達他們自己。

一九二一年到一九三四年之間，台灣人總共向日本帝國議會請願十五次，要求設置台灣議會，要求日本帝國議會中納入選舉產生的台灣人代表，皆未能如願。此一自治運動背後的力量，則是由一小群富裕的台灣人於一九二一年十月十七日設立的「台灣文化協會」所驅動。「台灣文化協會」的會長是慈善家林獻堂，每年舉辦大約三百場公開演講，吸引超過十一萬聽眾，致力於啟發民眾的民族意識。文化協會也在台中霧峰林獻堂家舉辦夏季學校，並且在東京出版中日文的雜誌《台灣青年》。為了確保《台灣青年》得以推展其自治政府的主要訴求，林獻堂委派自己私人秘書蔡培火（一八八九—一九八三）擔任該雜誌主編。一九二三年，蔡培火因倡導台灣民族自治運動而入獄（治警事件）。蔡培火在受監禁期間，寫了以下一首台灣詩，題為〈台灣自治歌〉：[38]

蓬萊仙島真可愛，祖先基業在，
田園阮開樹阮栽，勞苦代過代。
著理解，著理解，
阮是開拓者，不是憨奴才，

台灣全島快自治，
公事阮掌才應該。

一九二七年，「台灣文化協會」內部後來因反抗策略的不同而分裂成右翼民族主義者與左翼社會主義者兩陣營。右翼的成員隨即組成「台灣民眾黨」——第一個合法向日本殖民當局登記的政黨，並積極透過運動尋求更大的台灣人之憲政權利。台灣人作家王育德將一九二〇年代與一九三〇年代的台灣民族運動描述為「山雨欲來風滿樓」，因為領導者不是被監禁，就是被驅逐出境。[39] 因此，台灣的政治運動並未帶來立即而具體有形的結果，記錄顯示整個日本殖民統治的半個世紀中，只有四位台灣人被選入日本帝國議會。第一位在一九三四年被選入，另外三位則在第二次世界大戰結束之前。然而，陳以德指出，台灣的政治運動「有助於台灣人學習許多完全是外來的民主觀念，例如自治、民眾選舉與公民投票等」。[40]

田健治郎有意培養台灣人日本精神的做法，事實上牴觸了日本自由主義政黨政治的時代背景。一九二二年，田健治郎發布一份命令，規定所有政府設立的學校都應接受台灣人與日本人學生（在日本占領期間，台灣總督具有行政權、立法權與司法權，在全部的十九位台灣總督期間，總共發布超過五百件具有法律效力的律令）。然而，關於這樣的整合，有一點令人頗感興趣：能夠說流利日語的學童被分配到「小學校」，那些不太會或不會說日語的學童則被分配到「公學校」。在這個政策下，日本人學童因為能說較好的日語，總是比台灣人學童更為有利，更占便宜。結果，只有少之又少的台灣人學童可以進入「小學校」。像田健治郎這樣的理想主義者，很明顯在他心中仍有一種想要維持日本人優越性的想法。在一九二六年，一名台北木工的日薪是一點八日圓，而一名具有類似技術的日本人木工的日薪則是三點五日圓。因此，台灣人同化並不等於與日本人平等。公學校課程也與小學校課程不同。正當在台灣的日本學童接受由日本內地來台的優秀教師教導，學習與內地兒童相同的課程，並且以成為未來的行政人員、工程師、教授、作家、經理或是其他職業做準備的時候，台灣學童則被限制在學習比較「實用的」職業技能，以及和學生日常生活直接有關的知識。因此，公學校課程著重基本科學、農業、商業、醫療、體能教育與工藝。[41] 這類教育素材後來成為李登輝進入公學校之後所修習，並且，最後導引李登輝成為農業專家。

就許多方面來說，李登輝是台灣複雜且多樣的歷史所型塑而成。根據一些零散片斷的民間與家族的歷史記錄，我們了解到，李氏族人（李登輝比較喜歡用 Lee，而不是

Li）最早在福建與江西邊界山區的寧化定居，後來搬到靠近廣東邊界的永定，當時有幾戶李氏子孫散居於中國南方沿海地區。根據李氏族譜記載，兩位李氏兄弟李崇嵩與李崇文（後者是李登輝的高曾祖父）於一七六〇年選擇離開福建故鄉，遠赴台灣荒野，找尋機會。李氏兄弟不畏台灣海灘的熱度，在今天的桃園縣龍潭鄉間的海岸登陸。42

龍潭是個客家人占優勢的社區，作為第一代移民與外來者，李崇文在他所期待的這塊樂土上奮鬥不懈。在那段艱困的歲月中，李崇文育有三子，他努力負起養家活口、家庭圓滿的重責大任。李崇文的長子李興發傳承了崇文的世系，李興發育有七子，其中第五子李乾蔥即為李登輝的曾祖父。當時，台灣西海岸平原未經開墾的土地已經所剩無幾，山區土地則較多較便宜。在這一波拓墾浪潮中，李乾蔥決定離開桃園，投身蠻荒野地的開墾。在桃園北邊約七十公里處，有一個孤立且未開發的山丘聚落稱為三芝，在該地區，不到一百銀圓便可以買到好幾公頃的土地。三芝為坡地地形，位處尖突的大屯山東北角，北邊面臨台灣海峽，南邊則與美麗且四季常春的陽明山（日本人稱為草山）相鄰。

三芝在開發前，整個地區一直處於相當孤立的狀態。台北盆地與這個山域之間的運輸與聯繫相當困難且耗日費時，高聳的樹木覆蓋著三芝的天空，森林四處可見野豬；因此，三芝俗稱為「山豬鄉」。清代的駐軍指揮部（汛塘）在該地建造了三座要塞，日本人將它重新命名為三芝，意思是三種蘭花的顏色。雖然三芝臨近海域，其砂質土地卻不適合發展商港。從另一方面來說，由於三芝地處熱帶，遂成為一個種植稻米與茶樹的理想環境。夏天的三芝通常乾旱充滿濕氣，陣雨常在午後出現，雨後天空有時浮現大大的彩虹。冬天則多雨潮濕，細雨伴隨海綿狀的雲與霧。李登輝漸漸長大的時候，超過百分之八十的三芝居民從事茶和稻米這兩種農作物的生產。稻米需要非常潮濕的土壤，不是靠雨水滋潤就是靠人工灌溉。三芝農民也在山坡開墾梯田，大部分播種時節都須將這些梯田保持濕潤狀態。稻米播種的季節空檔，農民致力於茶樹的種植，這些茶樹也需要大量的雨水與非常濕潤的土壤才得以生長。

李登輝的曾祖父李乾蔥隨遇而安，很快適應了新墾區的生活方式。他首先在一個位處斜坡的村落當佃農，這個村落稱為埔坪，是一個福佬人為主的小村落，也住了一些客家人。工作勤奮，生性節儉，不僅能夠用所存的積蓄購買自己的土地，同時有能力住在一棟以手工興建的紅磚建築，稱為「源興居」。源興居就是李登輝誕生的地方。李乾蔥的次子，也就是李登輝的祖父李財生，變成一個識字的讀書人，他能用文言文寫清晰明瞭的散文。李財生還只是個十幾歲少年時，經過父親的安排，娶了一個叫做楊妹的客家女子。楊妹頗為壯碩，她不像一般福佬人女子一樣，一生受到纏足所苦。據說，她做起事來，兩個大男人都比不過她。

李財生年齡稍長後，變得比較有事業心。一九二六年，當時李登輝只有三歲大，李財生決定從山丘上搬到繁忙喧囂的三芝街。在那裡，他開了一家茶行，設置一個領有執照的鴉片櫃。在這間一層樓的店鋪，一方面做生意，一方面養育兒子李清龍與李金龍。李金龍就是李登輝的父親。李清龍與李金龍兩人都會講福佬話與客家話，他們兩人在家裡學的是如何買賣米糧與和茶葉，不是莊稼活兒。一八九九年，日本殖民政府設立一個初級的巡查補制度，並於政府的警力中增加一個具有相當規模的台灣人小組。李金龍當時就任職於這個台灣人小組。他就讀警察學校時曾經練就柔道黑帶，後來被派到台北州擔任幾個職務（當時台灣的行政區劃為五州二廳）。

李金龍剛剛滿十六歲時，與一名叫江錦的高個子福佬女子訂婚。江錦身高超過一百七十公分，大嗓門，錦緞般的膚色。直到這個時候，三芝這個丘陵地上，大部分刻苦耐勞的客家居民，在與優勢福佬人的長期接觸以後，已經被福佬人同化了。李登輝的祖父看來已經變成一個富裕的中產階級，在三芝為鄉里所敬重，現在他想透過與台灣士紳家庭通婚來鞏固他的社會地位。他了解到江錦最能符合所需，她是三芝地區一個保長最小的妹妹。作為三芝的一個保長，江錦的兄長負責維持社會秩序，提供造橋鋪路等公共工程所需的勞動力，同時替政府徵收賦稅與雜費。他也被警察要求協助監督保內的罪犯、未經登記的鴉片吸食者，與桀驁不馴的不良份子。更且，他有份徵召介於十九歲到五十歲之間的男性，將之編入壯丁團的組織，協助像瘧疾防治等社區的服務計畫（直到一九〇三年，台灣總共有四千八百一十五個保，以及四萬一千六百六十個甲；此外，有十三萬四千六百名壯丁，共組成一千〇五十八個壯丁團）。[43] 像李登輝的妻母舅那樣的保長並未獲得政府支薪，他代表保內的一百個民戶，向包括台灣人巡查的地方警察交涉，並對所屬社區居民進行監督，因此在當地享有一定權威。基本上，他在三芝丘陵地區的社群中是一個「重要人士」。

李登輝父母親的婚禮多多少少沿襲傳統的六禮。年輕的新娘江錦很快就學會如何煮客家菜，像是乾墨魚（即魷魚乾）、豆腐、薑、九層塔炒茄子與醃菜等。她也學習如何將米糰切成薄薄的粄條，這種粄條是最有名的客家米食。有時她也將芥菜葉從頂端切開，然後將它放在陶甕中保存。在這個被認為頗為富裕的家庭中，江錦替李金龍生了兩個兒子，也就是登欽與登輝。江錦不會說客家話，因此以一般福佬人的方式養育自己的孩子，結果，李登輝沒有好好學過客家話。[44]

李登輝三歲大的時候，祖父送他到一家名為智成堂的私塾讀書，他在那裡開始學習初級中文與日文。入門課本包括十三世紀寫成的《三字經》。《三字經》是一本以押韻形式，將基本的知識與教誨的簡明摘要，編成三百五十六個經過押韻且可替換的行句，其中，每一行句包含三個漢字。這本書開始的幾個行句傳達孟子（西元前三七二－二八九）人性本善的主要學理，此一學理普遍傳布到以儒教為主的國家，例如中國、日本、韓國與越南等國。李登輝、哥哥李登欽與其他的學生被要求背誦整篇《三字經》，同時以唱歌的方式誦讀這些行句。年幼的李登輝是否真正能夠了解這些押韻的行句中所蘊含的道德哲學呢？據李登輝後來所稱，孟子是幫助他建構人生思想與態度的哲學家之一。

李登輝的體格與外貌似乎遺傳自母親，性格則遺傳自祖父。他擁有頭大、髮粗、下巴厚實、眼鼻高聳的外表。由於李登輝的哥哥李登欽是長子，傳統上被期待成為李家未來的主角，因此成為祖父母與父母親的心頭肉，寵愛有加。李登輝是次子，肩負著較低的家族期望，因此發展出更為獨立的個性，成為一個機智且富有彈性的人。李登輝描述自己是一個「早熟」、「固執」且「叛逆」的人，在孩童時期就已經發展出一份鮮明的「自我意識感」與「自信心」。[45] 由於李金龍在台北州擔任警員，經常從一個轄區調轉另一個轄區，不論他到哪裡，都會帶著李登輝。這是為什麼李登輝讀過四所不同的小學——汐止、南港、三芝與淡水。根據李登輝的回憶，經常搬家使他很難結交朋友，可能因此造成他的內向性格以及酷好讀書的習慣。

一九二九年，六歲的李登輝在汐止公學校入學，當時他父親正被派駐汐止（當時，雖然有百分之九十八點三的日本學齡兒童就讀於小學校，卻只有百分之三十點六的台灣學童得以就讀於公學校）。除了幾個畢業於師範學校的台灣人教職員之外，校長與資深教師都是日本人。一般而言，日本人教師領有房屋津貼，台灣人教師的薪水只及日本人教師的三分之一，甚至更少。汐止公學校的一年級共有三個班：第一班稱為城市男童班，第二班為城市女童班，第三班則是鄉村男女童合班。李登輝就讀於城市男童班，據他的一年級教師潘銀貴的回憶，李登輝在這個共有四十七名學童的班上最高，因此他被指定坐在最後一排。潘銀貴說：李登輝求知慾很強，很喜愛體育活動，想像力也很豐富。從入學之後的第一週，李登輝即流露出嗜書如命、敏於沈思的天性。他觀察敏銳，喜歡大膽好奇地打量別人，且樂在其中。最後，潘銀貴挑選李登輝擔任班長，並在往後的兩年半中一直擔任班長職務。日本學校中，班長常常是從最優秀的學生中挑選出來，班長的責任及權威包括替老師收集學生的家庭作業，在戶外的訓練活動中指揮班上學生，並且在學校舉辦的田徑運動會中指導接力比賽等。李登輝很快就變成老師寵愛的學生，難怪潘銀貴回憶：李登輝有禮貌但不驕傲，愛玩卻能守秩序，而且是一個既有效率又能幹的班長。他雖然只是一年級學生，卻處處顯得聰慧機靈。[46]

由於李登輝父親工作轄區的變換，他住過台北附近幾個鄉鎮。在汐止待了一年以後，轉學到鄰近的南港公學校。他五年級的時候，再次轉學到三芝公學校，在這一年得以全家團聚，共同生活。一九三五年三月，十二歲的李登輝從淡水公學校畢業，在一百〇四名畢業生中排名第二位。[47]在六年的小學教育期間，他學習修身、日本語文、算術、日本歷史、地理、科學、繪畫、唱歌、體育、裁縫與家事等科目，也學習如何寫書法與使用算盤。李登輝每週兩次學習一些中國中文，但是，當日本與中國在一九二七年走向戰爭的時候，中國中文課不幸地從公學校課程中被廢止了。此外，李登輝也有閱讀兒童百科全書的習慣，他父親花了百分之十五的月薪為他購買了這部書。至於課外活動，公學校固定舉辦遠足與登山活動。李登輝是個強壯、活躍且精力充沛的男孩，他非常喜愛這類的戶外活動。很明顯，日本統治者是以將台灣學童教導成忠良且有生產能力的日本帝國子民為目標，進行小學教育課程的設計。一九二九年，李登輝就讀於日本人辦的公學校一年級的時候，日本已經大致有效地將台灣納入統治了。因此，台灣總督川村竹治（一八七一—一九五五）鄭重宣告要使台灣人在「衣、食、住等方面與日本人一樣，能夠像出生於日本的日本人一樣說著同樣的日語」。[48]在台灣多語言的環境中，殖民地的語言政策所帶來的影響，已經使像李登輝這樣的台灣人變成一個文化的混合體。然而，從淡水公學校畢業幾十年以後，擔任台灣總統的李登輝卻公開聲明他不是日本人，而是台灣人（李登輝私下承認，在二十二歲以前，說他是個日本人並不誇張）。[49] 一九九六年，在一次接受日本雜誌的訪談中，李登輝針對台灣與美國的經驗做一個比較：

因為台灣經歷西班牙、荷蘭、滿清與日本的長期統治。今天的台灣人民極度企望自由與民主。在這一方面，台灣與美國非常相似。事實上，美國人是由來自許多不同的國家與地區為了追求自由與民主的移民所組成。是這些自由與民主的價值，而不是他們來自哪個國家或屬於哪個族群，構成了美國人民的認同基礎。台灣也一樣，台灣有十三個原住民族，同時大部分台灣人的祖先為了追求自由而離開中國大陸。我的祖先在二百六十年前為了逃避滿清的暴政而來到台灣，五十年前所謂的外省人也為了逃避共產黨而來到台灣。

我們到台灣不是為了統治別人，而是為了建立一個新的國家，我們必須經常把這個初衷放在心裡，在自由民主的原則上建設自己的社會。[50]

大約三百年前，李登輝的祖先來到蓬萊仙島的荒野，他們從滿清帝國統治下艱苦困頓、律令如麻以及重重的社會限制中解放出來。一九九六年三月二十三日，在台灣有一千四百萬合格的選民，無畏中國長達一週的軍事演習與飛彈威脅，基於自由意志投下他們的選票，壓倒性選出了李登輝為總統，同時實現了台灣從獨裁到民主的移轉。李登輝的壓倒性勝利不僅止於他個人的勝利或是選舉的授權：李登輝被選為第一位本土出身的總統，台灣人民藉此展現出自我認同的渴望，同時展示了他們企望完全獨立於帝國建構者（empire-builders）的控制之決心。51 自此，蓬萊仙島的子民進入了他們下一個充滿希望的新領域，並且發願要堅決地留在那裡。但是，李登輝抵達此一頂端所需經歷的曲折小徑，則是最危險且最難以預測的；更且，在他敢於稱呼自己為台灣人之前，他的自我認同——如他的祖國認同，則必須經過一次又一次的抹去與再建構。

第二章 一個台灣經濟學人的日本教育

淡水是李登輝的精神故鄉，它是一個高山、平原與河流交會的歷史文化景點。淡水也是加拿大長老教會傳教士（Canadian Presbyterian missionary）馬偕博士的第二故鄉。馬偕於一八七二年三月九日抵達淡水，之後娶了一個台灣女子，育有兩個女兒與一個兒子。一八八〇年，馬偕趁著第一次休假的時候，回到位於安大略省牛津鎮（Oxford, Ontarrio）的故鄉募集足夠的資金，在淡水紅毛城旁邊設立一所名為牛津學堂（Oxford College）的神學院。這所神學院是依據蘇格蘭自由教會（Scottish Free Church）的理想所設立，同時也是為了培養台灣男性學生成為傳教士，日後向已經同化的平地原住民（平埔族）宣傳基督教教義而設。一九一四年，馬偕的台灣兒子將牛津學堂轉型成一所中學，開放給當地民眾就讀。一九二五年，加拿大的基督徒募集足夠的資金，依照道維（Kenneth W. Dowie）的設計，用紅磚重建這所學校。當時的台灣只有少數公立中學，加上殖民政府仍堅持依照對日本人有利的雙重標準之招生制度，台灣學生很難進入公立中學。不像那些未獲政府承認的私立中學，淡水長老教會中學於一九三五年八月聘請明有德牧師（Reverend Hugh Mac Millan B.D., M.A., Ph.D.）擔任校長，開始遵照日本公立學校的課程規定，包括在校園中設置軍事訓練課程。淡水長老教會中學終於在一九三八年獲得日本教育部門承認，從此畢業生可以取得正式學歷文憑。[1] 但經過兩次無法取得台北公立中學的入學許可以後，李登輝只好在這所教會中學度過他人生中的四個年頭。

在六年的公學校教育期間，李登輝天天與他的日本老師接觸，學習日語，記誦讚揚天皇的日本國歌〈君之代〉。事實上，他在公學校五年級的時候，寄宿於淡水的一位日本人教師金木（九州人）的家。李登輝客家祖父的一生中經歷過無所不在的種族隔閡，因此想透過孫兒們教育上的投資，期待他們未來有可能克服日本政府所設下的障礙。當時十三歲的李登輝面臨重要選擇：不是花費五年的時間就讀台北師範學校，成為教師，就是選擇醫學作為專業。當時的師範學校是免學費的，一般來說教師薪水十分微薄，教師的職業對李登輝來說也不具有吸引力。若要成為醫生，最少需要花十一年的時間學習，獎學金很難獲得且附帶太多條件。從當時李家的經濟條件來看，他的祖父是個賣茶和米的商人，同時也是領有執照的鴉片販賣商，他父親當時則任職於三芝的一家農民合作社。由此觀之，他們應該有能力負擔這筆昂貴的學費。然而，李登輝暫時拖延決定，選擇就讀公立中學，此一選擇使他無法預知未來的發展將會如何。

一九三五年三月下旬，李登輝從淡水公學校畢業後，立刻參加入學考試，希望進入台北的公立中學就讀。一九〇八年建校的台北第一中學，是一所五年制的二級教育機構，這所學校主要為了服務日本學生而設。根據一九三九年的註冊記錄所載，該校所有學生有九百六十三名日本學生，卻只有二十八位台灣學生。這再次顯示了日本學生享有優惠待遇，即使最聰明的台灣學生也不容易進入公立中學讀書的事實。但是，有一股新的社會活力，包括快速增長的都市人口以及上升中的識字率，刺激中產階級的孩子追求中學教育的趨勢，因此日本政府於一九二二年被迫在台北設立第二所中學。鑑於台北第一中學以錄取日本學生為主，台北第二中學則為日本人與本地台灣人服務，這可由一九三九年的註冊數據證明：當時有五百〇八位台灣人與二百一十七位日本人於該校註冊。[2]然而，儘管李登輝很聰明，其公學校的成績也十分優異，卻兩次被拒絕於台北的中學之外。李登輝把這兩次的失敗看得非常嚴重，因此生了一場大病，臥床長達約半年之久。[3]

深受挫折的李登輝如今開始理解到教育差別待遇、政治不平等與社會不公的意義。他從自己的父親身上體會到台灣人在通往政治權利、居住、就業與社會平等的過程中所面臨的障礙：台灣人警察的薪水不到日本人警察的三分之一，他們前方彷彿有一片玻璃天花板擋著一般，前途一片光明卻毫無出路，這是台灣人在職場上幾乎是不可能突破的障礙。這很可能就是李登輝的父親在一九三二年辭去警局全部職務的原因。對李登輝來說，無法考上台北的公立中學必然是一次痛苦的挫折，也是對他性格的一次重大的考驗。當其他人屈服於這種令人使不上力的壓迫與歧視的環境之際，李家總是設法克服種種障礙。年輕的李登輝第一次展現了頑強決心，堅定的意志力於是成為他的標誌。李登輝從病中康復以後，報名淡水公學校的學業準備課程，開始準備另一次的入學考試。他有時候寄宿李家的友人，有時候寄宿在老師家，同時堅持一種嚴謹的苦讀與極為儉省的飲食。他白天走路到淡水公學校上課，從傍晚一直到深夜則在補習班（日文稱為juku，塾）跟輔導老師學習。李登輝的一位同學林開壁回憶：「李登輝讀書的時候，非常用功，也很少跟我們玩。雖然他是個沈默寡言的人，卻很合群也十分誠實。他似乎記性很好，我們畢業十五年以後，我都已經不認得他了，他卻還能叫出我的名字。」[4] 李登輝花費在書本上無法計算的時間塑造了他的心智，使他了解到紀律與耐力的重要性。為了支持李登輝繁重的功課，確保他的精神不致衰竭，有時母親會帶給他最喜歡的客家菜：有一道菜稱為福菜，用蒸過的豬腳加入醬油和醃過的芥菜末做成；另一道菜稱為糍粑（即麻糬）。李登輝在寄宿家庭中很少吃三碗以上的米飯，他卻常常開玩笑說他吃太多豬肉，甚至相信吃豬肉是他可以長得這麼高的原因。[5]

一九三七年，當時十四歲的李登輝轉學到台北一所私立國民中學（現在的大同高中），這所學校雖未經日本教育當局的核可，校長有時候卻能推薦最優秀的學生到其他中學就讀。其實，李登輝是經過這所學校校長的推薦，後來才得以在一九三八年獲准進入政府核可的淡水中學就讀。值得一提的是，當時淡水中學的錄取率大約百分之二十七，台北第二中學的錄取率百分之十五，台北第一中學的台灣學生錄取率則近乎零。一九三八年，英國文學的學者有坂一世取代明有德牧師成為淡水中學校長，從此時開始，大多數來自九州地區的日本人獨占了所有教員的職位。該校學生有四百三十位，只有九位日本人，其他都是台灣人，大部分是來自台灣各地的富裕人家子弟，學生平時被要求穿黑色制服、戴鴨舌帽與綁腿。[6] 每週一早晨，淡水中學的教師與學生必須一起恭敬地朝向東京的帝國宮殿行禮，即使帝國宮殿遠在兩千公里之外。很自然地，淡水中學過日本傳統節日，包括慶祝二月十一日的紀元節，明治政府選定這一天紀念西元前六百六十年大和國家神話式的開國；又以九月二十四日做為秋季皇靈祭，當天日本人在鄰里組織的秋分服務中獻上壽司以供分享。

淡水中學坐落於丘陵，俯瞰整個淡水港。那裡可以看到太平洋的蔚藍色海洋、台灣海峽悅目的美景，以及遠方內陸的深綠丘陵景致。隔壁的淡水女學院也是由馬偕於一八八三年創立，後來於一九五六年併入淡水中學，改名為淡江中學。這兩所學校用暖色的磚材建造，上面覆蓋紅色的磁磚，綠色的庭院因高聳的熱帶樹木的陪襯，顯得更加引人入勝。年輕的李登輝進入的校園是這樣一所具有輕鬆氣息且安靜的學習環境，校園的近處有一所台灣最古老的長老教會教堂，馬偕在一八七二年所設立，並於一九三二年由馬偕的兒子完成重建，那些想上教堂做禮拜的學生可以就近前往。

公立中學的必修課程包括語文、地理、歷史、數學與自然科學等，除此之外，淡水中學也在星期日教導基督教神學與《聖經》。可以確定的是，李登輝年輕的時候偶爾會參加安息日的活動，與學校的牧師接觸，也學會用台語唱幾首聖歌，他也從受過訓練的台灣人傳教士中聽過審判日，但是，他並未被要求去拜領聖餐，更不用說公開告解對上帝的信仰（李登輝最後於一九六一年皈依基督教，那時他三十八歲）。值得一提的是，學校絕大多數的台灣學生，是在一種強調每一個人自我潛能的實現，與一種提倡統合論宗教取向的文化中長大。

一般而言，台灣人信奉對國家盡忠、對父母盡孝，以及五倫的養成等儒教教義。五倫是指父子、夫妻、兄弟、君臣、朋友之間等五種倫常關係。台灣人處於困境之中，亟須拯救力量的時候，他們毫不遲疑地向觀音菩薩（日文為Kanron）祈求保護。

李登輝與他的中學同窗常常到附近的觀音山拜訪，抵達前，他們須沿著數百級的石階步行而上，直到令人振奮的山頂時，他們向一尊有二十四隻手臂且雕塑神巧的觀音像朝拜，然後食用齋飯，當晚則留宿寺廟。李登輝曾經明言，自己在人生中的這段時期，對禪宗教義極感興趣，特別是日本臨濟宗鼻祖明庵榮西（一一四一－一二一五）。臨濟宗的教義包括內省、嚴格的修持與自力更生等價值。7

此外，大多數的台灣人透過每年的四月五日清明掃墓時節，向他們的祖先表達敬意（每年一月十六日到四月五日之間，客家人有四個月可以掃墓）。李登輝就讀中學的時候，經常陪家人到家族祖墳，墳墓內埋有裝著他祖先遺骨的陶甕。首先割除雜草，再把紙錢灑在墳上及四周，然後饗以死去的祖先一頓特別食物，稱之為挨粄，用米粉和糖做成，再用葉子包起來，藉以保持食物的新鮮與清潔。8

李登輝在淡水中學努力求學之際，日本正經歷著經濟大恐慌（the Great Depression）所帶來持續性影響的痛苦，對內統治變得更暴力，對外則變得更好戰更有攻擊性。整個一九三〇年代因此見證了日本關東軍入侵滿洲、帝國議會政黨政府的終止、政治與財經領袖被人暗殺、一九三三年退出國際聯盟、恐怖主義的爆發，最後則是極權法西斯主義的興起。一九三五年，教育改革會完成設立，主要作為一個對教育大臣提供建議的諮詢機構，任務在於確保日本教育應該如何進展。經過一年商議後，教育改革會提出一項建議，要求在「國體理念與日本精神的基礎上進行學習與教育改革」。[9] 換言之，戰爭時期日本教育改革的前提是以「神道、國家與教化灌輸（indoctrina-tion）」三位一體為基礎。因此，教育扮演著為國家服務的角色，最後真的變成為國家服務的工具。李登輝青少年階段的命運，因此無可避免與日益高漲的日本帝國軍國主義相聯繫，他的身體與靈魂因殖民地主子的需要而受到型塑。他被要求接受密集的體能與軍事訓練，包括健美體操、柔道、劍道、晨間洗冷水澡與每週三小時軍事訓練等。為了順從日本政府的命令，淡水中學設立一個道場，教授學生日本武術。

李登輝淡水中學同學林焰瀧回憶，李登輝熱愛劍道，並成為該校劍道社成員。劍道使用一枝長木劍作為攻擊與防衛的武器，李登輝首先學到日本劍術的原理、規則與哲學，同時逐漸習得一種與劍道技法相關的體能原理上的直覺領會，與精神上的紀律。一九八八年，當時擔任宜蘭縣某所學校校長的林焰瀧，接受《聯合報》的訪問時，展示一張李登輝身穿劍道服的照片。李登輝在照片的背後簽有 RTK 的字樣，RTK 是他台灣名字的日文發音 Ri Toh-Ki 的起首字母。林焰瀧又談到，李登輝在學校表現優異，很快嶄露頭角，經常在軍事訓練的時候被指派擔任掌持傳統「日之丸」的太陽旗。[10] 李登輝也發掘出繪畫的才能，跟著淡水知名畫家陳慶輝學習長達二到三年之久。李登輝曾經嘗試水彩畫、油畫與水墨畫。他熱愛觀賞藝術展覽，特別是一些介紹知名台灣女畫家陳進（一九〇七—一九九八）畫作的展覽。陳進是有史以來第一個台灣女性獲選參加每年在東京舉辦的帝國美術院展覽會（簡稱「帝展」，一九三四）的畫家。林焰瀧回憶，李登輝似乎想要避免任何嚴酷的日本統治時期產生的不快記憶。他對於台灣學童被迫支持將亞洲民族從西方帝國主義中解放出來的，所謂日本的神聖使命等事情，則輕描淡寫。學生課餘時，經常被要求清掃公園、挖掘壕溝，以及撿拾淡水街道的垃圾與落葉。這是因為台灣的經濟與幾乎所有台灣的人力，已經因戰爭的需要而被動員殆盡，致使淡水甚至無法提供例行的市政服務。事實上，在日本的總力戰動員時期（一九三七—一九四五），台灣的學校與公家機構僅僅保留不多的守衛人員，甚至連一個也沒有。李登輝在自己的回憶錄中，用挖苦的語氣提到，他那時經常起得很早，然後開始打掃學校的廁所，直到太陽升起。在校園內，他負責照顧一塊小小的菜園，有時用水桶挑著糞肥，澆灌菜園內他自己種的蔬菜。[11] 日本人相信，這類技能屬於日常生活上有用的知識，這些學生一旦送到前線作戰，這類技能便可隨時派上用場。

強調體能勞動與武術運動僅僅只是複雜車輪中的一個輪輻。這個複雜車輪就是近衛文麿首相（一八九一——一九四五）所稱的東亞新秩序。一九三七年的早春，日本文部省出版一本新的教科書，書名為《國體之本義》。這本書的對象是教導像林焰瀧與李登輝這樣的年輕學生，以及日本與台灣每一個學子。該書純粹是一本宣傳用的教科書，目的是灌輸日本民族主義，同時在年輕學生的心靈中注入對日本天皇忠誠與順服的觀念，最後合法化日本極權主義的政策。[12]當時，台灣殖民政府禁止所有中文書籍、報紙與雜誌的出版。為了提供給像李登輝的祖父這種老一輩讀者的方便，一向都被容許出版的雙語報紙，現在也被禁止發行，唯一由台灣人經營的《興南新聞》則遭到《大阪每日新聞》的合併。隨後，台灣其他所有報紙則被要求與《台灣日日新報》合併，同時，《台灣日日新報》漢文版也受命廢止。[13]對於像李登輝這樣習慣讀取報紙上所有文章的報紙愛好者，這些措施令他們感到真正的失望，同時也帶給他們極大的損失。一九三〇年代中期以前，日本一心一意想同化台灣人，一九三七年中日戰爭爆發後，日本當局修正同化政策，試圖將全部台灣人民（包括原住民）加以皇民化。因此，第十七任台灣總督預備役海軍大將小林躋造（一九三六——一九四〇）宣示三個目標：首先，加速發展台灣的策略性工業，例如化學、金屬與造船工業，使台灣可以供應戰爭物資需求；其次，以台灣為日本帝國「南進」中國南部與東南亞的跳板；第三，強力推展皇民化運動。一九三七年九月二十七日，這位富有國際經驗、具有思辨能力的海軍將領小林躋造，派遣一群「非戰鬥性」台灣人到中國充當軍醫、通譯與占領地區的安全人員等職務。[14] 他也鼓勵台灣人在家裡說日語和採用日本式的姓名，使得台灣人可以完全被日本文化「帝國化」，在心智與精神上達到真正皇民化（與天皇的子民結合）。那些說日語的家庭在家門前掛著一個大標牌「國語常用家庭」，他們領取等級較佳的戰時配給票（票的顏色是黑色），獲得較多的食物與日常生活用品的配給量。結果，掛有這種標牌的家庭從一九三七年的百分之三十八增加到一九四四年的百分之七十一。其次，限制日本人與台灣人之間通婚的法律解除後，導致台灣與日本的混血孩子數目增加。[15]

李登輝父親擔任警員時，就將自己的名字李金龍改為岩里龍男。直到一九四〇年初，當時皇民化運動加速推動，李金龍像其他台灣人父親一樣，想要改善家庭的社會與經濟條件，決定為其全家改採日本姓名。他將長子李登欽名字改為岩里武則，並將次子李登輝名字改為岩里政男。日語與台灣話中，岩字同樣都是岩石之意。選擇這個名字與三芝的岩石有關，里的台灣話發音是li（與李同音）。因此，岩里這個姓清楚意味著「多岩的三芝李家」。但與李家不同的是，大多數的台灣人選擇保留原來的姓名。直到一九四一年底，只有七萬名台灣人（當時台灣總人口超過五百七十萬）申請改日本姓名。兩年後，這個數目只增加到十二萬人。然而，不管台灣人是否同意改姓名，他們都被迫展現出他們對裕仁天皇（即昭和天皇）的忠誠擁戴，同時公開參拜神社。一九四二年之前，台灣總共有六十八所大型神社和一百二十八所較小的神社。除此之外，每一個台灣人家庭被要在家中求設立一個神棚（kamidana），「在神棚上方擺設太陽神與祂最近的子孫裕仁天皇的象徵」。[16]任何批評或質疑至高無上的神道，都被視為一種褻瀆的行為。

皇民化運動時期，地處熱帶的台灣島民發現到，在仕家內採用日本的木屐與榻榻米鋪設的房間，既便宜又方便，但以和服取代台灣傳統衣著的台灣人則非常少。像李登輝的父親這種受過教育且較為年輕的台灣人，一般來說比較喜歡穿著西式衣服，就像那些比較現代化的日本人一樣。至於大眾娛樂與戲院，日本的相撲比賽雖然相當受到台灣社會的歡迎，台灣人無分階級男女，對台灣歌仔戲的喜愛仍勝於日本的歌舞伎或能劇。台灣每一個社區的青年男女被勸導加入「青年團」，青年團固定舉辦一系列以培養「日本精神」為目地的夜間活動。在《一九四〇年新港誌》一書中顯示，嘉義新港有十個這類的青年團，共計四千一百九十名團員。[17]一般而言，皇民化時期對普通台灣民眾（特別是台灣學生）來說，是一個非常艱辛又令人困惑的時期。在家庭內，像李登輝這樣的學生和家人用台灣話溝通，在學校或青年團的聚會場合，他們卻必須說日語，否則就會遭到排斥。如果文化意味著一個民族共同擁有相同的生活方式，說著一種共同語言，遵行一種普遍採用的倫理與習俗模式，那麼，當時的台灣人正處於失去其本身族群文化的邊緣。這個時期，李登輝就像數百萬台灣同胞一樣，正面臨一次嚴重的認同危機。許多人奮力與這些認同問題對抗，其他人則想辦法保存台灣本土文化的連續性。例如，林獻堂這位聲望最高的台灣自治運動倡導者，比較喜愛說台灣話，也拒絕更改姓名或與同化發生任何形式的牽連。[18]

李登輝承認，二十二歲以前，他總是認為自己是個日本人。而那些詆毀他的人則進一步為其貼上標籤，說他是一個忠誠的（甚至是熱中的）日本主義的皈依者。一次接受日本頗受歡迎的女性作家上坂冬子的訪問，李登輝說：「在我的成長階段中，年輕的海軍軍官暗殺大養毅首相（一九三二年五月十五日），另一場血腥政變則由『皇道派』的好戰分子於一九三六年二月二十六日密謀而成，這些人都以愛國為名。這些事件和其他引人注目且經過廣泛報導的事件帶給我極深的感觸。那時候我心想，生命實輕如鴻毛，我同樣也想設法親自經歷戰爭的意義。這是為什麼我後來決定變成軍人的原因。我當時是這樣的傻子，即使今日，我仍然是個傻子。」[19]這些暴力事件發生時，李登輝只有九歲或十歲大，那些詆毀他的人並不相信這些事件真的模鑄了他，甚至質疑他對上坂冬子所說的話的可信度。然而，有一件事千真萬確，亦即日本對台灣年輕人的教導是如此具有滲透性，以至於一個恐怖行動或者一次政治暗殺，可能立即引起若干具有誤導性的英雄主義與殉難等行為。正如同數百萬其他日本與台灣青年每天閱讀政府審查過的《台灣日日新報》一樣，敏感的李登輝現在也盲目地遵行國家的命令：很快就變成日本戰爭機器的一個小小齒輪。一九二三年四月十六日到四月二十七日期間，當時的皇太子裕仁在台灣展開一次為期十二天的視察之旅，這時的台灣已經經歷了四分之一個世紀的日本殖民統治。直到這個時候，日本壓倒性的軍事力量，以及它有效利用族長制的台灣保甲制度，大體上已經大大降低台灣人的反日活動。十五年後，也就是一九三八年日本軍隊占領南京之後，裕仁已被包括李登輝在內的大多數台灣學生視為「人神」加以崇拜。

由於戰爭不斷擴張與升高，為了確保戰鬥與勞動人員的供應來源，中學以上的教育機構的學期課程被縮短。此外，文部省（教育部）設立一個科學委員會，著手加強並擴大中學及大學的科技教育科系。結果，從一九四一年到一九四五年間，科學與工程科系的畢業生人數達到約十萬人，幾乎占全部大專學生的百分之二十三。[20] 在這些新政策背景下，一九四一年春天，李登輝花不到四年的時間（而非原定的五年期限）完成了淡水中學的課業。李登輝透過他中學校長名義上的背書（無須畢業證書），參加高等教育的入學考試，這次考試的內容在測驗學生的日本語文與文學、數學、英文、中文等學科的流利程度與知識。這一次，李登輝很順利考取全台灣知名的台北高等學校。

一九二五年設立於台北市中心的台北高等學校（今日的台灣師範大學），主要提供學生預備課程，使之得以升級到專科學院或大學。[21]因此，殖民政府撥給這所學校相當多的資源，細心規劃該校哥德式建築的建造，以及收藏多達四萬冊中、英、日、德等書籍的圖書館。一排排美麗的綠色維也納棕櫚樹聳立在紅磚建築旁，環境優美，有助於滋養身受學校束縛的學生心靈。李登輝後來說，他在這所學校度過人生中最快樂的日子，每當他唱起母校校歌〈獅頭山〉的時候，快樂回憶就會立刻浮上心頭。[22]

一如慣例，台北高等學校的教員全部都是日本人，他們之中有一部分在美國受過研究所的訓練，學校所錄取的台灣人學生數目則遠低於日本人學生。一九四〇年，台灣島上有五百七十萬個台灣人與三十四萬六千六百三十個日本人，但是，台北高等學校的入學記錄顯示，當年學校有三百三十四名日本學生，卻只有八十七名台灣學生。一九四一年，該校有三百六十三名日本學生與一百〇四名台灣學生。[23]一般來說，該校的學生來自高階的日本官員、醫生、專業人士與商人等家庭背景。而那些少數得以進入這所預備學校的台灣人青年，真正代表了李登輝所屬世代中最菁英的份子。台北高等學校提供四個預備類組：A組和B組的人文社會科學，以及A組和B組的科學技術。每一組的一個班有四十個學生，其中只有四至五個台灣人，其他則為日本人。李登輝尋求一個適合台灣青年與自己主要抱負的主修科目：為了在未來得到較好的機會任職於南滿鐵道公司（滿洲），他決定成為一個農業經濟學家（一九三一年到一九四五年期間，住在滿洲的台灣人估計有五千人，他們大部分是年輕的醫生、工程師、技師、教師及其家人）。李登輝被分配到人文社會科學的A組，這一班共有三十八個學生，其中只有四名台灣人。在正常情況下，學生需花三年的時間完成所有預備課程。但是，戰爭期間，包括李登輝在內的許多學生則努力用兩年時間就考入大學。

一九四〇年到一九四一年，對青春期的李登輝來說，這是個多事之秋。這一年他失去祖母，每隔七天為死者舉行一次傳統儀式（即「做七」），持續到四十九天，然後在李家的神龕上為祖母安置一個牌位。這一年對台灣與世界整體而言也是動盪不安的一年，當時日本於一九四〇年三月在南京設立一個傀儡政府。同年九月，日本與德國及義大利簽訂《三國同盟修約》（Tripartite Pact）成為軸心國，並於同年夏天前完成法屬印度支那（越南）的占領。然而，這一系列的攻擊行動卻導致美國在一九四〇年十月對日本進行廢鐵的禁運，最後造成日本於一九四一年十二月七日（日本時間十二月八日）對珍珠港的偷襲攻擊。在大後方的台灣，新任台灣總督預備役海軍大將長谷川清，曾任海軍次官與橫須賀海軍工場指揮官，他在台灣的任期中（從一九四〇年十一月到一九四四年十二月），不僅有效將台灣變成一個日本入侵菲律賓與其他東南亞國家的發射砲台，並有系統動員台灣的人力與物力資源，以支持不斷擴大的戰爭。為達目標，長谷川清於一九四一年四月徵召第一個師的台灣人陸軍「志願兵」，於一九四三年五月開始訓練台灣人的海軍「志願兵」（直到一九四三年七月，超過三十一萬六千名台灣人申請成為海軍志願兵，包括李登輝的哥哥）。長谷川清還設立皇民奉公會，用以深化日本對台灣人社會文化生活的控制，以及加強戰爭時期的教化灌輸與宣傳的效果。然而，作為全島舉足輕重的知識中心之台北高等學校，仍然不受外在世界喧擾影響。當時，李登輝已經十八歲且身高一百八十公分，幸運的他在這所學校中享有優良的教師、充足的食宿、冊數可觀的圖書館，以及供他隨時隨地探索的知識。李登輝頗好學，是一個勤奮用功、孜孜不倦且求知若渴的讀書人，他對知識的興趣範圍十分廣泛。

在這所預備學校中，必讀的科目包括日本早期的神話、歷史、古詩與日本文學等。簡言之，這些課程主要為了培養一種真實且純粹的日本精神而設計。理所當然，李登輝也學習《古事記》（古代事情的記錄）。《古事記》於西元七一二年編成，書中選取日本固有的神話、傳說與歷史，將之結合以增強日本皇室的威望，以及鞏固帝國權力的基礎。這位敏感的台灣青年被教導相信日本民族的優越性，相信日本一直是偉大神明的所在地。李登輝早期的知識偶像中，文學批評家與史家的本居宣長（一七三〇—一八〇一）是其中之一。本居宣長於一七九八年出版四十四冊的《古事記傳》，這本書主張與神道的神聖聯結是了解日本社會本質的關鍵。[24] 然而，其他一些日本知識份子（特別是受到西方學術訓練的學者）並不同意這種民族主義的邏輯。他們較傾向於自由主義與世界主義的觀點，而且相當受到這所預備學校學生的歡迎。

新渡戶稻造（一八六二—一九三三）是這些知識份子之一，他是典型的日本殖民主義的辯護者。他在一九〇一年到一九〇三年間主持臨時台灣糖業局，後來在東京帝國大學擔任殖民政策講座，同時倡導對殖民地人民的人道待遇。新渡戶稻造畢業於札幌農業學院（亦即後來的北海道帝國大學），後來遠赴美國留學，他在威斯康辛娶了一位加拿大女性，而且皈依貴格會教會（Quaker）。新渡戶稻造擁有三個博士學位，同時，作為貴族院議員，他經常鼓勵日本同胞成為世界主義的「世界公民」，同時放棄狹隘的日本特殊主義。李登輝說他讀過許多新渡戶稻造的書，包括《台灣糖業改良意見書》（一九〇一），但是令他印象最深的是《武士道：日本魂》（*Bushido: The Soul of Japan*）一書，這本書最早於一八八九年出版，在六年內發行了十版。武士道是日本道德準則與社會規範的總結，探討的議題包括：正直、勇氣、仁慈、禮節、誠實與真誠、榮譽、忠義、自制、對女性的對待、自殺與復仇等。但是，新渡戶一方面極力鼓勵年輕的日本人應培養一種正直人格，一方面主張「日本精神並非教育的最初與終極目標」，相反，新渡戶提倡一種他所稱的「愛國的世界主義」（patriotic cosmopolitanism）。他在一九三二年早期的一個新聞記者會中，公開聲明共產主義與軍國主義是威脅世界和平的兩股力量，其中，軍國主義可能造成更大破壞。李登輝當時受到了這一波橫掃日本帝國的民族主義浪潮所吸引，但關於李登輝是否能夠調和本居宣長與新渡戶稻造二人之間關於愛國主義相互衝突的觀點，不得而知。相當明確的是，李登輝似乎小心翼翼避免被貼上「不忠」、「不愛國」或「背叛」的日本人標籤，這類形容詞是日本右派團體經常用來批評新渡戶稻造的詞語。25

台北高等學校的讀物中也特別介紹清少納言女士（九六五—一〇一〇）的文集《枕草子》，與紫式部女士（約九七三—一〇一四或一〇二五）的《源氏物語》。這兩本書記載大約在西元一〇〇〇年到一〇〇二年間日本王室的生活細節。李登輝對另一本必讀的歷史讀物《平家物語》印象深刻，它談到平家與源家間的戰爭，源家後來於一一八五年戰勝平家，建立了第一個幕府。李登輝承認，這些嚴肅沉重的讀物偶爾需要用日本浪漫文學，與當時頗受歡迎的小說（一種書中的角色極似作者本身的自傳式小說）來稀釋沖淡一下。[26] 這些引起李登輝喜愛的小說包括阿部次郎（一八八三—一九五九）的《三太郎の日記》，此書描述一位反叛日本社會規制桀驁不馴的青年。在二十世紀到來以後，這類自白式與冥想式的書，在那些年輕人與求新求變者間受到廣大的歡迎。此外，李登輝最喜愛的書還有倉田百三（一八九一—一九四三）的《出家とその弟子》，這是一本討論宗教、倫理與社會主題的戲劇。[27]

李登輝最佩服且直到晚年仍然談及的自傳式小說家是夏目漱石（一八六七—一九一六）。夏目漱石的《道草》首先在《朝日新聞》連載，他以感人的語調描述自己的孩提時期、嚴厲的父親、無情的養父母，以及他為了省錢買書不用餐飯等事。李登輝透露當他就讀台北高等學校時，已經擁有超過七百本岩波書店出版的日文書，包括夏目漱石所寫的每一本小說。他自述讀過好幾次夏目漱石的《我是貓》（一九〇五）、《從此以後》（一九〇九）、《門》（一九一〇）、《心》（一九一四）。李登輝最喜歡的小說是《三四郎》（一九〇八），夏目漱石在這本書中創造出一個膽小、不諳世故的鄉間少年，來到東京帝大讀書的故事。甚至直到二〇〇一年，李登輝仍然能夠記得三四郎從熊本到東京途中與一個陌生女子度過一夜，三四郎在大學圖書館中絕望地探險，以及在小說世界中許多值得懷念的場景，一些令人振奮和驚懼的種種情節。[28]

很明顯，當李登輝閱讀日文翻譯的《阿拉伯的勞倫斯》（*Lawrence of Arabia*）、愛因斯坦（Albert Einstein）的《物理學的誕生》（*The Birth of Physics*）（兩書皆由岩波書店出版），以及由京都大學西田幾多郎教授（一八七〇—一九四五）所翻譯的康德（Immanuel Kant）哲學論文的時候，在知識上充滿好奇心的他，也鑽研哲學的問題——人的本質、人類社會與宇宙本質等問題。但是，想要確定這些教誨式的故事與哲學信息，到底在多大程度上可以攪動當時李登輝的年輕心智，最後促成其思想的形成與世界觀的界定，卻困難多多。那個時代的日本作家對生與死、信仰與宗教、國家與愛國、個人的救贖等議題，經常是莫衷一是，相互衝突。李登輝說他欣賞阿部次郎的書，但是，阿部次郎也是一位自我風格的新康德主義者，他強調自己所稱的「道德個人主義」，並且批評現有的日本國體。日本的國體強力倡導所謂政府的家族國家（family-state）理想，在這種政府中，天皇成了構成日本社會階層制度至高無上的領導者。夏目漱石譏諷那些用愛國主義合理化每一個行動的人，他寫道：「但是，如果有人總是必須……為了國家才吃飯，為了國家才洗臉，為了國家才去上廁所，那不是非常可怕嗎？」[29]

珍珠港事件爆發後，李登輝就像所有台北高等學校學生一樣，被要求為日本帝國做每一件他可能做的事。每當日本軍占領一個主要城市，例如香港（一九四一年十二月二十五日）、馬尼拉（一九四二年一月二日）、新加坡（一九四二年二月十五日）與仰光（一九四二年三月八日），他就被要求穿上日本服，提著燈籠加入台北街頭的夜間勝利遊行。這段時間，學生在勝利與征服的興奮中飲酒慶祝時，李登輝卻在一次學校舉辦的軍事訓練中，因投擲手榴彈而造成右肩扭傷。傷勢非常嚴重，他因此有一段很長的時間無法打棒球。[30] 李登輝與他的同學在不知不覺中被灌輸一種為國家而學、為國家而生，乃至於像他哥哥李登欽「志願」到菲律賓打仗一樣為國家而死的信念。

當李登輝摸索著政治與哲學信念時，遇到了一位歷史老師鹽見薰。鹽見薰不僅啟發他對歷史的興趣，還介紹馬克思的思想給他。馬克思主義的日文研究主要從經濟學與歷史學開始，但社會主義思想很快在敏感且理想主義的學生當中散布。鹽見薰在東京帝大讀書時受到馬克思主義者影響，教中國歷史時，他也用馬克思的生產模式理論分析中國社會的病症。李登輝告訴作者，鹽見薰只用兩、三堂課就將中國歷史從古代到一八四〇年的鴉片戰爭講完（這當然是非常偏頗的），這一年的其他時間討論中國文化的停滯、過時的政治制度，與中國的土地所有權和農業生產與分配等問題。敏感的李登輝因此從這位明顯「偏頗」且「所知有限」的日本歷史教師中，學得初步的中國歷史與文化知識。鹽見薫將中國社會視為一個數個幾世紀以來停滯不前的、陳舊保守的社會，就像是一個「大醬缸」一樣。這樣的社會抗拒改變，文化傾向滋長自私心，政治傳統則有助於獨裁專政的興起。鹽見薫的教學對李登輝關於中國的價值判斷與了解的形成，終究具有關鍵性作用。毫無疑問地，鹽見薫也啟發並激發年輕的李登輝去閱讀各種歷史書籍，包括數冊關於歐洲文藝復興的書。事實上，那時的李登輝最喜愛是歷史，當時主修歷史幾乎不可能找到工作，他於是務實地選擇農業經濟，希望將來可以受到南滿鐵道公司的任用。31

隨著戰爭逐步擴大與人力總動員的需要，日本政府宣布，預備學校的人文與社會科學課程縮短六個月（科學課程則不適用此一規定）。李登輝當時有兩個選擇：不是在兩年內完成其預備學校的教育後進入大學就讀，就是立即被軍方徵召入伍。台灣與日本之間的海路此刻仍然暢通，加上台北帝國大學並無農業經濟方面的科系，李登輝因此決定前往日本繼續高等教育。值得一提的是，在戰前階段，北海道帝國大學的畢業生經常被送到台灣工作，京都帝國大學的畢業生則很容易在南滿鐵道公司找到工作。在這個背景下，李登輝於一九四三年夏天參加為期兩天的日本大學入學考試（因此，李登輝屬於昭和十八屆，意指昭和天皇統治時期第十八年）。一如往常，入學考試競爭極其激烈，李登輝必須考得比日本學生好上許多，才有機會入學京都帝國大學。32 他勤奮向學，結果如願以償，父母幫他籌措好學費、船費，和大學制服的治裝費用——每學期學費六十日圓、台北到京都單程船票十七日圓、每月生活費二十五日圓等。在他動身前往日本之前，李家合拍了一張照片。他的祖父坐在前排穿著傳統台灣黑色衣裝，父母親穿著正式的夏天白色西裝與套裝，嫂子穿著整齊勻稱的白色短衫裙子，李登輝穿著黑色的學校制服但未戴帽子，他的長兄登欽則站在後排，也穿著夏天的西裝，看上去矮了許多。這是個既喜悅又痛苦的時刻，照片上李登輝表情木訥，並未顯露多少情感。

一九四三年夏末，亦即在海軍上將尼米茲（Chester Nimitz，一八八五—一九六六）的艦隊有效占領中部太平洋島嶼，開始轟炸日本之前，有二十一條海運線固定提供台灣與世界其他地區的海運服務。李登輝赴日的行程既不需要簽證也不需要護照，他先在台北搭火車，然後在基隆港登船。船上乘客包括官員、專業人士、商人與通常坐在一等艙的各年級學生。李登輝首先抵達北九州的門司，在那裡有另一艘船駛經風景優美的瀨戶內海，將李登輝等人載到大國際商港神戶。整個行程耗費四天三夜，而火車僅四十分鐘就將李登輝和其行李從神戶載抵京都。京都大學坐落在京都古城的東北角，依據一八九七年六月十八日所頒帝國敕令而設立，該校同時以教授的自由主義作風，以及重視學術自由而聞名。有一小圈教授同好聲嘶力竭地與當時的右翼政治潮流論戰，幾位重要的日本共產黨員、工會的活躍分子與各類和平主義者皆來自於京都大學知識份子圈中。事實上，從一九三七年日本全面入侵中國以後，幾乎不可能找到一位可以同時被政府與大學教授雙方接受的校長。最後，一九三八年十一月羽田亨就任大學校長，帶領這所大學渡過最艱難動盪的戰爭時期，直到他於一九四五年十一月退休為止。京都大學的農學院設立於一九二三年，是大學的第七個學院，有六個系與兩個附屬機構（一個實驗農場與一處大學森林）。這個學院包括A組主修（人文與社會科學）與B組主修（自然科學），李登輝註冊為A組主修。A組主修課程包括「基本社會學與農業經濟學」、「家畜經濟學」、「農場會計與財政」、「農場管理」、「農業行銷」、「比較農業史」、「農村資源經濟學」與「農業政策分析」等。[33] 京都大學農學院教學極為傑出，後來成為日本農業科學的模範。

李登輝住在大學宿舍，雖然學生上課並不是強制性，但被要求與指導老師定期見面，對他在學業、行為與成就上的進展做出報告，其中最重要的是通過期末考。雖然帶有一點點鄉下口音，李登輝能夠說一口流利日語，偶爾也難免受到日本本地人怠慢的對待。如同往常，置身於新環境很容易觸景生情，想念家鄉，也使他常常意識到台灣本身的問題，想知道自己是否只是一個二等公民，永遠無法充分符合作為日本人的所有權利。然而在這裡，李登輝置身於知識活動中心，他充分把握此一良機。真的，李登輝不只從老師的授課中，也從他與各種學生（日本人、朝鮮人、台灣人與來自滿洲的中國人）之間的接觸中獲益甚多。李登輝讀過幾位京都帝大教授的作品，他一直特別受到馬克思的基本經濟理論所吸引。這個理論是：任何商品的商業價值建立在生產這個商品的工作時數，與工人因而成為商品本身的論點上。李登輝十分佩服愛慕馬克思經濟學家河上肇（一八七九—一九四六），他於一九一六年到一九一七年間在《大阪朝日新聞》刊載一個名為《貧乏物語》的系列文章。雖然，河上肇已經辭去京都帝大教職很長一段時間，事實上他在一九三三年一月十二日遭到逮捕，受到拘禁，但仍有許多京都帝大的自由派教授一再攻擊日本的資本主義經濟制度與資產階級的生活型態。他們認為貧窮是由資本家取向的立法所造成，而非窮人的錯誤。[34]

很明顯，李登輝並未接觸到比較自由派的西方思想家，我們知道，他也將德國的其他思想納入了自己知識寶庫中。李登輝的日本教授要他閱讀歌德（Johann Wolfgang von Goethe，一七四九—一八三二）的《浮士德》（*Faust*）一書。浮士德博士不能滿足自己的研究成果，於是將靈魂賣給了承諾滿足浮士德每個願望的魔鬼麥菲斯特

（Mephistopheles），此劇本的寓意在於，個人的私慾享樂並不等同於幸福。李登輝非常喜愛這個故事，後來甚至要求他的兒子李憲文針對浮士德博士寫一篇評論文章。[35] 透過浮士德，李登輝知道了將歌德一七九六年所作的《威廉・邁斯特的學習年代》（*Wilhelm Meisters Apprenticeship*）一書，譯成英文的蘇格蘭散文作家湯姆・卡萊爾（Thomas Carlyle，一七九五—一八八一）。一八三三年到一八三四年間，卡萊爾出版他以哲學的諷刺作品加以偽裝的非正式自傳，書名為《衣裳哲學》（*Sartor Resartus*）。卡萊爾詳細說明他生命中的種種危機，並用一種史詩式吟誦且毫無條理的自由風格確認他精神的理想主義同時，他也批評物質財富的虛假。卡萊爾像李登輝念台北高校時的歷史老師鹽見薰一樣，也深深關心工人的生活狀況，因此他的書自然而然，對懷抱理想主義的李登輝深具說服力。李登輝當時的目標是立即進行滿洲的農民與勞工生活的調查。[36]

對於日本大學生而言，英文是成功生涯的必要條件。進入京都帝大之前，李登輝已經在中學與預備學校時期學過至少六年的英文，但他說那時自己仍無法直接閱讀卡萊爾的英文原作。他選擇德文為必修的第二外國語文，然而即使經過兩年密集的文法與閱讀訓練，他仍然無法閱讀歌德的德文作品。所以，李登輝繼續依賴日文翻譯獲得他「浮士德式」的知識，包括希特勒（Adolf Hitler，一八八九—一九四五）的《我的奮鬥》（*Mein*

Kampf）。其他有關李登輝的「德國關係」以及他讚許的德國知識，關於此點，他與他的日本傳記作者從未評述。例如，他並未透過選擇去認識，區別康德和歌德的德國，以及希特勒和戈培爾（Joseph Goebbels）時代的德國之間的分歧。事實上，他被灌輸一種「德國至上」（Deutschland uber Alles）的情感，那種情感只有德國人才會感覺到親切。〈德國至上〉是第三帝國（Third Reich）的國歌，它號召德國人宰制其他民族，因此本質上回應了希特勒的「生存空間」（Lebensraum）理念。正如同其他的日本大學生一樣，李登輝被要求唱一首名為〈英格蘭之歌〉（Englandlied）的納粹歌，這首歌的結尾是：「保重！我的甜心。保重！保重！然後我們去，然後我們去，然後我們去英格蘭！」37

李登輝就讀京都帝大的十四個月中（一九四三—一九四四），在知識與情感上皆是一種強烈的體驗。他在日本最負聲譽的大學中學習，結識日本帝國中最聰明的人才。對於來自台灣的外地人李登輝來說，京都的自然景物與花園優美無比，京都所保留日本古代無價的珍藏與文化的遺產無不令他神往。他經常漫步於古意盎然的吉田神社，隨意瀏覽京都的舊書店，在四條地區逛街購物，到壯觀的清水寺風景素描。在京都郊區，李登輝觀賞嵐山風景，造訪龍安寺，欣羨醍醐寺內的禪宗和尚，同時享受京都多采多姿的節慶與花車遊行。令人不安的時刻也不幸伴隨著美好時光而來，到一九四四年初，因人力短缺之故，學生被動員到工場與農村當勞工，時間長達四個月。更糟的是，日本逐漸戰敗。一九四四年七月的第一個星期，美國取得塞班島（Saipan），日本糧食短缺問題變得十分嚴重。每件物品：蛋、細麵與附有魚肉的餐食等皆十分缺乏，甚至米也日漸供不應求。廣受歡迎的京都雜煮（白色味噌湯中加入米糕、芋頭、大菜與其他蔬菜）也很難吃得到，雜煮是李登輝最喜愛的早餐。由於電力短缺，燈火管制不時發生。當年的七月十八日，東條英機（一八八四—一九四八）辭去首相之職。日本在菲律賓的萊特海灣戰役（Battle of Leyte Gulf）失去六艘航空母艦之後，就讀於日本所有大學的台灣學生被召集到軍訓教官辦公室，受邀加入「志願者」行列，執行軍事義務。一旦簽下同意書，他們的名字就會公布在一個重要的公共場所。拒絕成為「志願者」的人少之又少，事實上這樣做極為冒險。彭明敏（一九二三—二〇二二）當時是東京帝大學生，他是李登輝的私人朋友與政治上的對手，他寫道：「我的名字仍是被張貼的名單中唯一尚未志願者，我因此開始擔心會被逮捕，我不時變更住所，且越來越少去校園。」[38] 當校園為恐懼與不安所盤據時，京都大學的教員們只好將時間花費在猜測美軍兩棲登陸的地點，可能的地點包括香港、台灣與琉球。一直有個謠傳：新任的首相小磯國昭將軍（一八八〇—一九五〇）正從滿洲調動一支估計約有十八萬的軍隊遠赴台灣防衛。那些來自台灣親友的信件與偶爾傳來的電報，一再提到全六十歲以下的男子被動員到山上挖戰壕、隧道，以及沿著海岸線建造碉堡與有刺鐵絲網的障礙物。婦女經常被要求搬運供建造軍事設施之用的岩石與沙土，同時在緊急狀況時擔任護士。為了協助負隅抵抗的準備，學童停止上課。[39] 最著名的台灣布袋戲大師李天祿，也被日本當局徵召赴全島各地表演反美的布袋戲。[40]

不論這只是傳聞，或是他曾經被徹底灌輸武士道思想，或只是因為他對日本軍事當局抗拒的程度不夠明顯，李登輝最後決定加入陸軍。在寒冷的送別會中，他受到光榮對待，他飲用一杯頂級的白鹿清酒，隨後被要求「請美麗地死去」。動身前往神戶的那一天，大學的代表與一些長居京都的台灣人來到火車站向他道別。李登輝隨後展開一段旅程，這段旅程引領他體驗軍人生活、見證戰爭的恐怖與破壞、承受戰敗的失望與羞辱的痛苦，最後完全失去他的日本認同。一九四五年日本無條件投降之後，李登輝與數百萬的台灣同胞奮力重建受戰爭蹂躪後的台灣，但是，十七世紀征服者鄭成功的詛咒再次出現。李登輝返回台灣之後不到一年的時間，由於新的中國統治者的到來，以及兩種不同文化之間的衝突，台灣再度投入一個暴力與殘酷的烽火之中，導致台灣島民再度遭受一次嚴重的認同危機。

第三章　受困於戰爭與屠殺的鉗口

李登輝的悲情歲月，一九四四—一九四七

一九四四年十月以前，麥克阿瑟將軍（Douglas MacArthur，一八八〇—一九六四）已經實現他的承諾回到菲律賓。一九四四年十一月十三日，超過一千架美國飛機轟炸台灣的主要城市，這些飛機大多數是以航空母艦為基地的飛機，以及一些B-29飛機（日本人稱之為「B桑」）。日本在東京與台北的總部密切注意華府的下一個行動。馬尼拉距離高雄僅僅九百公里之遙，加上日本的船艦現在已經遭到殲滅，無法再控制分隔台灣南端與呂宋北部的巴士海峽，高雄因此被認為是美軍入侵的主要目標。職是之故，一九四四年底受任命為第十九任（最後一任）台灣總督的安藤利吉將軍（一八八四—一九四六），遂徵召大約十八萬人的軍隊，為一次長期的圍攻開始進行準備。[1]但在這一次戰略性軍事演習的背景下，李登輝與其他三十五名來自日本關西地區的台灣學生志願軍預定將快速派往高雄。他們首先在九州的門司集合，然後在那裡搭上第一艘備妥的船跨越東海，向南行駛到台灣。這些志願兵中有一位大阪外語學校的年輕學生楊克智，在門司港的一

家咖啡店流連忘返，這個小插曲最後使整群志願兵無法趕上船班。李登輝等人錯過的這艘船在抵達九州西部的五島（離長崎不遠）時，不幸遭到美軍潛艦襲擊，這並非李登輝最後一次逢凶化吉，大難不死。[2] 一九四四年十二月中旬，李登輝終於回到台灣，他隨即被分派到高雄的一個防空單位。

高雄是台灣第二大城市，也是最繁忙的漁港，高雄原名為打狗，這是原住民對它的稱呼，後來日本人才將之改名為高雄。三個世紀以來，高雄一直被視為重要的戰略據點，高雄鄰邊的左營是鄭成功和清軍駐防軍隊，與訓練海軍的地方。日本人進一步將高雄發展成主要海港，加速日本對中國南部與東南亞的擴張。李登輝抵達高雄時，高雄的駐軍司令部坐落在壽山上，壽山高三百九十公尺，可以全方位俯視整個高雄市區與港口。因此，壽山成為一個設置防空砲台的理想地點。李登輝是大學生志願兵，他因此受命擔任少尉軍官的職務。李登輝駐防高雄的時候，與當時在左營海軍基地受訓的哥哥李登欽見了一次面，他們在這次會面中整天都在一起，李登輝已經忘記當天他們之間的談話內容，只記得哥哥說過他隨時會坐船離開高雄。在這次快樂的團聚與傷心的道別之後，李登輝很快就收到哥哥寄來的明信片，這是一張從「有海與美麗夕陽的港口」寄出的信。李登輝直覺這個地方是馬尼拉，他的哥哥在呂宋島的某一處擔任安全衛兵。他哥哥甚至有可能被派到殘酷的歐當勞拘留營（Camp O´Donnell）擔任看守巴丹死亡行軍（Bataan Death March）俘虜的職務。[3] 這對兄弟當然會彼此擔心：對方或兩人的駐防地很快會陷入戰火之中。唉！這個掛慮後來證明並非多慮：高雄一會成了他們兄弟的最後訣別！

尼米茲將軍的海軍部隊在中部與西部太平洋地區贏得重大勝利，華府因而突然改變它對日本帝國的攻勢戰略。參謀總部決定取消經過周詳計畫的鋪道作戰（Operation Causeway）方案，這是同盟國為了入侵並占領台灣的代碼名稱。當日本人度過一個焦慮沈悶的一九四五年新年之際，一些廣為流傳的謠言與混雜的訊息顯示：美軍很快會入侵琉球，甚至直接登陸東京灣。為因應美軍可能的行動，東京戰略專家因此調離一部分台灣軍隊到日本本土進行防衛。台灣軍隊數目因此每週都會有變化，因為全島的部隊經常在台灣、日本和前線之間來回調動。一九四五年一月，李登輝奉命回日本，他的新任務是在東京灣東邊千葉（橫濱的正對面）的一所防空軍事學院中接受訓練。李登輝從高雄坐火車到基隆，再登上一艘駛往神戶的船隻。為了避開隨時會有的美軍攻擊，李登輝與同袍所搭乘的船上全體人員加倍警戒，同時決定調整航行路線。這艘船向東行駛，沿著中國海岸線直抵黃海，不直接向正北方向航行。一九七九年李登輝擔任台北市長時，曾出人意外地透露，這次航行期間，他在山東半島青島港做了短暫停留。與其他船隻起在山東尋求短暫停泊時，他首次踏上了中國土地。他對青島（此地先由德國人，後由日本人進行開發）的描述相當簡短，但對山東人民必須忍受的貧窮與艱困印象深刻。[4]從航行於台灣與日本之間的船隻遭受美軍潛艦攻擊的嚴重程度判斷，李登輝開始了解到美國勢力的成長與日本軍事力量的衰退。他擔心日本無法贏得戰爭，自信心也開始減弱。但正如大部分的神風特攻隊的志願者將愛國與榮譽置於個人死生之上一樣，李登輝毅然決然，服從命令，在這所軍事學院的第十一班註冊。當神風特攻隊的飛行員接受船艦細部差異的辨識訓練，學習摧毀或炸沈美國航空母艦之際，李登輝則學習雷達，了解美國飛機的速度與高度。[5]這項訓練相當嚴格，日本的軍事訓練強調紀律、忠誠，不計任何代價達到勝利。訓練目標是把像李登輝這種軍人變成絕不質疑權威、只會奉命行事的戰爭機器。他後來為蔣介石（一八八七—一九七五）與蔣經國（一九一〇—一九八八）服務時，這種訓練對他相當有用。

一九四五年四月，李登輝從這所軍事學院結業，成為了少尉軍官，同時派到名古屋防守伊勢灣與中京大都會地區（即名古屋）。然而，日本的雷達被證明裝備不良，防空砲台也無法阻止美軍 B-29 飛機對名古屋民眾（就此一點而言，甚至可說是對所有日本平民）造成的巨大破壞。在一九四五年三月到八月之間，美國飛機所投擲的燒夷彈徹底摧毀了六十二個日本城市，同時毀壞百分之四十的名古屋市。這些致命的數據，部分是因為一般的日本木造房屋平均只須十二分鐘就會焚毀，部分則是因為許多日本小型工廠（通常儲放易燃物品）是坐落在住宅地區之內所致。除了摧毀交通、工業、電廠與石油儲藏庫等設施，美軍空襲也造成大約六十六萬八千個日本平民喪生，這個數字是死於戰場的戰鬥士兵的兩倍之多。光是一九四五年三月就有約十萬平民死於東京，其中以淺草的東北部為中心的地區傷亡最為嚴重。李登輝每日目睹這些戰爭帶來的罪惡，同時又面對前所未有的艱辛，他的戰鬥意志開始消沈，克難精神也隨之萎縮。既然無法擊落敵機，李登輝所能做的只是將傷患送到醫院，幫助孩童與老人從名古屋市區疏散到鄉下地方，用竹劍訓練志願的民兵，並且沿著伊勢灣挖掘碉堡以為美軍的入侵做準備。他預想到可能會有一場《聖經》所說的世界末日善惡決戰的爆發，他的心情從失望到覺悟，從覺悟到絕望。他感到可悲、害怕與無助。但他再次設法通過這次嚴峻的考驗。

隨即，日本史上最殘酷的時刻來到：八月六日，第一顆原子彈在廣島造成十三至十四萬日本人死亡；隨後在八月九日，第二顆原子彈在長崎殺害六至七萬日本人。李登輝就像絕大多數的日本人一樣，並未立即得悉這些可怕消息。但名古屋的報紙確實附有一則特別聲明報導，美國人已經使用一種新型武器造成這兩個城市相當大的破壞。稍後李登輝知道原子彈慘劇時，彷彿晴天霹靂，他有一種像是靈魂被一把焦慮與憂心的劍從中劈開的感覺。八月十五日當天，裕仁天皇同意接受七月二十六日波茨坦會議中，由盟軍領導人所提出的無條件投降的要求。就在當天正午，裕仁天皇用一種特殊、淒涼，且不時略帶顫抖的聲音，透過收音機廣播告訴他的人民要能夠「忍所不能忍」且「承受無法承受的痛苦」。[6]在此一日本人稱為天皇的「玉音放送」之後，謠言隨之四處蔓延，東京一群低階軍官因對和平條款不滿，正在圖謀某種政變。事實上，日本飛機自空中投擲傳單，其中一張寫道：「陸軍與海軍現在都還存在，而且還很完整，我們希望國人能聽從我們的領導。」[7]然而，總體說來，日本人對於徒勞無益的瘋狂舉動，不再抱有任何妄想。再者，在天皇廣播兩個星期之後，戰勝的麥克阿瑟將軍便抵達日本，立刻對日本軍隊進行解除武裝與解除動員等工作。到一九四五年十一月底，解除動員工作快完成時，李登輝也停止領取軍方支付的薪水。很幸運地，美國已經開始運送穀物、肉類與乳品等緊急的補給品。但是，李登輝和數百萬的日本人一樣，在往後的幾個月繼續生活在愁雲慘霧之中捱饑抵餓。

李登輝在解除名古屋的防空職務以後，立即焚毀自己的軍服、佩章與其他身分證明文件。他將值錢的東西和一些書籍放入風呂敷（一種正方形的包裹布）之內，經過關東平原上矗立著幾間剛完工的簡陋木屋的小鎮，慢慢越過東京焦灼的原野，最後來到一處位於東京新橋區的場所。雖然這個地方並未遭受美軍轟炸，卻到處散落著一堆堆燒黑的木頭、破碎的混凝土和破瓦殘礫。然而，大多數無依無靠的台灣學生在目黑區的烏秋寮找到了落腳處。字面意義上，烏秋寮是「黑色烏鶖的宿舍」的意思，烏鶖是一種極為常見的台灣鳥類，長得很像小型烏鴉。烏秋寮原本屬於一個仙台的大名（領主）的資產，這位大名被要求每隔一年對江戶（東京）的德川幕府將軍宣誓效忠，這個儀式稱為參勤交替（一年在府，一年在國，輪流在江戶伺候將軍之意），這個儀式也要求大名將家庭成員留在江戶當人質。一八六八年明治維新後，東京市政府將烏秋寮充公，新地址是：東京目黑區白金三光町五二〇番地。後來日本當局將這個舊場址充作那些就讀於東京各級學校台灣學生的宿舍，以方便就近監控。雖然烏秋寮受到戰爭的嚴重毀損，其臨時場所仍然是個頗受歡迎的聚會之地，提供給來自日本各地的台灣青年，花幾天的時間聚在一起，互相討論共同關心的議題。在往後的四個月間，李登輝經常花半個小時搭火車到烏秋寮，在那裡他可以與志趣相投的台灣青年見面，其中有幾個也讀過淡水中學。非常奇怪的是，當李登輝唱烏秋寮的舍歌時，他總有一種寬心與希望的感覺。[8]

在烏秋寮，李登輝與著名的台灣青年領導者朱昭陽、楊廷謙與他的弟弟楊廷椅等人結識。這些懷抱理想主義的台灣人，在戰前已經受到不同程度的社會主義意識型態所影響，現在正殷切等待馬克思主義的化身。一九四五年十月，日本的共黨份子合法組成日本共產黨，他們當中有許多人是在麥克阿瑟的命令下，從數年的監獄服刑中釋放出來的。在這個歷史的轉捩點上，左派日本知識份子和學生將美國視為「解放者」而非「占領者」，立即倡導馬克思主義的「和平革命」路線。在這個短暫的戰後公共論述中，許多知名的日本「現代主義者」像是丸山真男、大塚久雄與福武直等人深信，馬克思主義將是日本由帝國、封建的制度，轉型為近代、人本社會的最佳方式。[9] 現在活在孤寂、陰鬱與茫然之中的李登輝、楊氏兄弟以及許多台灣青年，開始受到「近代的自我確立」這個戰後口號所吸引。他們開始閱讀馬克思（Karl Marx）與恩格斯（Friedrich Engels）的日文翻譯作品。

作者有一次訪問李登輝時，他親自證實自己是在這個時候第一次讀到馬克思《資本論》的不同日文翻譯作品，其中有些只是刪節版。[10] 在這部巨冊的博學之作中，馬克思集中於工業革命所產生的經濟與社會條件，他認為這些條件產生了資產階級與無產階級的新階級，這兩個階級之間致力於一場無法避免的階級鬥爭。然而，馬克思經常弄不清楚歷史中的諸多不同成分，同時他關於工業社會的後續發展的預測也有誤差。李登輝承認，在他第一次深入閱讀《資本論》的時候，因為這本書複雜的統計數字、模糊不清的詞彙與獨特的散文風格，一開始他遭遇到一些困難，難求甚解。不過，住在烏秋寮的台灣青年，討論用馬克思的意識型態轉化戰後台灣社會的可能性。他們將《資本論》視為一本學術大作，相信馬克思主義是一種現代主義（modernism）、人道主義（humanism）與和平轉變（peaceful transformation）的意識型態。這幾個人對現代主義和馬克思主義的理論非常熱中，因此，一九四六年一月他們親自到東京火車站歡迎野坂参三（一八九二—一九九三）的歸來。野坂参三是最幹練的日共領導人，多年遭受放逐，一直以來替位於俄羅斯的第三國際（Third International）工作，稍後則在延安與毛澤東共事。但是，楊廷謙與弟弟楊廷椅回到台灣後皆不幸遭到國民黨逮捕，一個在一九四七年，另一個則在一九五〇年。楊廷謙被指控閱讀《紅旗》之類的共黨雜誌，遭到六年的監禁，他弟弟則因參與共黨活動而被處以死刑。李登輝在烏秋寮認識的另一個朋友朱昭陽（東京帝大畢業），在一九四六年初組織「新生台灣建設研究會」，隨後在台北設立一所短命的延平大學。就像李登輝與幾位烏秋寮有關的人一樣，朱昭陽驚險地逃過了一九四七年發生的二二八屠殺。11

從一九三七年到一九四五年期間，總共有八萬四百三十三名台灣人在日本軍隊服役，又有超過十二萬六千七百五十名台灣人充作軍屬與軍夫，這些人大部分派往華南與東南亞。日本投降的時候，估計有四萬名台灣人士兵與軍夫死於戰場，另有三萬名台灣人滯留日本，無法返台。那些戰死的台灣人骨灰先是安放在東京的靖國神社，後來台灣北部新竹縣的一座佛寺為這些死者安置牌位，以供民眾追悼。[12]另一方面，那些滯留日本的台灣人有兩個選擇，不是留在日本，就是被遣送回台。有一段時間，李登輝考慮留在日本完成他在京都大學的學業。然而，他越是思及遠方台灣孤寂的家人，越是感到家庭的召喚，以及一種對和平的戰後台灣社會的渴望。最後，他選擇加入那些決定終止在日本的停泊而回歸台灣的台灣人行列，這些人約計八千名。這是結束，也是開始。彷彿蟲繭蛻變成一隻蝴蝶一般：這位日本青年岩里政男現在重生為台灣人李登輝。事實上，名字的改變並不能就此揚棄他長達二十三年成長歲月的經驗，他的戰爭疤痕與其日本學識裝備將永遠伴隨著他。最後，在一九四六年春，李登輝登上停泊在神奈川縣浦賀港的「美國自由號」，航向基隆港，以及他所未知的將來。

「美國自由號」是一艘標準貨船，是在珍珠港事件後匆促建造的船隻之一。作為戰後復員過程的一部分，聯軍最高指揮部（Supreme Command of Allied Power）徵調這類商用船隻，在往後的十五個月期間將大約六百萬的日本軍人與移居海外的平民送回日本。搭乘這種專門駛往台灣的自由船的乘客中，大多數是被徵調到神奈川縣厚木海軍工廠，以及日本軍工聯合企業等場所工作的年輕台灣人。在這次航行期間，一些較為感性的士兵唱著憂傷的日本流行歌曲，這些歌曲多半關於愛情與失落，極易激起寂寞男子的感傷情緒。懷著鄉愁的李登輝，偶爾哼唱著一首抒情的流行歌，歌名為〈相逢有樂町〉。這首歌的歌詞前兩句：「如果我正等待著妳，雨點就會落下。」[13] 李登輝現正焦慮地等待希望之雨，再次滴落在自己身上。

船隻抵達北九州佐賀地區時，有一位乘客被發現臉上的皮膚出疹且發高燒。這艘船因此被迫停在佐賀的唐津港，讓這位病人可以上岸接受醫療。後來這艘船進入基隆港時，來自唐津的一通電報證實這位病人感染天花。結果，為了防止疫情擴散，乘客受到徹底檢查並適時注射疫苗。在二十天的隔離期間，李登輝與一位名叫何即明的同船者成為好朋友。何即明是個富有的台灣人，曾在東京帝國大學學習醫學。一年後，李登輝被國民黨的警備總部搜捕的時候，何即明提供住所給李登輝躲藏。何即明後來成為淡水高爾夫球場的老闆，晚年經常與李登輝同組打高爾夫球。[14]

一九四六年三月，春天已經來到熱帶的島嶼台灣，台灣的杜鵑花正盛開，李登輝再次站在故鄉台灣的泥土上。儘管他在基隆港與台北車站驚訝地看到一群國民黨軍人穿著又襤褸又骯髒的制服卻很高興擁抱他年邁的祖父、臥病的母親與永遠樂觀的父親。一般來說，五百五十萬的台灣人歡迎日本的投降協定；事實上，日本在九月三日將台灣移交給位於橫濱的聯軍最高指揮部的時候，有幾位台灣人領袖馬上尋求一個獨立的台灣的地位。然而，十月二十五日當天，第十九任（最後一任）台灣總督安藤利吉簽署一份投降文件，並將台灣與估計約值二十億美元的日產移交給國民政府的將軍陳儀（一八八二—一九五〇）。[15] 自此，日本在台灣半世紀的統治因美國的軍力之故宣告結束。隨後，台灣的地位再次妾身不明，這是因為開羅宣言（Cairo Declaration，一九四三年十一月二十七日）、波茨坦宣言（Potsdam Declaration，一九四五年七月二十六日），與中日和平條約（Sino-Japanese Peace Treaty，一九五二年四月二十八日）之中，皆未詳細指明哪一個（國家）得以合法接收台灣。很不幸地，對台灣的住民而言，一如他們的祖先在一六六一年，鄭成功的軍隊將荷蘭人逐出台灣時，以及一八九五年，日本從清政府接收台灣時所發生的一樣，註定要經歷另一次認同危機的陣痛。

甚至可以說，紅毛城有一個不同的名稱與新的前景。一九四二年初期，日本在新加坡勝利以後，將所有英國外交人員逐出台灣，同時將紅毛城封鎖。但是，就在日本無條件投降之後，英國要求收回紅毛城，宣稱他們有意將紅毛城轉變成為英國永遠的領事館。就在所有這些認同的重新組合與「中國性」的再製之中，許多台灣知識份子熱切尋找中國傳統，藉以拋棄日本殖民的象徵。例如，此時台灣的報紙與雜誌改用中文出版，不再用日文。這些報紙或雜誌的其中之一，藉著刊載一首由清代學者林逢源所寫的漢詩，很快將台灣人的注意力轉移到紅毛城的歷史。這首詩題為〈戍台夕照〉，它所描寫的紅毛城如下：

高高矗立水雲邊，
有客登臨夕照天；
書字一行斜去雁，
布帆六幅認歸船。
戰爭遺跡留孤壘，
錯落新村下晚煙；
山海於今烽火靖，
白頭重話荷戈年。16

年輕的李登輝當然不會忘記那段戰爭的歲月，但他現在一心只想繼續未完的大學課業。他回到台灣不久，位於南京的教育部宣布：所有就讀日本各帝國大學的台灣學生有資格在國立台灣大學（前台北帝國大學）繼續完成課業與學位。一九二八年設立於台北市東南角的台北帝國大學只有兩個學部：理農學部與文政學部。它實際上是個研究機構，以增進日本殖民利益為目標。因此核心課程集中在熱帶醫學、熱帶農業，以及華南、東南亞與印度等副熱帶地區；為了配合研究取向，大學教員與研究助手的數目比學生還要多得多。一九三九年的數據顯示，大學教員數為七百〇八名，而該年的學生只有三百七十三名。因為它是一所由日本人所擁有、以日本人來治理、為日本人所享用的大學，因此台灣本地出身的教員極少，並且只有少數台灣人學生可以進入這所大學就讀。以下的表格顯示入學人數是對有利的日本人一方嚴重傾斜。[17]

年　份	日本學生	台灣學生
1939	283	90
1940	235	85
1941	196	61
1942	388	69
1943	384	69
1944	268	85

表二、 台北帝國大學日本與台灣學生人數

就讀於這所台灣島上唯一真正大學的台灣學生大都主修醫學，只有少數台灣學生被允許修習人文與政治學：數據顯示，一九四〇年度只有五位本地青年修習這類學門；而在一九四一、一九四二與一九四三年分別只有三位；至於一九四四年則有兩位。[18] 這所大學有座超過四十萬冊藏書的圖書館，半數是西文書。日本投降之後，重組後的國立台灣大學（通稱為台大）合併台北高等商業學院（一九一九年設立，主要以訓練日本學生為主），分別獲得五萬冊額外的圖書。台大也擴展到總計六個學院——文、法、理、醫、工、農，包括二十二個學系與五百八十五個學生。[19] 當來自中國大陸的教授在台大取得教職時，他們也帶來中文書籍，補充圖書館的收藏。為了與中國的大學系統取得一致，台大從一個三年制的歐洲學制轉變為四年制的美式大學。同時，由於戰爭已經影響到台灣社會的每一層面，通往台大校門入口的主要馬路被重新命名為羅斯福路，藉以感念羅斯福總統（Franklin D. Roosevelt，一八八二—一九四五）。總之，台大現在有了自己的新身分。

在一九四六年八月陸志鴻教授擔任台大校長之前，這所大學已經接受約三十名先前就讀於少數幾所日本帝國大學卻因戰爭導致課業中斷的台灣學生。這些多元文化的學生中，李登輝讀農業經濟，何即明學醫學，彭明敏念政治學。即使李登輝先前的成就不凡，他現在必須使用一個全新的語言來表達他的想法。再者，由於百廢待舉，許多學系仍然缺乏教員，並且飽受經費短缺之苦。事實上，整個農經學系只有兩名學生：李登輝與陳界（彰化縣人）。一九八八年一月，就在李登輝被選為中華民國總統之後，陳界接受《中華日報》（前《台南新報》）的訪問，當時陳界回憶台大時期他與李登輝有過幾次爭吵，之後又言歸於好，互請對方午餐。陳界說，他與李登輝剛進台大時，由於教員不足，學生必須自己找教員來教課，這些教員中有些講北京話，有些只會說台灣話。當時的台大學生往往必須自行準備好教科書，油印上課所用的講義，有人甚至必須自己教自己。授課（主要包括閱讀與討論）通常是在授課老師的辦公室，而不是在教室。[20] 有兩位教員與李登輝在台大的學業進展有關聯，他們是徐慶鐘與王益滔。徐慶鐘是一位台灣培養出的農業專家，王益滔則是浙江人，畢業於東京帝大，來台灣之前曾經任教於北京大學。徐慶鐘在農業方面的專門知識很快受到蔣介石注意，任命他為國民政府的行政院副院長。由於徐慶鐘的關係，李登輝後來有機會為政府所用。遺憾的是，徐慶鐘與李登輝的關係後來生變，事實上，徐慶鐘的長子徐淵濤最後變成對李登輝充滿敵意的批評者。[21]

正當李登輝在台大的教育初現曙光時，黑暗卻降臨他在三芝的家中。一九四六年初夏，他的母親死於癌症與憂鬱症；四個月後，他摯愛的祖父李財生過世。兩人安葬於三芝李宅附近。其次，他的長兄李登欽的官方資料仍列為失蹤，隨著時間消逝卻音訊全無，他從菲律賓叢林中返回家鄉的希望變得越來越渺茫。在某種程度上，李登輝家庭的社會地位歸因於日本的同化政策，在經濟上也受益於殖民的官僚體系。算一算這些，一位領有執照的鴉片商人，一位米商，一位農業組合的主管，在物資配給的戰時，李家甚至有管道可取得民生資源。李登輝父親曾擔任日本警員，母舅則是保正（一百戶），這兩種職務皆有管道可通達政府的官僚體系。那對傳統與信仰抱持較為嚴格態度的台灣人，常將這類台灣人蔑稱為「三腳仔」（這是相對於「四腳仔日本狗」而言）。22

那些了解一九四四年法國解放之初，法國的納粹合作者所受遭遇的人，應該知道為什麼「三腳仔」的台灣人會擔心遭到自己同胞的報復。確實有許多「三腳仔」台灣人躲藏了幾個星期，等到社會秩序明顯恢復以後才現身。然而，在三芝的偏遠村落中，事情顯得寂靜許多，當地民眾看來比較不會記恨。然而，關於李家的世事變遷才剛剛開始。

李登輝一邊要忍受失去親人的痛苦，一邊還得專心學習農業經濟學與閱讀來自中國的書籍。完美主義的李登輝並不相信自己已經從台大教授那裡學得足夠的知識，他決定從其他讀物獲取更多知識，特別是在社會學、哲學與歷史等方面。當時的台大，李登輝已可以接觸到較多的中文書籍，但是他特別對那些對中國傳統文化及中國在現代世界中的地位，明顯抱持批判意見的學者感到興趣。李登輝喜愛胡適博士（一八九一－一九六二）的白話散文，胡適使用一種平易的口語文字來傳達意義，而非古典的陳詞濫調或間接的隱喻。李登輝閱讀郭沫若（一八九二－一九七八）的《青銅時代》（一九四五）一書，以及郭氏所寫有關批評中國傳統的其他論文。他也對魯迅（一八八一－一九三六）的《阿Q正傳》一書印象深刻，魯迅在書中創造出一個夜郎自大、傲慢、愚昧與優柔寡斷的諷刺性人物。很明顯地，阿Q代表著中國社會各個層面所展現的無知、迷信、虛善、冷漠與缺乏同情心。[23]當郭沫若與魯迅嘗試用革命性的手段解決中國問題時，胡適卻反對使用暴力來改變中國社會。現在，李登輝對於中國的了解使他感到苦惱。然而，若想確定在這三個著名的中國作家中，李登輝到底受哪一個人（如果有的話）影響，導致敏感的李登輝成為中國政治文化遲滯的批評者，答案恐怕莫衷一是。李登輝一生中，一度與郭沫若和魯迅一樣受到馬克思主義的影響，但是，到了最後，當他變得成熟些（特別是在美國接受研究所訓練之後），他選擇跟隨胡適的步伐，採用一種比較開明的西方方法論，解釋中國的歷史文化。

李登輝酷好讀書，曾仔細閱讀杜思妥也夫斯基（Fyodor Dostoyevsky，一八二一－一八八一）的《白痴》（*Idiot*，一八六九），書中描寫現代人的矛盾與困惑。杜思妥也夫斯基作為一個原初的存在主義者（Proto-existentialist），在被放逐到西伯利亞時，他讓西方的理性主義、唯物主義、懷疑主義，從基督教內部重新找到的苦難、信仰與救贖等（價值）之間，進行相互的對立與競爭。杜思妥也夫斯基對於人性的深入分析，特別是他對覺醒與善良的本質所進行的持續探索，使年輕的李登輝十分驚訝。[24] 實際上，我們甚至可以這麼說：李登輝本身就具有杜思妥也夫斯基式（Dostoyevskian）的性格。李登輝深受戰爭的苦痛，後來在國民黨統治下的所謂白色恐怖時期，他遭受甚至更大的苦痛。他曾一度受到馬克思主義吸引，最終卻背離先前信念。他做了一百八十度的轉變，轉而與經常違背人權、殘酷壓迫台灣同胞的國民黨密切合作。在他身上，我們發現到充滿矛盾與困惑的典型，一種杜思妥也夫斯基式主角的影子。

直到這個時候，基督教尚未在李登輝的生命中占據主要位置，讀者在本書後面將會明瞭，李登輝終究找到了基督信仰，並找回了台灣人對抗他稱為「外來政權」（亦即日本殖民統治者以及國民黨）的信仰。李登輝取得政權以後，理所當然成了台灣最重要的公眾人物，開始救贖並重新創造他自己，同時與他的人民肩並肩站在一起。他成功促成國民黨權力解體，堅定不懈追求大多數台灣人真正想要的自由、獨立與民主的國家。在李登輝身上，他是一個擁有許多信仰、許多矛盾、許多性格與許多認同的人。他起先是日本人，然後是中國人，最後是台灣人。他的生命史是那許許多多的苦難、信仰與救贖的故事之一，正如同杜思妥也夫斯基所描述的一般。他的生命可說是他的「中國性」的塑造、再製與解構的持續鬥爭。直到七十歲時，具有在逆境中求生本能的李登輝，仍然能夠在政治上對他自身進行實質的重新創造。在李登輝的黃昏歲月中，當他堅決為台灣的「國家民族主義」（state nationalism）努力的時候，他已經成為一個完完全全忠誠於自己、上帝與台灣人民的人。

李登輝從未否認過他曾經是台大「馬克思讀書會」的會員，在他的世代中，「馬克思讀書會」十分流行，而且，在當時幾乎每一位大學生都加入一個或多個這類的讀書會。事實上，李登輝公開承認，他因陳炳基的緣故而與台灣共產黨「相識」（acquaintance）。陳炳基於一九四七年逃到中國，但五十年後又回到台灣拜訪李登輝。李登輝又說，他曾運用馬克思的階級鬥爭與剩餘勞力等理論，進行大學論文的撰寫。他的論文題目是：《台灣的農業勞力問題之研究》。那時，他甚至擔心指導教授可能察知他的馬克思意識型態，拒絕讓他通過論文考試。我們必須記得，在一九三五年到一九四七年間的中國，馬克思主義的出版品十分暢銷，不斷再版，那些最熱門的書籍作者是馬克思、恩格斯、列寧、布哈林（Bukharin）、河上肇等。由於國民政府面對日本人侵中國時所表現的腐敗與無能，以及中國內部社會經濟情況的惡化，越來越多年輕的中國知識份子受到馬克思主義所吸引。馬克思主義在知識上的吸引力，一部分是因為它宣稱具有科學性。李登輝躬逢其會，接受馬克思主義：那時他活在戰後百廢待舉的社會中，同時心中對傳統中國的政治與經濟制度抱持極度懷疑。同時，應該注意的是：中國當時正處於內戰中，加上一九四七年秋天，共產黨軍隊的氣勢已經起來了，國民黨則屈居守勢。李登輝是否真的曾經加入共產黨組織這個問題，可能永遠找不到令各方滿意的答案。李登輝對這個問題一直保持「不予置評」的態度，但是與他接近的人士（包括政治大學的陳芳明教授）繼續否認李登輝曾經是個共產黨員。另一方面，那些詆毀他的人，特別是頗受歡迎的作家李敖與法律學者徐淵濤（李登輝的台大導師徐慶鐘的兒子），信誓旦旦地說李登輝曾經兩度加入共產黨組織，但又兩度退出共產黨。[25] 由於關於李登輝是否加入共產黨的報告相互矛盾，為了使這個爭議性的議題可以正確了解，在此有必要簡短介紹共產黨在台灣的活動史。台灣共產黨人與日本左派的關係，反而與中國共產黨的關係較淺。一九二二年七月十五日，一小群志同道合的知識份子、記者與激進的政治人物，創立了日本共產黨，隨後於一九二四年三月二十四日遭到解散。但在一九二六年十二月四日，日共又以地下政黨的身分重新出現。一九二八年日共黨員遭到大規模的逮捕以後，包括活躍的傳奇女子謝雪紅（一九〇一—一九七〇）等少數台灣的激進份子，逃到上海並組成台灣共產黨（TCP）。一九三〇年代，台灣共產黨分批將黨員派往台灣島內，設立一些據點，但成效有限。第二次世界大戰期間，台灣共產黨與中國共產黨（CCP）聯手合作。於是，一九四五年八月，中國共產黨派遣台灣人蔡孝乾回到台灣島內，負責吸收新成員，並建立一個地下網絡。透過中國共產黨華東局與香港的一個聯絡支處的敦促與協助，蔡孝乾開始在台灣島內建立基層組織，但沒有什麼進展。一九四六年中國內戰開始的時候，中國共產黨派遣張志忠來到台灣，試圖招募知識份子、受歡迎的地方領導人以及一些曾經服役於日本軍隊的台灣人。張志忠與蔡孝乾共同組織台灣共產主義青年團。26

據說，透過青年團與吳克泰的推薦，李登輝加入了一個名為「新民主同盟」的基層組織。當時吳克泰經營一所南京西路廣場附近的中文語言學校，充作共產黨的前線，李登輝未來的妻子當時就住在同一棟建築之內。其他的消息來源也聲稱，在一九四六年九月，李登輝成為共產黨的候補會員之前，他被要求寫一篇馬克思《資本論》的概要，以及一篇個人自傳。一九四七年一月，吳克泰在台灣大學法學院組織一個反美示威遊行，據稱李登輝當時在示威遊行中做了一場熱烈演說，發送傳單，大大激起學生的騷動。一九四七年十月，李登輝的檔案呈給蔡孝乾，在蔡的同意之下成為一名合格的共產黨員。但是六個月後，李登輝變得猶豫退縮，終於在一九四八年六月初要求退出共產黨。據傳聞，當時李登輝保證不會洩露「新民主同盟」的內容。一九五〇年五月，國民黨政府發現台灣有八十個左翼團體存在，並逮捕了四十五位共產黨員，其中包括蔡孝乾與楊廷椅（楊是二次大戰結束後李登輝在烏秋寮結識的朋友）。此外，有兩名與李登輝同屬台大「馬克思讀書會」的成員，也遭到逮捕。李登輝與這些人的關係，最後導致那些詆毀李登輝的人指控他出賣自己的「同志」，以換取自身的生存。27

即使沒有明確證據出現，但傳聞中李登輝與台共黨員的共謀關係，在往後的二十年期間一再困擾著李登輝。一九六九年初夏，李登輝遭到逮捕，在國民黨秘密警察的冗長調查與一系列可怕的審問以後，才釋放出來。但事實上，並無任何李登輝台大時期的同學，曾經公開或私下暗示他是共黨黨員。以此觀之，上述傳聞與指控的可信程度並不高。再者，由蔣介石的兒子蔣經國所掌控的國民黨秘密警察並未處決蔡孝乾，卻透過他將台灣島內所有共產黨的活動與成員洩露出來。蔡孝乾後來於一九八二年自然老病死於台灣，他從未確認台大的李登輝（來自三芝鄉）曾經是他的「新民主同盟」成員。但很有可能，出現在共產黨文件中的李登輝是另有其人。在台灣，李登輝三字是常見的名字，就像美國的約翰．史密斯（John Smith）一樣。我們必須記住，惡名昭彰的國民黨喜歡羅織罪名，入人於罪，甚至寧可錯殺九十九人，也不願錯放一人。敞開來說，這種骯髒的政治文化以及對基本人權的徹底蔑視，造成對外省人不無疑忌的台灣島民，在一九四七年二月二十八日站出來，發動台灣歷史上最大的起義事件，對「外來統治者」進行反抗。

一九三七年七月，中日戰爭爆發之際，台灣人不分貧富老少，被迫接受密集的日本化與反中國的宣傳，中國被描述成一個落後、貧窮、無效率與迷信的亞洲鄰邦。日本人普遍輕視中國人，稱之為「清國奴」（意指滿洲人的奴隸），這與恐懼中國的美國人稱呼居住美國的中國移民為「清客」（chink）一樣。因此，整體說來，台灣人在比較中國人與日本人時，產生了成見是根深柢固。第二次世界大戰末期，日本開始在戰場上失利的時候，日本亟須台灣人忠誠到底的支持。即使日本殖民政府過去為了打消台灣人的政治企圖心而嘗盡苦楚，在一九四五年春天，這個被許多人視為「法西斯主義者」的日本政府，同意賦予台灣人「完全與平等的政治權利」，同時允許台灣代表進入日本帝國議會，這個遲來的讓步令懷疑論者視為一種政治陰謀。但是許多曾經進入帝國議會（雖然時間不長）的台灣領導人，卻發現伺候新主人相當困難，特別是這個貧窮、歷經戰爭蹂躪且道德敗壞的中國。也許鄭成功的古老詛咒再次出現：台灣再度被置於大中國的邊陲，這一次卻是由美國的軍事力量所造成。但台灣歸還中國大陸確造成台灣史上的另一次悲劇，其後接踵發生的事件也粉碎了李登輝的世界。

如前所述，一九四五年九月，在幾個美國小組的協助下，中國軍隊從日本人手中接收了台灣島上的行政機構。剛開始時，台灣島民對於能與「祖國」重聚，懷抱很高的期待；並以熱情和誠意歡迎中國軍隊，視他們為「解放者」。一般說來，台灣人透過鳴放鞭炮、街上遊行與舞龍舞獅等方式，具體表示歡迎慶祝之意。此外，一九四六年八月三十日，一個由台灣的領導人物如林獻堂等所領導的「台灣光復致敬團」，在林獻堂的秘書辜振甫（辜顯榮之子，畢業於台北帝大，於一九四〇—一九四二年間在滿洲工作過）的陪同下，遠赴南京與蔣介石見面。台灣代表團在孫逸仙（一八六六—一九二五）與明朝朱元璋皇帝（一三二八—一三九八）的陵寢上致意後，遠赴古城西安，向傳說的黃帝陵寢行叩拜之禮。黃帝、孫逸仙（於一九一二年領導革命推翻滿清）與明朝洪武皇帝朱元璋（於一三六八年終結蒙古人在中國的統治）三位歷史人物，從一九二〇年代以來就已經成為中國民族主義的象徵。

但是，來到台灣的中國人並未將台灣人當作父老同胞，反之，他們立刻剝削台灣豐富的資源（包括煤、米、糖、水泥、水果與茶等），藉以支持中國早已搖搖欲墜的經濟與腐敗的政治機器。一九四六年三月二十一日，《華盛頓每日新聞》（*The Washington Daily News*）在頭版刊載一則新聞標題：「比起日本人，中國人對台灣的剝削更為嚴重：獨家內幕報導，見第三版。」台灣的菁英（包括長期為了從外來統治者手中贏取台灣的自治而奮鬥的林獻堂）期待台灣人能在政治上受到平等的待遇，並能夠在新政府內部獲得完全參與。但希望落空，台灣人仍被排除在公共生活中任何一個重要的政治角色之外，他們其實被迫忍受一個新征服者的統治。中國在台灣的行政機構是由陳儀中將所領導，陳儀是個爭議性的人物，也是蔣介石長期的政治夥伴。陳儀與蔣介石都是浙江人，同樣畢業於日本的振武學校，同樣熟悉上海的社交圈（這個圈內包含惡名昭彰的青幫與有權有勢的宋氏家族）。[28] 陳儀娶了一位當過藝伎的日本女子，後來擔任過福建省政府主席長達數年之久，被認為是熟悉台灣的老手。然而，他的政府大量容納一些來自浙江與上海的政客，這些人代表中國的金融家、製造商與船運鉅子的利益，而非真正為台灣人民服務。這群人無比貪婪腐敗，台灣人很快將他們稱為「阿山仔」，意思是在山中覓食的野豬。有一句常見的台灣諺語是這麼說的：「狗去豬來，狗雖然會叫，也會看門。中國人是豬，豬只會吃，一無可取。」這些中國政客如此麻木不仁地濫用他們的權力，作威作福，在一九四七年初的台灣社會，民怨的野火足以燎原，只要有一點點小火花，就可以引發一場大事件，或者如亞伯・魏德邁（Albert C. Wedemeyer，一八九七―一九八九）針對此一事件進行報告時所說的「叛變」。魏德邁從一九四四年後期，就開始擔任駐中國的美軍總司令。29

台灣人對於中國的失政，與紀律不彰的國軍所產生的普遍怨懟，伴隨台灣島內的經濟惡化，與從二次大戰退伍的台灣軍人所面對的嚴重失業問題，導致本省人與外省人之間的緊張關係持續升高。一九四七年二月二十七日晚上，政府「專賣局」的一小組稽查官員沿著台北西北區的淡水河，進行私菸的查禁，其間，他們刁難一位寡婦小販林江邁，並打死一位旁觀民眾陳文溪。為此而喧譁的群眾隨後聚集在台北警察局前面抗議，他們隨即變成一群憤怒的民眾，口中叫喊著：「阿山仔！阿山仔！」或是：「惡豬！惡豬！」（這是台灣人用以稱呼來台大陸人的貶抑之詞）。隔天（週五）台灣的主要報紙《台灣新生報》（前《台灣日日新報》）對這個事件做了簡要報導，致使這個火花突然變成熊熊大火。當天正午，一群憤怒的民眾出現在專賣局之前，打死兩名中國官員，洗劫內部存放的香菸與酒類。直到下午，大約兩千至三千名手持刀械的台灣人強行占領行政長官公署，他們很快接收了台灣廣播電台，透過廣播宣傳，台灣全島為之震動。住在基隆與板橋等鄰近城市的台灣菁英也很快加入行動，他們毆打大陸人並焚毀政府機關。行政長官陳儀稍後主張和解，暴力卻進一步往南延伸到桃園與台中。直到三月二日，嘉義與台南開始暴動，當時有一群為數不到五十人的共產黨黨員，化暗為明，煽動民眾反抗國民政府。這些共產黨員的行動僅限於台灣中部，對於事件的方向與結果所產生的影響很小。[30] 一天之後，二二八事件更波及到南台灣的高雄。三月五日，一群為數約六百名的原住民圍攻一個中國人的軍營。這意味著台灣全島此時已陷入恐懼與混亂之中。[31]

台灣全島陷入暴力與流血衝突時，一群台灣領導菁英向中國當局提出「三十二條要求」，要求自治並透過選舉產生代表。台灣的中國當局當時只有三千五百名駐軍，可用以與台灣人協商的籌碼有限，他們提議先在台北設立處理委員會，然後再延伸到其他主要城市，藉以形成某種的自治政府的原型。根據各種記錄與訪談顯示，我們知道，二月二十八日當天，李登輝從淡水乘坐一輛巴士到台北。他看到一大群民眾聚集在台北火車站時，多少已了解這次事件。但是在李登輝卸任總統職務以前，他一直都鮮少提到二二八事件。最近他才透露，他確實參加過幾次台北中山堂的「處理委員會」會議，他說當時自己並未發表意見，也知道中國當局並無誠意進行和解，他們的計畫也只不過是一種政治詭計。他後來告訴日本的通俗作家上坂冬子：「最後的結果是，這些只是緩兵之計，他們正等待來自大陸的救兵，並且故意延緩任何協議的達成。不出所料，那些膽敢在開會時發言的人，後來一個接一個全都遭到逮捕。」[32]

果然，蔣介石總司令「陳儀」拒絕「三十二條要求」，下令派遣兩個步兵師到台灣「恢復秩序」，後來蔣介石辯稱他當時不知道台灣發生什麼事。在三月八日到九日期間，約有兩千名軍警與一萬一千名武裝部隊分別由基隆與高雄兩地登陸。據李登輝的台大同學彭明敏所說：「國民黨軍隊一上岸，立刻在基隆市大街小巷搜索，濫射濫殺，強暴婦女，洗劫民宅和店鋪。許多台灣人被捉住，活活塞進麻布袋，堆在糖廠倉庫前，然後一個個扔進港口海裡。其他人乾脆隨便綁起來或鏈鎖起來，就從碼頭被推下海。」[33] 當時的台大醫學生，後來成為李登輝的高爾夫球好友的何即明，戴上紅十字徽章，在台北逐街逐巷幫助遭到中國軍隊任意射殺的「一堆又一堆受傷與死亡的民眾」。在南投，有一個中國軍隊的營級指揮官，進入一家農民合作社索取大量米糧。這家合作社的經理要他出示配給券時，他立刻取出身上的佩槍，說道：「這就是我的配給券！」隨之任意向群眾開槍，造成許多圍觀者受傷。這位合作社經理後來遭到逮捕，關進監牢長達兩年又九個月。[34] 在嘉義，很多年輕學生遭到殺害，他們的遺體被堆放在卡車上，運往公共廣場，再丟進廣場的噴水池，藉以對民眾示警，殺雞儆猴。在高雄，中國軍隊以槍砲對著碼頭與街道掃射，見到人就開槍射殺。這類殘暴的行為也發生在台中、台南、屏東與其他城市。[35]

國民黨軍隊恐嚇與殘殺台灣人民的時候，陳儀發布戒嚴令，同時取消「處理委員會」的合法地位。事實上，處理委員會的成員最先遭到消滅，其他一些曾在呈給陳儀的陳情書上簽名並留下住址的人，也遭到逮捕與處死。在二二八之後，中國軍隊屠殺，監禁與拷問數十萬無辜的台灣人，包括教授、大學生、法官、律師、醫生、藝術家、議員、記者與中學教師。結果，為數不詳的受過良好教育的台灣人在晚上被軍警帶走，從此在人間蒸發，永遠消失。其他的台灣人則被迫生活在恐懼之中，或者選擇離開故鄉，流亡海外。在國民黨的秘密警察與各類的密告者（許多是台灣人）滲透入每一所學校與社區，無孔不入地窺探每一個辦公室與工廠的時期，台灣島人人自危，籠罩於恐懼的氛圍之中。在陳儀掩蓋真相的報告中，他說道：「導致『二二八事件』的原因，在於日本統治五十一年所產生的毒化宣傳與思想……那些想法與日本人一樣，因而反對我們的人是三十五歲以下的年輕人，他們之中的大多數一點也不了解中國，而且只會看不起中國人，誣衊中國的文化制度，認為中國沒有任何東西可以比得上日本。」[36] 然而，陳儀自己的處境岌岌可危，在一九四七年五月十五日被蔣介石召回中國。後來陳儀被控與共黨互通，於一九五〇年六月十八日在台北近郊的馬場町遭到行刑隊處決。

根據何即明所言，當時李登輝知道自己已經陷入險境，於是躲在位於台北市區的家中。何即明的父親有一座米倉，這座米倉後來證明是個很好的藏身之處，雖然何即明的家人很擔心軍警會半夜到他家敲門。與其他幾位同學和朋友的不幸命運截然不同，受到驚嚇但謹慎小心的李登輝，再一次從重大的困境中存活了下來。後來，何即明與李登輝，加上另外三位朋友，一起在台北的中山北路上（接近今天的監察院）開設一家書店，靠著出租舊書為生。[37]

在二二八事件期間，以及接下來的屠殺中，到底有多少人喪生？在《悲劇性的開端：台灣二二八事變》這本資料完整的書中，賴澤涵、馬若孟與魏萼估計約有八千人（包括少數的大陸人）在二二八事件中喪生。這個數字低於彭明敏所言的一萬至兩萬人，也遠低於其他的估計數字，其中一個聲稱數字達到十萬人。[38]但是，這些為死亡數目辯論不休的學者都忽略了幾個關鍵重點：不管死亡數目是八千或兩萬，或是更多，其中一個重點是「二二八」屠殺大量毀滅了當時台灣人當中素質最高、最聰明的一群菁英份子。它令人寒心的效果在於：較為年輕的台灣人，從此被教導成必須對政治事務與公共服務冷眼旁觀，明哲保身。台灣的父母多年來的確告誡子女必須遠離政治，政治是骯髒的職業，是血腥的事業。

一九五〇年五月二十三日，蔣介石政府宣布已經針對那些應為「二二八事件」負責的人完成調查與審判，同時宣稱這個案子已結案。然而，「二二八事件」的傷痕長久以來並未真正痊癒，它所造成的心理創傷，以及之後政治上的糾結紛擾，則是無法加以衡量的，直到今日，傷口仍然隱隱作痛。二〇〇三年二月二十八日，台北市長馬英九（外省人）參加「二二八和平紀念公園」的年度紀念活動時，一位憤怒的台灣人向他吐口水。[39]因此，對一個亟思打破民族壓迫鎖鏈風暴的一般民眾而言，想要計算此一歷史事件對他們生活造成的影響，恐怕難以評估。國民黨官員與外省人一般來說，傾向「往者已矣，來者可追」，但台灣人的活躍人物則傾向訴諸這個歷史悲劇，藉以喚起台灣民族主義，支撐他們追求一個自由獨立的台灣。艾德蒙斯頓（Robert Edmonston）將「二二八事件」描述成一個「事件、記憶、沈默、抗議與歷史」，以及「此一事件是台灣認同形成的關鍵」。[40]正如美國革命派領導人培恩（Thomas Paine，一七三七—一八〇九）所言：「那些想要獲得自由果實的人，必須經歷過支持自由的勞苦。」在這個意義上，「二二八」屠殺時所流下的鮮血，已經變成一個新台灣獨立運動的種子。

就像傳聞中李登輝的共產黨員身分一樣，李登輝也一直沒有談到他涉入「二二八事件」的全部真相，事實上，當他本身變成國民黨領導人時，他對此歷史悲劇公開表達的態度，仍然是模稜兩可，互相矛盾。一九八八年二月李登輝擔任中華民國總統時，舉行第一次個人記者會，被問到「二二八」血腥屠殺問題，他做了以下發言，令許多台灣同胞極度不滿。

現在都是沒有四十歲的人來談「二二八」，我覺得很奇怪……那時候的情況如何，對那時候發生的很多情況，我們是不是留給以後的歷史家去研究？為什麼這個時候把這個問題拿出來呢？來進行鼓動，說什麼「二二八」不要忘記啦！和平啦！[41]

無論何時，李登輝被問到這個極具爆炸性的問題時，他繼續小心翼翼，閃爍其詞，政治上如此不坦白的言論很自然令許多理性的台灣人失望。李登輝清楚知道，「二二八事件」可以輕易撩起台灣人的憤怒與中國人的羞愧之心。李登輝做諸如此類發言時，他才剛剛觸及國民黨的權力機制，同時他的處境仍然脆弱無力。即使一九八八年七月八日被選為國民黨的黨主席，李登輝仍然不得不在蔣介石夫人的陰霾下工作，他極小心不去冒犯國民黨的保守派，這些保守派幾乎清一色是外省人。舉例來說，他甚至向高雄市長關說，將彭孟緝（一九四七年國民黨軍隊在高雄地區的指揮官）的名字從預定設立於高雄壽山的「二二八紀念碑」上刪掉。[42]在那個時間點上，走錯一步、說錯一句，話都可能徹底毀滅李登輝的政治生涯。但是，在同一個記者會上，李登輝也暗示他將很快任命一個特別委員會，蒐集資料，提出初步研究觀點，最後正式面對這個議題。但是，國民黨主控的國會耗費兩年的時間才做出一個不痛不癢的撫慰措施。一九九〇年二月二十七日，台灣立法院在院會開始之前，全體站立默哀一分鐘。數週以後，李登輝任命剛辭去台灣省主席一職的邱創煥，擔任「二二八史料蒐集委員會」的召集人，對此屠殺事件展開官方調查的第一步。[43]

直到一九九〇年代，李登輝取得穩定地位，建立自身的權力基礎之後，變得較能接受反對黨與二二八受難家屬的要求，後者要求政府建立紀念碑，同時賠償損失。一九九五年二月二十八日，當時的總統李登輝站在台北新公園內剛剛完成的紀念碑之前，公開向二二八屠殺的倖存者與受難者家屬道歉。在正式將新公園命名為「二二八和平公園」以後，李登輝說：「我親自經歷過二二八事變。許多年來，我覺得非常悲傷，為我們無法避免這個可以避免的事件而感到痛心，為我們無法阻止我們應該阻止的歷史悲劇逐步擴大而感到難過。」[44]一九九七年，台灣的國中學生，有史以來第一次可以在社會科與歷史課本中讀到「二二八事件」。今天台北的延平北路上，在「二二八爆發地」，豎立著一座花崗岩紀念碑，上面刻有「二二八事件」的概要，它的最後一段寫著：

國民政府主席蔣中正不察真相，竟派兵鎮壓，不少紳民慘遭殺害或監禁，遂埋下省籍對立之禍根，史稱二二八事件。究此悲劇，失政種其因，緝煙則導其火，勒石於此，藉供憑弔，並警誡世人。

台北市文獻委員會謹立
一九九八年二月二十八日

台北延平北路是李登輝非常熟悉的街道，在他的生命中走過這條路的次數，如果沒有上千次，也有數百次之多。「二二八事件」是台灣人悲劇與愛國心永遠無法磨滅的印記，這個事件已經變成李登輝自身苦難的一部分，同時也是數百萬李登輝的台灣同胞的苦難的一部分。但是，李登輝後來在他的公職服務與上帝之中找到了慰藉。當他開始償還過去虧欠二二八愛國的台灣人時，他釐清自身的不明確性，放棄「求生至上」的取徑，同時贖回他的道德勇氣。過去三十年來，李登輝一直是台灣轉型的前鋒，提供助力以催化台灣，使它從中國的獨裁統治轉變為台灣的民主政治，從農業的、受傳統束縛的社會轉型為現代的、高科技導向與外向的國族。再者，李登輝已經成為台灣當前追求國族認同運動中最為率直的領導人。李登輝現在可以從美國政治家愛德理・史蒂文生（Adlai E. Stevenson，一九〇〇—一九六五）所說的一句話中感到欣慰，他說：「愛國心不是短暫狂熱的情感迸發，而是終生平靜穩定的奉獻。」

第四章 一個學者的形成

第二次世界大戰結束的時候，台灣遠比當時國民黨統治下的中國任何一省都更像個有組織的社會。由於高度的識字率，台灣島內的民眾能夠吸收到亞洲之外的現代資訊。但是，「二二八事件」及血腥鎮壓，使台灣人發現到他們的生活因此變得混亂失序。他們的生活水準甚至滑落到日治時期平均水準之下。直到一九四九年，大約百分之十七的國內生產總值（GDP）已經被國有化，大約有三萬六千名台灣人失去公家機關內的職務，因為，國民黨大量將台灣的資源運往大陸，用來支持國共之間的對抗。[1] 單單以學童的制服作為衡量台灣生活水準的標準，從留下的相簿中揀選出戰前照片可以看出，台灣學童都穿鞋子上學。事實上，有法令規定在城市街道與校園內部不可赤足走路。然而，國民黨接收台灣的十年後，多數畢業典禮照片顯示，學童光著兩隻腳。許多台灣作家也在他們的回憶錄與旅行見聞中，描述一個更為糟糕可怕的社會。[2]

一九四〇年代後期與一九五〇年代，台灣人對中國「政客」仍然抱持違抗不從甚至輕蔑的態度。根據美國駐台灣大使館代辦藍欽（Karl Lott Rankin）所言，這是因為

「台灣人具有更好的體格品種」，受過「較好的教育」，「擁有比中國難民較高的生活水準」。[3] 一九四七年五月，被統治者與統治者之間的敵意與不信任感仍然緊繃時，陳儀的職位改由國際知名律師魏道明所取代。魏道明曾當過南京市長、行政院秘書長與駐美國大使。[4] 一九四七年五月十五日，魏道明接任省主席一職，立刻宣布四項政策：（一）解除戒嚴；（二）長達九個月的「清鄉」，就此停止；（三）解除交通上的限制；（四）施行貨幣改革，以減緩通貨膨脹。經過一次全島性的了解實情之旅，他組織一個十四人的省政府委員會，作為全島行政事務的諮詢機構。省政府委員會有半數委員是本省籍，包括慈善家林獻堂、杜聰明博士（唯一任教於台北帝國大學的台灣人）與原住民族的領導人南志信。此外，魏道明任命幾位台灣人擔任行政部門首長或副首長。[5]

然而，當魏道明試著去療治台灣的傷痛之際，國民黨在中國大陸的軍事情況已經快速惡化。到了一九四八年底，國民黨在徐蚌會戰（即中共所稱的淮海戰役）中遭到最後致命性挫敗時，蔣介石開始尋求台灣做為躲避共產黨的避風港。他非常憂心共產黨可能在台灣進行顛覆，因此命令他的安全機制查出學生的密謀，粉碎任何地下煽動性組織。國民黨的秘密警察也收買線民，要他們密告那些被認為是陰謀者與共產黨同路人的行動。此外，那些曾公開主張台灣獨立的台灣人也被視為叛亂者而遭到逮捕。

當時，國立台灣大學也經歷一段痛苦的過渡時期。二二八屠殺之後，教授與學生紛紛躲藏起來，或者只因太害怕而不敢繼續到校上課。台大校長陸志鴻發現他根本無法將台大的行政回復常態，直到一九四八年六月，莊長恭選為新任台大校長。當時台大教員包括五十名外省籍教授，八名日本籍教授與兩名台灣人講師。那是個不穩定的時期，人事流動相當頻繁。例如，文學院代院長林茂生離奇失蹤（推測可能已被軍警殺害），法學院一年內甚至換了五個院長，政府有時甚至須請留任台大的日籍教職員協助管理大學事務。一九四九年，傅斯年（山東省人，曾任職北京大學教授）繼莊長恭成為台大校長。傅斯年做了一個大變革，重新改組整個大學的行政人員，新人新氣象，校園彷彿也煥然一新。他任用留美的化學家錢思亮為教務長，同時設立一種特別的短期班，專供海外返台的台灣學生與數以百計自大陸各省流亡台灣的年輕學生進修。從一九四八年到一九五一年間，估計有兩百萬中國難民如浪潮般一波波湧向台灣，包括許多著名學者與專家，他們很快就在台大找到教職。6

李登輝返回台大的確定時間並不清楚，可以確定的是，他警覺到國民黨買收的密告者已出現在台大校園；因此，他一直規行矩步避免成為政治焦點。有時，台大宿舍會遭到秘密警察閃電突擊檢查，一些較為直言不諱的學生（包含本省人與外省人）則遭到逮捕，其中一些人從此沒再返回學校上課。李登輝安然度過這個考驗，由於被要求用中文寫畢業論文，他因此在學業上更加努力奮鬥。他將他的論文撰寫比喻為：只用一根竹竿設法伸到一棵很高的芒果樹頂端，因為竹竿長度不夠（意指他的中文寫作技能不足），在他採收芒果之前，他必須在竹竿上加上一把菜刀（意指他豐富的研究資料），這是數以百計的台灣俚語之一「竹篙逗菜刀」，李登輝演講時經常加入這些俚語。7 李登輝真的為他的論文《台灣農業勞工問題之研究》找到了大量資料，因此，一九四九年夏天，他順利取得農業經濟學的學士學位。更美好的是，他戀愛了，在婚姻中找到了慰藉。

李登輝的妻子曾文惠，年齡比李登輝小三歲。曾文惠與李登輝是鄰居，他們的祖父曾經是生意上的夥伴。曾文惠是三芝大地主的次女，她讀過三芝公學校，後來畢業於台北第三高女（現為中山女高）。對戰前的台灣女孩來說，能夠接受這樣的教育是令人羨慕的。一九四九年二月九日，李登輝與曾文惠兩人的婚禮，在一家鄰近台北新公園的飯店中舉行。二十三歲的新娘穿著西式白色的新娘禮服，手上戴著白色手套，二十六歲的新郎李登輝則穿著時尚的黑色禮服，繫著領結。在此之前，台大已經聘任李登輝為助教，分配給他一棟「宿舍」，這棟宿舍位於離台大校園不遠的溫州街上。這是一棟日式房子，有三個舒適的房間，周圍環境令人感到愉悅。8 但是，戰後通貨膨脹在一九四九年上半已經達到三十倍，這對年輕夫妻被迫過著節衣縮食的日子。最後，一九四九年六月，政府發行新台幣，匯率是每一元新台幣兌換四萬元舊台幣。當時李登輝的助教月薪是新台幣五百元，但負責管理家務的曾文惠透露，即使物價已經穩定之後，當時他們每月開銷至少需要新台幣一千元。結婚以後，曾文惠辭去她在銀行的工作，閒暇時教授插花藝術，貼補家用。這對夫妻經常以傳統的台灣稀飯作為早餐；飯後，李登輝向「fumi」（「文」的日文發音）說再見，帶著午餐飯盒，騎腳踏車到台大。[9] 台大農經系內有一個藏有數千冊日文書與英文書的小圖書室，同時有超過一千冊的中文書。李登輝工作的一部分就是管理這些書籍，更新系裡所訂閱的各種期刊。

李登輝正開始寧靜的學術生活的時候，中國大陸內部國共之間的權力平衡卻出現震撼性轉變。中國共產黨勢如破竹，捷報頻傳，國民黨軍隊則持續敗退。台灣島民的命運再次嚴重受到他們完全無法掌握的島外事件所影響。蔣介石政權遭遇到全面潰敗困頓之際，關於軍事與安全考量，魏道明當局的政策是台灣優先。一九四八年五月十日，國民政府武斷擱置憲法，公布所謂「動員戡亂時期臨時條款」。這些「臨時條款」賦予政府在處理緊急狀況時，擁有無上的權力，廣義來說，這個緊急狀況就是將訓政政府從大陸移到台灣。一九四九年一月五日，共產黨準備渡過長江，這時魏道明突然遭到撤換，蔣介石隨即任用他的親信陳誠（一八九七—一九六五）為新任台灣省主席。陳誠的主要任務是替大規模的國民黨人員（約四十萬平民與超過三十萬軍職人員）撤退到台灣做準備。[10]同時，蔣介石命令他的銀行家和上海的金融家，將三億九千萬美金的儲備黃金與價值數億美元的現金與白金移往台灣。數量龐大的紡織廠、麵粉廠與其他工廠的器械、引擎等各種機器也被拆卸，快速運到台灣。此外，從北京故宮運出的數十萬件文化珍寶，與公私立圖書館及研究收藏品等，都被運往台灣重新安置。

後來證明，這些金錢、機器與人才對台灣的經濟與教育的發展大有助益。然而，單就大陸難民的數目，已在台灣社會內部帶來層出不窮的問題。中國難民陸續湧入台灣：一九五〇年春，數千名軍人從海南島與舟山群島撤退到台灣；一九五三年到一九五四年，身陷越南的國民黨忠誠者也被送往台灣；一九五四年一月，一萬四千兩百〇九名朝鮮半島的中共戰俘也被送往台灣；一年之後，浙江省沿岸的大陳島上為數甚多的平民與軍人被運往台灣。[11]這些難民中有許多人在學校中找到住處，部分人甚至繼續住在校舍中長達十年之久。往後的五十年中，這些新到台灣的大陸人，他們的孩子與孫子——通常稱為「外省人」或「來自大陸的中國人」，形成一個明顯的族群團體，與「本省人」或本土出生的台灣人維持一個不穩定的關係。一般來說，外省人很多任政府機構、軍方、教育界與國民黨內工作，同時期待有一天能夠從共產黨手中光復大陸。由於難民集團大量湧入，他們的經驗又與李登輝和台灣人的經驗非常不同，多重認同的台灣歷史進入最具挑戰性的階段。

一九四九年十二月初，蔣介石命令政府從南京遷到台北。蔣介石隨後將前台灣總督府轉換成總統府，並將陽台改為司令台，主持典禮與校閱軍隊。然而，在此之前，美國已經決定放棄台灣，一九五〇年一月五日，杜魯門總統（President Harry S. Truman，一八八四—一九七二）做了以下宣布：

此時，關於取得特殊權利、特權或者在台灣建立軍事基地，美國並無這方面的需求。美國也沒有任何意願使用武力來干預當前的情勢。美國將不會追求一個會導致它自身涉入中國內戰的路線。同樣，美國政府也不會提供軍事的援助或建議給台灣的中國軍隊。12

在美國宣布避免涉入中國內戰之前，來自全島的學生活躍份子早已經聚集在台大校園內，表達他們對國民黨的不滿。一九四九年春天，他們組織「全國學生聯盟」，宣揚他們的目標，並重振政治自由與社會正義。這是一個歷史性事件，省主席陳誠（他當時也是台灣省警備總司令）對此深感不安，於是在四月六日午夜派遣軍隊進入師範學院（前台北高等學校），逮捕三十名領導學生。隔天發生學生與警察的衝突事件，陳誠的武裝軍隊逮捕超過三百名學生，下令師範學院關閉，進行「重整」。同一期間，台大有二十五名學生遭到秘密警察逮捕。[13] 在這段混亂不安的時期，李登輝行事謹慎小心，安全避開了事端。

大學內的逮捕行動後，省主席陳誠於一九四九年五月二十日宣布在台灣實施「臨時條款」，據此重新施行戒嚴法。根據戒嚴法，除了基隆港、高雄港與位於澎湖的馬公港之外（這些港口只在每日的早上一時到下午五時才准許開放），台灣所有港口封閉。進出台灣的所有人應到警備總部申請許可，同時必須在港口接受檢查。公共集會、罷工、罷課、遊行與請願全面禁止。民眾禁止持有槍枝。再者，犯有下列罪行的人應受處決：（一）製造與散播謠言；（二）唆使暴民；（三）干預黃金或其他市場交易；（四）搶劫；（五）罷工或引起社會失序；（六）煽動學生校園罷課；（七）造成交通運輸損害或偷竊器材設備；（八）造成公共用水、電力與瓦斯之損壞；（九）縱火、引發水災或危害公共安全；（十）未經政府許可持有武器或爆裂物品。就在戒嚴法公布後的三個月後，蔣經國（蔣介石的長子）抵達高雄港，設立「政治行動委員會」，「設法協調聚集『在台灣』的大量情治機關與秘密警察的工作」。[14] 在此之際，蔣介石覺得有需要在他安全撤退到台灣之前，將情治工作的蜘蛛網織得更快更廣。誰都清楚，沒有任何其他人比他的兒子更能盡心盡力承擔此項任務。

這些剝奪台灣島民自由與基本人權的「臨時條款」，應該只是為了鎮壓共產黨的目的而暫時施行的，不幸地，在大陸的共產黨從來未曾被鎮壓，結果倒是台灣島民被迫活在戒嚴法下幾乎長達四十年之久，這也是現代史上實行最久的戒嚴法。即使有兩個不甚重要且支持國民黨的「反對黨」——中國青年黨與中國民主社會黨，被允許存在，台灣實際上是在一黨專政之下。諷刺的是，在四十年之後，準備要撤銷這個「臨時條款」的卻是蔣經國本人。然而，蔣經國首先在一九八七年七月十五日廢止戒嚴法，他卻死於六個月之後（一九八八年一月十三日），因此無法把全盤廢止「臨時條款」複雜且費時的程序進行到底。最後，這些任務都得依賴蔣的繼承人李登輝來完成。李登輝成年之後的大部分時期都活在戒嚴的陰影之下。一九九〇年十二月二十五日（行憲紀念日），當時的李登輝總統宣布：在五個月內，政府將會正式撤銷「臨時條款」，歸還人民所有憲政權利。此一舉動是李登輝為了救贖他過去政治上的不誠實而踏出的一大步，有助於台灣歷史的改寫，使他贏得「民主先生」的美名（李登輝廢止台灣的戒嚴法的整個課題，本書第八章有細節討論）。[15]

把李登輝視為一個有耐心的人，這是不全然的。在數十年戒嚴期間，台灣經歷巨大的轉變，李登輝個人的命運也幾經波折。一九五〇年三月一日，蔣介石正式在國府的避難地台灣就任為國府領導人。幾天之後，蔣介石任命陳誠為行政院長。三個月之前，蔣介石已提名吳國楨（一九〇四—一九八四）為省政府主席，吳國楨曾任中國三個主要城市（漢口、重慶與上海）的市長。蔣介石隨後任命孫立人將軍為陸軍總司令。蔣介石對吳國楨（美國普林斯頓大學博士）與孫立人（美國維吉尼亞軍校畢業）二人的任用，部分為了討好美國，求取進一步的美國援助。[16]經過台灣的「二二八事件」與國府的大陸潰敗，加上海外媒體與美國國會的雙重壓力，國民政府開始採取一系列措施，調整經濟、社會與政治政策。一九四九年四月，這個流亡政府開始第一階段的土地改革，稱為「三七五減租」。這個政策規定每年最大的地租是主要農作物價值的百分之三十七點五，同時改革租約，在法律上保障佃農。一九五一年六月，第二階段的土地改革稱為「公地放領」，依據此一政策，政府開始將十八萬一千四百九十甲公有土地中的一部分出售給無地的農民（台灣可耕地約百分之二十）。[17]土地改革的最後階段稱為「耕者有其田」，一九五三年一月開始施行。這個政策允許佃農擁有自己所耕作的土地，改善農民生活水準。同時，土地被佃農取走的地主可獲得政府部分的補償，因此地主可將這些資本投入各種不同工業。

據估計，有三十萬農戶因這一系列的土地改革而受益，農民收入因此增加，稻米生產提高，農業出口也有所擴張。國民政府後來宣稱，土地改革是造成台灣後來經濟突破的最重要因素。將農業作為工業與技術的基礎，台灣得以獲得前所未有的經濟果實，並於一九五二年到一九七八年期間達到平均每年百分之十五的經濟成長率。[18] 此外，土地改革徹底摧毀了台灣大地主的權力與影響力，一般來說，他們體現了台灣農業社會的道德與文化價值。再者，土地改革也消除自由放任的私營貸款部門，這些部門過去經常為了控制與影響市場價格和政府的會計政策，而與公營銀行你爭我奪。其次，農民、漁民與工人加入政府組織的各個工會，這工會內的各級負責人則由國民黨官員充任。數以千計的台灣紳商菁英（包括李登輝的父親與岳父）被迫放棄他們所持有的大部分土地，很自然地，許多人怨恨「耕者有其田」政策，稱之為流亡政府將台灣土地給予農民，藉以收買台灣人支持的一種政治手段。這些台灣大地主中，後來希望台灣與中國大陸分離的其中一是著名的林獻堂。林獻堂與國民黨政權決裂，於一九四九年九月二十三日離開台灣，一九五六年死於東京，就在這一年廖文毅（一九一〇—一九八六）與其他台灣菁英在日本組成「台灣共和國臨時政府」。廖文毅的父親是雲林的富有地主，他在美國俄亥俄州立大學取得工程博士學位，並娶了一位美國女子為妻。他所虛擬自述的流亡中的「台灣共和國」，直到一九六五年五月十四日宣告結束，因為他突然放棄了獨立運動。各種「台灣獨立」組織，也於一九五〇年代到一九六〇年代期間，設立於加拿大與美國幾個主要的城市。19

值得慶幸的是，李登輝的命運就像家鄉台灣一樣，遭遇到一次無法預料的僥倖。一九五〇年六月二十五日，也就是他的兒子出生的兩個半月前（九月三日），裝備良好的北韓共黨跨越三十八度線進行攻擊。美國在六個月前已經將台灣排除於美國安全防禦地帶之外，現在則被迫徹底改變對台灣的立場，美國的措施有二：宣告台灣中立化；在台灣海峽部署第七艦隊，藉以防止中國共產黨入侵台灣。一九五〇年六月二十七日，美國總統杜魯門做出以下聲明：

我已經命令第七艦隊防禦任何對台灣的攻擊。此一舉動的必然結果是，我現在呼籲在台灣的中國政府停止對大陸進行任何的海空行動，第七艦隊將確保這一件事會被完成。台灣未來地位的決定必須等到太平洋安全的恢復，與日本達成和平的解決，或是聯合國的考量。20

因此，韓戰後，不管何時何地，當國際共產主義的武力威脅到現狀之際，杜魯門政府保證美國將會與它進行對抗。杜魯門的這些言論與行動，不僅造成台灣海峽的中立化，同時也成為未來關於國際社會中，美國對中國政策與台灣地位解釋的根源。美國的政策實際上將在台灣的中華民國與在大陸的中華人民共和國分離開來，以致那些主張美國已經採取「兩個中國」政策的學者的聲稱彷彿言有所本。一九五〇年十月底，中國共產黨軍隊加入北韓之後，美國對中華人民共和國的恐懼與敵意甚至變得更為明確。直到一九五一年一月，中國壓倒性的「志願軍」，總數超過二百三十萬，其人海戰術將聯合國軍隊驅退到三十八度線以南。由於美國開始展開「圍堵」新政策，一瞬間台灣變成全世界對抗共產主義最重要的基地之一。直到此時，台灣問題也變成國際化了。

值此之際，美國國務卿杜勒斯（John Foster Dulles，一八八八—一九五九）是一位意志堅定的反共鬥士，他同時將中華民國與中華人民共和國，排除在一九五一年九月八日於舊金山舉行，有四十八國參加的對日本戰後和平會議之外。隨後，杜勒斯向強硬的日本首相吉田茂（一八七八－一九六七）施壓，使他於一九五二年四月二十八日與台北的中華民國（非北京的中華人民共和國）簽訂一個單獨的和平條約；在同一天，日本正式恢復本國主權。這兩個和平條約中，日本放棄對台灣與澎湖群島的「權利、權限與請求權」，但是此一放棄的受惠者則未被具體指定，更不用說將主權移轉給中華人民共和國。身兼國際法教授與台灣獨立運動領導人的彭明敏寫道：「技術上來說，台灣和其人民的國際地位，並未確定，甚至，一九五四年十二月的美中共同防禦協定也避免處理此一議題。」[21] 擔任杜魯門政府負責遠東事務的助理國務助卿，與後來甘迺迪（John F. Kennedy）和詹森（Lydon B. Johnson）政府的國務卿魯斯克（Dean Rusk），早在一九五一年五月便已經表明「兩個中國」政策，這可證之於當他稱呼北京政權為「一個較大規模斯拉夫的滿洲國」（a Slavic Manchukuo on a larger scale），並保證支持台灣的中華民國，因為「他們在歷史上要求獨立於外國的控制」。[22]

在朝鮮半島的軍事情勢與中國共產黨威脅日增的背景下，聯合國軍隊指揮官麥克阿瑟將軍，抵達台北進行一天的旋風式訪問（從一九五〇年七月三十一日到八月一日）。他與蔣介石商量建立對抗中共「第二前線」（second front）的可能性。儘管杜魯門政府決定不將國民黨軍隊納入朝鮮半島的戰爭，它確實設立一個以蔡斯少將（Major General

William C. Chase）為首的「軍事援助顧問團」（MAAG）。「軍事援助顧問團」的職責是協助國民黨在台灣建立國防，它在一九五一年五月的人員編制只有三十三位軍人，到一九五五年則已增加到兩千三百四十七人，當時蔣介石軍隊中的每一個營至少有一位美國顧問。當時，美國政府指定編列十五億美金的非軍事援助給台灣，直到一九六五年為止，平均每年大約一億美金。其中半數的美援金額是無償援助，另一半則是貸款（年利率為百分之〇點七五），這些貸款在一九九四年李登輝任內已全部償還完畢。[23]在受惠於美國財政支援與技術建議的十四項計畫中，有一項是中美農村復興聯合委員會（Sino-American Joint Commission on Rural Reconstruction，JCRR，簡稱為農復會）。農復會的設立，是蔣介石受到美國壓力下，被迫進行行政機關的改良，並對「二二八事件」後「本省人」的待遇進行改善；否則，美國不再支持蔣介石。農復會的五位委員中，有兩位是由美國總統任命，另外三位則由中華民國總統負責篩選。一九五一年到一九六三年間，農復會的預算達到全部美援金額的百分之二十四。事實上，這段期間台灣農業百分之五十九的投資來自於農復會補助款。[24]再者，李登輝也是在農復會的贊助下，才找到機會開展他未來的生涯。

為了要策畫與監督台灣的各項農村計畫，農復會設立以下部門：植物生產、水利工程、土壤保持、家畜繁殖、農村衛生、糧食生產與肥料、農業經濟、森林管理、農業推展。農復會也吸收為數不少年輕的台灣農業專家，蒐集資料並執行技術的工作。李登輝在台大擔任教職時，也替農復會監督蔗糖的生產與價格。就在這個時候，美國國務院提供三十六個獎學金給台灣的科技人員赴美國接受進一步的訓練。李登輝參與了該次的甄選，並從近一千名候選人中勝出，獲得為期一年的獎學金。一九五二年三月，當時二十九歲的李登輝離開太太、兩歲的兒子與兩個月大的女兒，在台北松山機場登上一架飛往愛荷華州阿美斯（Ames）的美國飛機（一九八八年九月，愛荷華州長克力斯・布雷史塔（Chris Branstad）率領一個貿易使節團抵達台灣。當時李登輝總統告訴這位州長他選擇愛荷華州立農工學院是「因為它在農業經濟學的聲譽，與它在經濟統計學與數學方面擁有世界知名的科系」）。[25] 李登輝抵達愛荷華州的時候，春季學期已經過了一半，因此，他有充分的時間尋找住處與登記入學。這是他第一次到美國，他感到非常興奮，也相當焦慮。

一八五八年創立的愛荷華州立學院（於一九五九年成為愛荷華州立科技大學）是美國第一所獲聯邦政府捐贈土地的學院，因為愛荷華州是第一所接受一八六二年的聯邦墨瑞爾法案（Morrill Act）條款的州。該學院是發展農業課程的先驅，是獸醫學、永續農業、合作推廣服務系統、糧食生產與安全與資源保存等方面的領導者。李登輝在愛荷華州就讀時，農業經濟學課程是該學院泛經濟學系的一部分，以整合理論、應用、教學、技術與社區推廣而著名。在校長弗里萊（Charles Edwin Friley，一八八七－一九五八）的帶領下，該學院從區域性農業與機械教學學院，轉型成農業科學方面的世界級研究中心。弗里萊邀請幾位頂級的農業專家到阿美斯來，包括諾貝爾經濟學得主舒茲（Theodore W. Schultz，一九〇二－一九九八）。舒茲將「人的資本」（human capital）這個概念通俗化。這個概念是把教育開銷視為一種投資，鼓勵把對人的資源投資視為經濟進步的一種方式。他為人所知的還有他「將農業視為對國家發展的一個積極的促進因素，而不只是一種提供勞動力的方式」。[26] 一九五二年李登輝抵達愛荷華州立學院的時候，南達科他州出生的舒茲已經接受芝加哥大學的查爾斯．哈欽森傑出服務教授職位（Charles L. Hutchinson Distinguished Service Professorship）。但是，李登輝聲稱，舒茲是他在這個世界上最重要的兩位老師之一，即使只能透過他們的作品學習，而未能「親受教誨」。另一位學者則是日本的大川一司，他關於近代經濟成長中農業所扮演角色的理論，對於李登輝成為台灣總統以後解決赤字開銷（deficit-spending）的政策，具有深遠影響。[27]

李登輝在阿美斯那段時期，每週用日文寫信給他的太太「文」。他就讀於愛荷華州立學院的暑期班，隨後註冊於秋季與春季學期。他總共選了七門課，包括會計學、經濟統計與農業行銷等。一九八八年，李登輝對一個愛荷華的代表團說，他「覺得自己在愛荷華州立學院的經驗，基本上對他一生的成就而言是重要的」。[28]雖然這段話很明顯是故意討使節團高興，但李登輝真正相信他在愛荷華州立學院學到的技術與知識，對他往後的生涯大有助益。再者，看過愛荷華農民豐饒的田野與優哉舒適的生活之後，李登輝想知道自己能否做些事以改善故鄉台灣農民的生活狀況。必須說明的是，由於李登輝的獎學金期限的限制，在完成碩士學位課程以前，他必須回到台灣。[29]

李登輝就讀愛荷華州立學院時，台灣國民政府與日本簽訂了一份雙邊的和平條約（如前所述），同時韓戰即將落幕，這些發展替蔣介石的流亡政權帶來較為安全的氣氛。在此之際，蔣介石對發動攻勢從共產黨手中收復大陸仍然抱持希望。一九五二年夏天到一九五三年年底，蔣介石秘密吸收約八十三位知名的二次大戰日本退伍軍人，稱為「白團」，幫助他訓練國民黨軍官。這個由極端保守的日本軍國主義份子組成的小團體，在台北陽明山腳下設立一個稱為「富士俱樂部」的訓練所，定期向中國聽眾講授軍事歷史、戰爭策略與戰鬥技術。受訓者包括（但不僅限於）蔣介石的主要參謀機構內的陸、海、空軍高級將官，與國民黨軍隊中的軍長、師長與團長。在一九五〇年代到一九六〇年代，「白團」持續訓練蔣介石的主要軍事人員，直到一九六九年才完全結束這項安排。30

必須注意的是，國民黨在大陸的大挫敗，導致蔣政權發展出一種需要對任何潛在或有形的敵人，進行先發制人的政策。結果，國民黨政權利用被統治者的恐懼與貪念（而非認可），威脅利誘去獲取與保護本身權力。蔣介石挑選來維護台灣安全的是他的兒子蔣經國。蔣經國後來不僅將台灣從農業社會轉型成繁榮的經濟體，在政治上更從「硬性極權主義到軟性極權主義」，同時，也將李登輝從一個技術官僚轉變成一個有影響力的政治家。蔣經國在台灣的發展和李登輝的政治生涯是位關鍵人物——李登輝稱蔣經國為「精神導師與偉大領導人」——因此，簡單描述這個人的生平概要是值得的。31

蔣經國一九一〇年四月二十七日出生於浙江省奉化縣。蔣經國大部分是在沒有父親的歲月中長大，他的童年早期是跟祖母王采玉與母親毛福梅（毛福梅大蔣介石四歲）一起度過。蔣經國幾乎還不到六歲時，就開始接受傳統中國教育。一九二一年，蔣介石帶著「小蔣」到上海，與「老蔣」未滿二十歲的情婦陳潔如住在一起，讓他就讀一所西式學校，在那裡他開始學習英文、數學與科學。一九二五年初蔣經國進入上海浦東中學就讀，後來因為參與學生罷課而遭到退學。隨後他到北京學習外國語文，開始與知名的共產黨員李大釗（一八八八—一九二七）與邵力子（一八八一—一九六七）熟識。李大釗是北京大學教授，也是中國共產黨的創黨人物之一；邵力子是復旦大學教授與具有影響力的《民國日報》及副刊《覺悟》的編輯。但再次地，蔣經國的反軍閥行動導致他被拘禁兩週。

一九二五年十月，十五歲的蔣經國在上海登上一艘開往海參崴（Vladivostok）的貨船，然後搭上穿越西伯利亞的鐵路到莫斯科。此刻他成了莫斯科中山大學的學生，蘇聯剛成立這所大學不久，主要作為訓練中國革命份子的機構。蔣經國成了中國共產主義青年團的成員，同時加入蘇維埃共青團（Soviet Komsomol）。但是，蔣介石於一九二七年四月決定肅清共產黨的時候，蔣經國被迫譴責他的父親，因此成了國際政治的犧牲者，實際上也成了史達林的政治人質。蔣經國往後的十年，生活十分艱辛，直到一九三七年初，國民黨與共產黨決定形成另一個聯合陣線，共同對抗日本人為止。一九二七年四月，他完成莫斯科中山大學的學習之後，蔣經國獲得位於列寧格勒（Leningrad, St. Peterburg）的中央托勒馬起夫軍政學院（Central Tolmatchev Military and Political Institute）的入學許可，他在那裡學到政治的敏銳性。一九三〇年五月，他以優異的成績畢業於這所紅軍的首要學院。從一九三二年冬天到一九三七年春天期間，他卻被下放到烏拉山（Ural）地區幾個不同的勞改營。這一段下放期間，一九三五年三月蔣經國娶了一位十九歲的俄羅斯女子方良（Faina）。一九三七年四月，這對年輕夫婦回到上海，當時許多國民黨的保守份子視他為叛黨份子，跟他共事時感到非常不自在。然而，他與父親和好如初後，逐漸取得父親的信賴與信心。蔣經國獲聘擔任總部位於南昌的江西省政府保安處副處長。一九三九年底，在一次日軍對蔣介石故鄉空襲時，蔣經國的母親毛福梅被砲彈炸死。蔣經國在母親被炸死的地點豎立一座紀念石碑，並誓言絕對不會忘記敵人的面孔。這座石碑今天仍然存在，上面寫著四個大字：「以血洗血。」[32]

在往後的抗日與剿共期間，年輕的蔣經國被賦予重要的政治、軍事與外交任務，包括一九四五年六、七月間參與一個赴莫斯科的使節團，擔任國民黨軍事委員會委員長東北行營外交特派員，並於一九四八年在上海以全部的警力控制通貨膨脹與黑市交易。[33]國民黨在中國大陸潰敗之後，蔣介石十分惱恨，思索著下一步的策略。他的對策之一是馬上改造國民黨，包括黨員再登記，嚴格的紀律實施，並從台灣人中吸納新成員。因此，早在國民黨開始撤退到台灣之前，蔣介石已經決定賦予他的兒子更多的權力，特別是對不忠誠與腐敗的黨員，以及一些與共產黨有牽連的黨員，徹底驅逐剪除。陳果夫與陳立夫兄弟（屬於CC派）*則被排除於改造計畫之外，他們是因為黨的問題而受到責難。[34] 一九四九年八月二十日，一個秘密的「政治行動委員會」在台灣成立，藉此，當時四十歲的蔣經國可以親自詳細檢查忠誠的問題，監督所有國民黨員的再登記（正式開始於一九五一年一月）。一九五〇年八月五日，蔣介石提名他的兒子為「國民黨中央改造委員會」的十六位委員之一（唯一的台灣人是連震東，他是李登輝未來的副總統連戰的父親）。在「國民黨中央改造委員會」的第一次會議中，這個新成立的委員會採用六項綱領與一個「組織法」，藉以改造國民黨；同時選出幾位絕對忠貞的成員，作為黨內各機構負責人的候選者。

一九五一年，蔣介石任用他的兒子為國防部總政治部主任，授權他主持位於台北近郊北投的一所布爾什維克式（Bolshevik-style）的「政工幹部學校」。政工幹部學校畢業的學生被分派到各個軍事單位，像鷹犬一樣監督一般軍人，其所依據的理論是：恐懼是使軍隊健壯與避免背叛的最佳方式。蔣經國透過綿密的特務網絡（特務大都經過他親自挑選，因此對他心存感激，忠心耿耿），很快便掌握了每一個人的檔案。十月三十一日

*編按：中央俱樂部（Central Club）的簡稱，是國民黨一九三〇至一九五〇年代間的派系之一。另有一說，簡稱CC是指此派系主要領導者為陳果夫與陳立夫兄弟的姓氏陳（Chen）。

是蔣介石的生日，在台灣，這一天總會被視為國家節日，盛大慶祝。但是，一九五二年的老蔣生日非常特別，就在這一天，小蔣宣布成立具有爭議性的「中國青年反共救國團」（以後稱為救國團）。批評者稱這個救國團為「洗腦」的組織，目標是提供中國青年「指導、諮詢與娛樂」，同時準備「光復中國大陸……保存與宣傳中國文化遺產，並樹立光明的未來……」。35

一開始，救國團戴著俗麗的民族主義面具，固定施行一系列的計畫，目的是將台灣青年的精力導向反共愛國的活動之中。雖然有一些較為自由派的國民黨行政人員對這個似乎非正規的組織表示不悅，擔心它是一個布爾什維克式的洗腦運動的門面，但蔣經國自己為救國團尋找預算，不經過正常的立法過程。透過這個機制運作，蔣經國開始贏得許多台灣年輕人的歡迎，同時為自己的未來建立權力基礎。蔣經國果斷無情，在政治上精明敏感，然而，鐵漢柔情，就算像結凍的湖泊一樣堅硬的人，也有足夠溫暖的水可使魚兒在湖裡游泳。他的優點是嚴以律己，從不向奢侈與腐敗妥協。他透過救國團確認有才能的台灣青年，目標是將他們吸納進入國民黨。他也利用救國團幫他父親塑造個人崇拜。從高中到大學的台灣學生被強制唱「愛國歌曲」，其中大部分是為了頌揚蔣介石，使其神話永遠長存。史家可以在這些歌曲中讀出清楚的訊息。例如，有一首稱頌蔣介石為「中華民族的救星」，其歌詞如下：

五百年代黃河清，中華民族出救星。
救國、救民、救世界，領袖功德與天平。
先北伐，後抗戰………

另一首歌，盛讚蔣介石為「偉大的領袖」，其中歌詞如下：

領袖！領袖！偉大的領袖！
您是大革命的導師，
您是大時代的舵手，
讓我們服從您的領導！
讓我們團結在您的四周！
為了生存為了自由，
大家一起來戰鬥，

人人須要戰鬥！
人人須要領袖！

除了主持救國團以外，一九五七年蔣經國提名為退除役官兵輔導委員會的主任委員（設立於一九五四年）；一九五九年六月，擔任中華民國行政院副院長。在此之前，蔣經國已經對軍隊、情治機關、黨與學生組織取得有效控制。更且，透過家長式的領導，他訓練經過挑選那些有才能的部屬。從一九五三年春天一直擔任台灣省主席的吳國楨被迫流亡美國，陸軍總司令孫立人將軍也在一九五五年八月被控煽動叛亂而遭到軟禁。即使擔任行政院長（一九五〇年三月起）與副總統（一九五四年三月到一九六五年）的陳誠將軍，他所掌握的實權也遠遠不及蔣經國的大。陳誠與其他高階國民黨官員，經常被要求鞠躬盡瘁於台灣經濟發展上，但擁有最關鍵決定權的則是蔣介石與蔣經國。因此，直到一九八八年一月十三日蔣經國過世的四十年期間，一個布爾什維克式的黨國體制得以有效封鎖媒體，控制人民的活動，並限制人民的海外旅行，這些並非偶然。[36] 此外，數以千計的無辜台灣人與中國人成為白色恐怖的犧牲者，這是國民黨秘密警察的魔掌暗中犯下的罪行，這些秘密警察的手則呼應著蔣經國的每一個脈搏（意向）。

白色恐怖無處不在，它所造成的犧牲者包括本省人與外省人，男人與女人，菁英與平凡民眾，甚至政府與軍隊的成員。犧牲者也包含共產黨員的親戚、同事、同學或熟識者；各種不同的馬克思主義或社會主義讀書會的成員；國民黨或兩蔣的批評者；有權的國民黨官員的政敵；不與國民黨合作的人。白色恐怖統治時期，人人活在獨裁控制之下，戰戰兢兢，深怕掌權者一時興起就可能毀了一條人命。當然，白色恐怖的犧牲者中有一些是真正的共產黨員，但大部分的犧牲者只因受到牽連而遭殃。難以計數的白色恐怖案例確實毫無根據，不是因錯誤就是憑空捏造的指控所產生的結果。例如，頗受歡迎的外省人作家柏楊，以諷刺手法將《大力水手》連載漫畫中的「夥伴們」（fellows）一字，翻譯成蔣介石最喜歡使用的一句口號「全國軍民同胞們」。柏楊因此遭到逮捕，於一九六八年被判間諜罪。[37] 像柏楊這樣的人經常消失一兩年後，家人們才被告知他們身在何處。偵訊期間，經常使用嚴刑拷問來得到口供，或是捏造「證據」。偵訊與判決也在私設的法庭中進行，並未經由止當的法律程序，一般法院通常默默服從上級長官的命令。例如，新近公布的台灣政府檔案顯示，即使雷震——一位計畫在一九六〇年成立新的中國民主黨的外省人——接受正式審判之前，蔣介石已經親自要求他的軍事法庭判他「至少十年刑期」。[38] 雷震後來的確被軍事法庭判處十年刑期，據稱是因為他「涉入共黨陰謀意圖推翻」蔣介石的政權。陶涵指出，主要是蔣經國的施壓，才造成雷震的逮捕與監禁；副總統陳誠則主張對雷震寬容，他個人是從報紙上才得知雷震已遭到逮捕。[39]

白色恐怖時期處決人犯，大部分並未公諸於眾。最普遍使用的刑場位於六張犁、安坑與台北近郊的馬場町。一九五二年七月，李登輝動身前往愛荷華州立學院之後不到四個月，一位年輕台灣人造訪李登輝的妻子曾文惠，說她哥哥（李登輝在台大的好友）即將在二十四小時內被處決。受到驚嚇的那位年輕人又說，國民黨的警備總部掌握一份台大馬克思讀書會（李登輝曾經參加）成員的所有名單。他要李登輝的家人保持高度警覺。從那時候起，李登輝的妻子開始懷疑她先生從美國寄給她的信件已經被國民黨秘密警察拆看過。因此，她處處留心，謹小慎微，寄給李登輝的信件也絕口不提處決的事。李登輝極有可能已經被警備總部列入黑名單中，因為他辦理返台手續很難取得入境許可。李登輝完成愛荷華州立學院的學業之後，在他被允許回台灣以前，被迫經歷相當繁瑣的手續，包括在回程途中繞道菲律賓。後來，太太告訴他有關馬克思讀書會成員遭到處決一事，李登輝只是點點頭，表情嚴肅，並未對他太太說任何話。[40]

李登輝的履歷表上增添了愛荷華州立學院的歷練，重新開始台大的教學生涯時，他從教學助教升等為大學講師。他教授幾個大學部的課程，從銀行、行銷到植物病理學——包括他不太精通的一般課程，他因此必須再次自修。從一九五七年開始，他甚至在台大經濟學系教授一門研究所的專題討論課。李登輝把部分這些他所教的拼湊課程描述成「有空無榫」（台語俚語）。然而，據喬治亞大學博士的台大教授陳希煌（一九一五—二〇二〇）所說，學生反應熱烈，擠在李登輝的課堂中聽他上課。陳希煌大二時修李登輝的「貨幣與銀行」，當時李登輝講授財政史、財政制度與貨幣政策的理論與實際等主題。陳希煌後來成為台大農經系主任，他回憶道：李講師總是把很長的參考書目發給學生，但整學年都以北京話講課，十分吃力，因為他經常混淆日文與中文的詞序。41

為了重新型塑台灣島民的「中國」意象，蔣介石政權公布一項新的語言條例，規定從幼稚園到大學各級學校，只能使用北京話進行教學與學習。這對已經三十歲的李登輝來說是一個痛苦的壓力，這意味著在課堂內，他不能夠再使用他感到最自在的日本話與台灣話上課。想當然，李登輝對於這個新語言的使用感到很費力，就像其他數百萬的台灣人一樣，他再次感受到認同危機的折磨。雖然蔣介石強迫台灣人說北京話的政策加深了人民對國民黨政權的疏離感，然而，李登輝仍很盡責，利用晚上修習幾門北京話課程，改善教學技巧。為了貼補微薄的教書薪水，從一九五三年夏天，他在台灣省政府的農林部門兼了一份技師工作。不過在第二個女兒安妮出生後的幾個月（一九五四年六月），他就辭去了這項外快，在朱昭陽的推薦下（朱昭陽係李登輝在東京烏秋寮的舊識），在台灣省合作金庫取得一份高薪的研究員工作。

在李登輝的次女安妮出生前，蔣政權與南韓的李承晚政府組織亞洲人民反共聯盟（Asian People´s Anti-Communist League, APACL），致力於阻擋「赤流」（Red deluge）的擴散。亞洲人民反共聯盟逐漸發展成為一個國際性的組織，提供方便的外交聯結，使蔣政權得以與「自由世界」內的主要國家維持關係。一九六六年，亞洲人民反共聯盟終於獲得擁有六十四個會員國的世界反共聯盟（World Anti-communist League, WACL）承認。往後的二十年間，蔣政權投入大量預算在世界反共聯盟上，並扮演活躍的角色。[42] 更好的是，一九五四年十二月二日，美國的艾森豪（Eisenhower）政府與台灣的中華民國在華盛頓簽訂〈中美共同防禦條約〉（Sino-American Mutual Defense Treaty, MDT）。這個條約要求美國防禦台灣與澎湖，但美國總統保有決定是否大陸沿岸的金門與馬祖應受到美國防禦的權力。一九五四年九月初，這兩個地方遭到共產黨猛烈砲擊。美國在雙方交換此一條約的但書中堅持：中華民國在採取任何軍事行動對抗中國大陸以前，台灣有義務與美國政府進行商議。在往後的二十六年期間，〈中美共同防禦條約〉成了美台關係的基石，為兩個盟邦之間長期而廣泛的合作奠立法律基礎。〈中美共同防禦條約〉

既保障了自由台灣的生存，也鞏固了美國在西太平洋的主導地位與利益，而且成為國務院積極反對中共加入聯合國的政策指導。[43]在此同時，艾森豪政府透過與中共代表的直接協商（首先於一九五五年在日內瓦，後來於一九五八年在華沙），持續追求「兩個中國」政策。

本質上，〈中美共同防禦條約〉的確使國民黨免於共產黨的攻擊，但它具有法律約束力的但書，也將蔣介石的軍隊緊緊地「綁」在台灣島上。因為未經美國同意，國民黨不能單方面發動任何攻擊行動以「光復大陸」。換言之，美國對台灣的安全承諾只局限於提供防禦性武器，以及確保台灣不受中共攻擊，不是幫助國民黨光復大陸。事實上，在〈中美共同防禦條約〉簽訂以前，艾森豪政府曾成功說服蔣介石從規模甚小的大陳島上撤軍。但是，台灣民眾只知道這個條約的主要內容，不知道但書的防衛性本質。國民黨從未向台灣人民揭露其中的「圈套」，國民黨繼續堅持台北只是中華民國的臨時首都，同時，「推翻共黨政權與光復大陸」是它最迫切與「首要」的目標。事實上，每所學校的公布欄、每條街道的牆上，一直都有口號寫道：「一年準備，二年反攻，三年掃蕩，五年成功。」問題在於，五年很快就過去，還是無法光榮回到大陸，國民黨只好再找一組新的宣傳口號了。

然而，在台灣自一九三七年中日戰爭以來首次獲得穩定與安全感的同時，在李登輝發現自己邁向正常、安靜的學術生活之際，「白色恐怖」仍然持續擴散，不曾銷聲匿跡。哈佛大學學者曼可（Mark Mancall）在〈台灣，退讓與絕望之島〉一文中，以史料證明政治鎮壓所產生的影響，他寫道：「例如，接近一九六二年底以前，台灣幾個重要縣市的首長（包括首都），不是已經入獄，就是因涉案而處於法律偵查過程之中。」[44]事實上，國民黨的秘密警察已將一個偏遠的小島，建設成為拘禁與「再教育」數千名政治犯的地方。這個小島位於台東市東方三十三公里的太平洋中，是個火山岩島（日本人稱之為「火燒島」）。這個面積十六點二平方公里的島嶼為珊瑚礁與白色海灘所環繞，到處可見陡峭的崖壁、高聳的岩石與厚地毯般翠綠的草原，因此島嶼的中文名稱就叫「綠島」。一九五一年春天開始，警備總部開始將政治犯送到綠島的東北角，進行再教育與改過自新，或者國民黨把它稱為「思想改造」。一九五一年五月，第一批囚犯抵達這座島嶼。其中一位後來從此地活著出去的受難者王乃信回憶道：「當夜（在台灣的獄中）我們被一陣大喧鬧聲吵醒，開始點名，我們受命起床打包行李。隨後被帶到集合場，在那裡他們用手銬將我們與旁邊的人銬在一起；再以每十人一組，從腰際間將整組串在一起。天快亮的時候，我們被帶往基隆碼頭。每一個人發給三個發霉饅頭，然後，我們被趕進港口內的一艘正在等待我們的裝甲登陸艇，同時準備啟航程。」[45]

在一九五三年到一九五四年間，約有一百名女性囚犯（包括一位頗有造詣的舞蹈家蔡瑞月）被送到綠島。在「思想改造」營內，囚犯們被要求閱讀孫逸仙的《三民主義》與蔣介石的文告、嘉言，並閱讀各種宋、明時期新儒家的著作；讀畢以後，必須撰寫心得報告。他們也被要求保養草地，維護建物，養豬種菜，上山收集木材，或到海灘收集岩石，用來建造像城堡般的壁壘。正如王乃信所稱：「那就是說，我們建造著用來囚禁我們自己的圍牆。」[46] 又據台灣省文獻委員會的職員李宣鋒所言，在綠島服役最長的是三十四年。「當這位囚犯剛入獄時，他只有二十六歲，直到他六十歲頭髮斑白時，他才出獄。」此外，有十三位囚犯死於綠島，死後沒有親人為他們收屍。[47] 由於數目不明的受難者在出獄後已經過世或者無法追蹤，加上國民黨政權多方阻撓且不願誠實面對，導致發生在綠島的全部真相至今仍未能公諸於世。

然而，根據私人訪談與已經出版的史料，我們知道被囚禁於綠島的人數一度超過兩千人，有時一間囚房住十個人以上。囚房如此擁擠，以至於許多囚犯學會蹲著睡覺。一些倖存者的家屬後來透露：即使這些受害者被釋放回家，他們卻必須蹲在他們自己的寢室角落才能睡得著。囚犯中的知名人物，有知識份子與行動家雷震、多產的作家柏揚，與後來的立法委員施明德。由於綠島被深不可測且海水洶湧的太平洋所圍繞，加上國民黨的秘密警察嚴格執行監獄的安全管理，在綠島作為監獄的三十六年期間，只有一次越獄發生，但並未成功（比起法國的惡魔島〔Devil's Island〕或南非的羅賓島〔Robin Island〕，綠島的這個記錄甚至更「好」）。部分較為頑固的囚犯被重新審判，判決有罪，並遭到處決，其中有六位軍官於一九七〇年五月遭到槍斃。此外，計有十位受過日本教育的台灣人醫生被監禁在這個島上。[48]

一九七五年蔣介石死後，蔣經國設法緩和白色恐怖的禁錮，對三千六百名受刑人進行特赦（其中超過二百名屬於政治犯）。[49] 在此之前，國際壓力、台灣快速發展的經濟與剛萌芽的民主運動，有助於說服國民黨政權在「軟性極權主義」（soft totalitarianism）與「準民主」（quasi-democracy）之間搖擺。因此，由深染意識型態轉為平民主義者（Ideologue-turned-populist）的蔣經國，在核心之處保有他根深柢固的中國人認同的同時，發現到，開始認同自己是個台灣人對他本身有利。但是，最後是由於蔣經國的繼承人李登輝認為綠島的形象對執政黨有害，因此決心矯正前任的「錯誤」。之後，李登輝開始為那些在綠島度過無數個地獄般的白天與黑夜的受害者，適度療傷。

一九九六年五月二十日，當時的總統李登輝告訴《新聞週刊》（*Newsweek*）記者：

「美國人民、亞洲人民與非洲人民都需要人權，有些人談亞洲價值，我卻認為，亞洲人民所擁有的人權就如同在美國一樣。」[50] 一九九八年六月，李登輝政府撥款六百億台幣作為對「二二八屠殺」的受難者與綠島的政治犯的補償，那些遭到處決的家屬最多可獲得六百萬元補償金。李登輝當時捐出兩千萬（此一款項來自於他的著作《台灣的主張》一書的版稅），贊助綠島設置紀念碑之用。一九九九年十二月十日，李登輝親自訪問這個偏遠的島嶼，為綠島人權紀念碑的完成留下記錄。在開場的演說中，李登輝鄭重表示：

（我）代表政府，對基金會表示最崇高的敬意，對受難者家屬致上最深的歉意！

接著，柏楊說：

我們是中國歷史上率先追求到基本人權最幸運的一代。我們要從這個基礎上，努力維護這份資產，人權，不單純的只是政治上的爭取、法律上的訴訟，而是一種思想的獨立，和人格的尊重，必須把人權觀念內化為我們作為一個人的基本素質，落實在平常的生活之中。[51]

李登輝隨後揭開刻在紀念碑上的受難者名單，與一段柏楊所寫的銘文，上面寫道：「在那個時代，有多少母親，為他們被囚禁在這個島上的孩子，長夜哭泣！」

無人可以說明，有多少的血、汗與淚滲入綠島的土地之中，這個島嶼見證了蔣政權的人性墮落。台灣人追求新的認同之際，台灣人可以原諒，但不能忘記長達近半個世紀的「白色恐怖」，正如他們誓言絕對不會重蹈覆轍一樣。不管是外省人、客家人、福佬人或是原住民，二十一世紀台灣島民絕大多數選擇認同「民主、自由與人權」，一個新的「國家民族主義」（state nationalism），而不是族群民族主義（ethnic nationalism）正在台灣島上浮現，因為現今最新的世代稱呼他們自身為「新台灣人」。[52] 雖然這個新的認同，可能如台灣過去的認同一般搖擺不定，但有一件事是可以確定的：當台灣人聽到「綠島」這個名字時，他們將不再顫慄，而且，台灣的母親將不再因她的孩子的信念和理想而被迫哭泣。就此一點，作為白色恐怖的受害者的李登輝，值得許多讚揚。

第五章　皈依基督信仰、轉向國民黨的李登輝

當一個政權因長期處於內戰之中而感到本身脆弱不穩時，它矛頭向內，向自己的人民發動戰爭，往往會超越了自由國家保衛自身內部安全的規範。這正是國民黨一九五〇年代到一九六〇年代在台灣所做的。但是，當人民感到脆弱，並且長期處於有權逮捕、拷問甚至殺害他們卻免於刑責的秘密警察所帶來的恐懼時，人們只能從宗教中尋找希望、夥伴情誼與保護。幾個世紀以來，台灣人一直信奉由漢人帶到台灣的佛教、道教與民間信仰混合而成的宗教。[1] 當台灣人需要撫慰心中的恐懼時，用一種稱為「收驚」的驅邪儀式將惡靈袪除。當他們對未來感到困惑，或是需要預測未來的發展時，不是從竹筒中抽籤，就是在神明前擲筊，藉以祈求神明的指示。[2]

過去三個世紀期間，台灣多語言的住民遭遇、對抗和適應著他們時代中的許多動亂，包括荷蘭人、滿洲人及日本人的占領，以及第二次世界大戰。然而，總的來說，台灣島民堅持著相同的統合性宗教傳統。一般而言，國民黨政府並未干預台灣的宗教活動——因為蔣介石與他的妻子宋美齡是虔誠的基督教衛理公會（Methodists）的教徒，而

且宗教自由的釋出也是反抗共產主義無神論與極權主義的良策。在這樣的環境下，數以百計的基督教傳教士（不論是中國籍或外國籍），可以自由傳教，他們的宗教活動對台灣留下深刻影響。因此，各種不同的基督教宗派，在蔣政權統治下，欣欣向榮。事實上，一九五〇年代，當李登輝正在尋找他自身的信仰時，光在台北就有超過二十四個傳福音的基督教聚會所，向台大附近的九個街區延伸，為了爭取信徒，教會之間積極競爭。許多年輕人、教員與學生來到教會不僅是為了信仰，也為了能夠加入這些教會團體所建構且不斷擴張的社會網絡之中。此外，教會提供許多如學習英文等便利的文化設施（例如YMCA），這些是一般大學無法提供的。在此之際，李登輝不僅遭受到第二次大戰、「二二八事件」與白色恐怖的驚嚇與困擾，他也因母親和祖父的去世，及哥哥的失蹤而感到悲傷。他領會到人生的脆弱與短暫，他感到痛苦、徘徊，卻不知道原因是什麼。他需要某種精神上的指引或宗教信仰，作為自身依循的基準使生活有意義。

雖然李登輝在台灣最負聲望的大學擔任副教授，他並未將台灣的傳統宗教視為迷信，棄如敝屣。事實上，他並未否定台灣傳統宗教中許多教義、態度與信念。一九九六年五月二十日，李登輝接受美國《新聞週刊》訪問時指出：「我研究禪學。佛教與基督教都屬於不同的思維方式，但兩者的目標卻是一樣的。基督教談愛，而佛教談謙卑。在祂們的至高點上，祂們是同樣的。」[3] 然而，很長一段時間，李登輝無法將他的實體論（ontological）信仰，與基督教信仰中的處女懷胎（virgin birth）概念、上帝化為基督肉身（incarnation）與復活（resurrection）等教義加以調和，這些概念與教義與生物學互相牴觸，也超出常理。

當李登輝陷入自身精神危機的搏鬥時，有兩件重要的事情發生了。首先，一九五八年八月二十三日開始，中國共產黨對中國大陸沿海的金門與馬祖兩個島嶼，發動一波經過充分準備且相當綿密的砲彈攻擊，企圖封鎖並占領這兩個小島，重挫台灣士氣，最後解放台灣。但美國依據〈中美共同防禦條約〉對台灣提供軍事支援，國民黨因此得以成功擊退並嚇阻想入侵的中共軍隊，但在焦慮的台灣人心中，驚恐不安，縈繞不去。[4] 其次，一九五九年，李登輝的五十六歲岳母經診斷確定患上乳癌，這成為李家生活的轉捩點。在此死亡陰影籠罩期間，李登輝岳母擁抱基督作為她的救主。一年後岳母去世，李登輝妻子的悲傷，以及他自身的憂心，緩慢但清晰，使他向基督教信仰逐步接近。李登輝與曾文惠婚姻美滿，是源自於他們擁有共同的夢想與期望、共同的價值，以及彼此之間互相的尊重。為了找尋解答與撫平傷痛，李登輝與妻子參加過數百次台北的教堂聚會所的佈道（大部分在週四與週五的晚間）。他們發現基督教的聖禮純粹而美麗，同時以最高尚的道德教誨信徒。他們也發現耶穌基督與中國的神明（不論是媽祖、觀音或關公）之間的差異極大。李登輝生活中的外在環境開始改變他的內在世界，這種轉變的本質是痛苦的，他陷於矛盾掙扎，天人交戰——這是介於東方文化與西方信仰之間的雙重結合與雙重束縛。

當時有一位上海來的牧師告訴李登輝，只有透過信仰才能減輕他的痛苦，找到平靜，牧師說：「基督教最偉大的部分在於你相信你所無法看見的一些東西。」他隨後讀一段《新約》《希伯來書》十一章六節給李登輝聽：「人非有信，就不能得神的喜悅，因為到神面前來的人，必須信有神，且信他賞賜那尋求他的人。」[5] 這位福音傳道牧師，能夠將一般人有時在日常生活中感受神的存在的隱微體會，闡釋得很清楚。這位來自上海的牧師講述普世的救世主與歷史上耶穌受釘十字架二者之間的關聯，李登輝深深受到感動。他用基督教的神話、預言、神蹟，以及在神和人之間的特別關係，勸勉人敬畏上帝的力量，使李登輝心服口服。他告訴李登輝如何透過祈禱以尋求安全與和平，如何長住於上帝中心的、上帝所賦予的世界之中。一九六一年四月，當時三十八歲的李登輝，在台北第四聚會所的教堂內（接近今天和平東路上的國立台灣師範大學），接受這位來自上海牧師的洗禮。這是李登輝生命中的里程碑。雖然，這不同於掃羅戲劇性的皈依成為保羅（the dramatic conversion of Saul to Paul），但李登輝已經完全拋棄馬克思教條，進而擁抱亞伯拉罕（Abraham，基督教聖經故事中猶太人的始祖）的宗教傳統，相信彌賽亞與天使的再現。然而，李登輝皈依基督教的行動，大大出乎他的許多親友的意料之外。其中有些人將此一激進的轉變視為李登輝一次精神的再生，而在李登輝往後的信仰旅程中，也已證明他是個虔誠且熱心的基督徒。其他人則指出，依李登輝的信仰轉變與他的個性模式觀之，他總是在追求時代潮流與尋找權宜之策。不管批評者怎麼說，信仰已變成李登輝生命中不可或缺的一部分。他每日所做的祈禱與固定的表白見證，給了他力量、指引與慰藉。李登輝與妻子有一本祈禱書，他後來擔任總統時，也經常藉著祈禱來幫助他做困難的決定。[6]

作為教徒的李登輝仍然生活在窮困與恐懼中，一方面尋求改善生活，一方面對白色恐怖提心吊膽。例如：由於家庭成員增加，他需要一間較大的房子。他於一九六二年支付十萬台幣（約兩千五百美金）購買台北松江路上一棟公寓的一樓，供他夫婦倆、三名小孩和一名侄子（李登輝過世哥哥的兒子，後來成為藥劑師）共同使用該棟公寓的三個房間與一間小浴室。[7] 但是，一九六四年李登輝的台大同事彭明敏教授遭到國民黨秘密警察逮捕後，他的恐懼加深了。彭明敏與李登輝背景相似，二人皆有客家人的祖先，二人都在日本統治下的台灣長大，並且深受戰前日本思想影響。二次大戰期間，二人都受到極大苦痛；一九四五年四月下旬，當時人在長崎的彭明敏因美軍的空襲而失去左臂。彭明敏被遣返回到台灣後，在台灣大學重新開始大學課程。他於一九四八年夏天畢業以後，進入台灣大學法學院的政治系任職，其後升為教授兼系主任。一九六〇年代初期，蔣介石政府內部的台灣人很少，但政治的門稍稍為經篩選過的台灣人而打開（如彭明敏教授）。彭明敏被台灣的青商會提名為「台灣十大傑出青年」之後，蔣介石親自約見他，後來並任命他為駐聯合國代表團的代表。但彭明敏選擇不走這道政治後門，因為他不要成為這個外來壓迫政權可鄙的合作者——最後他與朋友李登輝因此而分道揚鑣。在彭明敏打破沈默，與國民黨政權進行對抗以前，他所需要憑藉的只是幾件外來事件的鼓勵。

一九六四年四月，美國國務卿魯斯克訪問台灣，重申美國對台灣安全的義務。但是，魯斯克無法再次肯定美國對中華民國政府做為中國唯一的合法政府的承諾，這也標示著華盛頓準備考慮「兩個中國」的選項。當時難以捉摸的「魁北克獨立」堅定支持者戴高樂（Charles de Gaulle），突然決定不再支持台灣追求自由的努力。法國政府承認中華人民共和國以後，戴高樂下令關閉法國駐台北大使館。在這些外交發展背景之下，彭明敏教授與他的兩位台灣學生——謝聰敏與魏廷朝，決定大膽行動，挑戰蔣介石政權。他們模仿〈美國獨立宣言〉，草擬一份〈台灣自救運動宣言〉，主張通過自由選舉產生的政府來取代蔣介石的政權。但是，一九六四年九月二十日，在他們打算送出一萬份宣言書的影印本給民眾之前，就遭到便衣警察的逮捕。

彭明敏遭到逮捕以後，經歷一連串冗長而可怕的訊問，包括幾次長達七十二小時無眠無休的問話。[8] 一九六五年四月二日，軍事法庭最後判他八年有期徒刑。彭明敏抗議這個判決太過嚴厲，判決的形成也未經過適當的法律程序，但是，氣急敗壞的蔣經國（當時為國防部長，該職始於一九六五年一月十三日）卻認為判決太「輕」。彭明敏的逮捕與審問，不僅在台灣造成政治風暴，也引起彭明敏美國朋友關心，這些朋友包括哈佛大學教授費正清，以及彭明敏在麥基爾大學（McGill University）的導師、航空及外太空法的主要專家庫柏（John Cobb Cooper）等人。傳記作家陶涵證實，由於蔣經國非常擔心彭明敏會引起「極大的海外關注」，所以為他取得「總統特赦」。[9] 結果，彭明敏在台北的一個監獄中服刑七個月後，於當年十一月三日獲釋，往後仍繼續受到政府監控。一九七〇年七月二日，彭明敏奇蹟般逃離台灣；其後，流亡瑞典與美國，一直到一九九二年十一月一日才得以回到台灣，他的歸台是受到當時的總統李登輝的邀請，才得以成行。

彭明敏受審與監禁期間，李登輝保持緘默，繼續在台大教書，同時兼任農復會的工作。李登輝在農復會的農村經濟部門內，先是擔任技正，然後是企劃專家。李登輝的上司是一位名叫謝森中的廣東人，取得明尼蘇達大學博士學位，當時也在台大農業經濟學系任教。這段期間，李登輝開始用英文名字「T. H. Lee」在國際的農業期刊中發表研究論文。[10] 同一時期，「洛克斐勒基金會」與康乃爾大學則提供一筆獎學金，供李登輝赴美國進修農業經濟學。更令李登輝寬心的是，台大不僅同意保留他的工作，也願意在他留學期間支付他的薪資。李登輝將這個獎學金視為上帝賜予的機會，藉以提升他未來的生涯展望。因此，他於一九六五年九月離家，先飛往雪城（Syracuse，一譯錫拉丘茲），然後再乘坐巴士到綺色佳（Ithaca，一譯伊薩卡）。

康乃爾大學各學院與研究所中，農業與生命科學學院是國際聞名，它也與中國、印度和菲律賓等亞洲國家建立許多交換計畫。李登輝在康乃爾大學的前兩年，正如先前在愛荷華州立學院一樣，過著像單身漢一樣的日子。他選修一些課程，如農業經濟學、農業財政、應用經濟計量學與量的分析、發展經濟學、農場管理與生產經濟學、行銷與食品分配與公共政策分析等等。大部分時間他都待在農經系館內的研究室中（四〇六室），有時會到以收藏人文社會科學書籍為主的歐林圖書館（Olin Library）閱讀。為了蒐集資料撰寫學期報告，偶爾也會到農業生命科學學院的亞伯特・曼恩圖書館（Albert R. Mann Library）內讀書。閒暇時，李登輝喜愛到克洛奇圖書館（Kroch Library），瀏覽康乃爾收藏的世界知名的稀有書籍、手稿與亞洲資料等。

當時年已四十出頭的李登輝，比起大部分研究所同學都還要年長。當時肯尼斯・羅賓遜（Kennith L. Robinson）是指導李登輝博士研究的委員會成員之一，他記憶中的李登輝是一個「非常含蓄、非常能幹且非常認真誠實的」研究生。[11] 雖然李登輝的英文程度普普通通，但他天資聰穎，而且非常用功。康乃爾農業經濟學退休的榮譽教授貝爾納・斯坦頓（Bernard F. Stanton）在接受《康乃爾記事》（Cornell Chronicle）訪問時說道：「李登輝最大的優點在於他的學術能力以及他的見解。他非常認真，剛到康乃爾時，腦海中已經對他所要完成的論文已有大略概念。」[12] 另一位康乃爾農業經濟學教授丹尼爾・西斯特（Daniel G. Sister）談到李登輝時則說：「他不與其他的研究生一起到外面打排球，或是到大學城的酒吧去喝酒聊天。他非常安靜，非常勤奮用功，而且把時間都放在他的工作與台灣之上。他修我開的一門研究方法課程，我給他A+，而通常我給學生A的情形並不多。」[13] 另外一位康乃爾教授約翰・梅勒（John Mellor）當時比李登輝年輕六歲，他對李登輝的印象是：「非常成熟且富有思想的學生，絕對是一流的分析頭腦。」[14]

經過兩年的密集學習，李登輝通過學科考試（Comprehensive examinations）。現在他是個 ABD（all but dissertation，只須再完成博士論文就可畢業），因此覺得比較輕鬆些，所以趁機邀請妻子曾文惠到綺色佳來住。這在當時對曾文惠來說猶豫難決，因為她擔心三個十多歲的孩子的照顧問題，他們是十七歲的兒子憲文、十五歲的女兒安娜與十三歲的女兒安妮。她和親友商量後，曾文惠最後決定去美國。她讓孩子們與她住台北的哥哥一起住，這樣他們的學業才不至於中斷。曾文惠抵達康乃爾以後，這對夫婦租了一棟有兩個房間的木造房子，房子坐落在綺色佳市區東州街五二一號（521 East State Street），這一區住了許多研究生與年紀較長的學生。由於李登輝的英語仍不夠好，加上亞洲人普遍具有尊敬師長的傳統，因此李登輝表面上看來安靜、內斂，對他的美國教授客氣有禮。但本質上，李登輝是喜歡聊天的人。事實上，他談話的時候就像奔放的山中小溪一般暢所欲言，而且當他與亞洲同學聊天時，總是快人快語。[15]

李登輝住在康乃爾的那段歲月裡，和住在綺色佳的形形色色的亞洲學生交往。台灣人當中與李登輝夫婦認識的，有康乃爾的研究生黃文雄與建築師鄭自財（他與黃文雄的妹妹 Cecilia 結婚）。一九七〇年四月二十四日，黃文雄與鄭自財試圖刺殺蔣經國，當時擔任國民黨政府行政院副院長的蔣經國正在美國進行官方訪問。這個刺殺行動發生在紐約市的廣場飯店（Plaza Hotel），黃文雄與鄭自財兩人都在事件現場遭到逮捕。這個流產的刺殺行動，立即激起美國新聞媒體的興趣，做出有關台灣人（對蔣政權）不滿的報導。至於李登輝，他相信自己一定已經被國民黨秘密警察列入黑名單之中，因為他在一九四〇年代時認識幾位台共黨員，加上他與彭明敏的朋友關係，以及他偶爾也針對政治議題做出直率的評論。[16]

但是，結束我們對李登輝在康乃爾求學時期的敘述，進而談及他於一九六九年所受到的「白色恐怖」折磨以前，我們有必要呈現從一九六〇年代到一九七〇年代期間就讀於美國的台灣留學生的一個典型的心理剖析。這之所以重要是因為，在這段期間，台灣人反抗國民黨政權的主要戰場是在日本與北美，而不在台灣本島內。根據資料所示，一般來說，美國人同情台灣人對獨立的追求；事實上，與佐藤榮作時期（一九六四—一九七二）的日本政府相比較，美國政府從未驅逐任何台灣獨立運動者。一九六〇年代，美國國會通過每年的決議，支持台灣在聯合國的代表權；同時，有幾位國會議員公開發表有利於台灣獨立運動的言論，他們包括麻州（省）的參議員愛德華・甘迺迪（Senator Edward Kennedy）與愛荷華州的詹姆士・李奇眾議員（Representative James Leach）等人。[17]其他資料也顯示，在一九五〇年到一九八三年期間，共有七萬四千名台灣的人學畢業生在美國的大學與學院中註冊就讀；其中，只有一萬〇三十三名（或者少於百分之十三）畢業後回到台灣。[18] 再者，在美國，超過百分之八十七的台灣人學生移民中，不少人加入且最後變成台灣獨立運動的堅定支持者（其中有一些，像是蔡同榮博士、張旭成、張富美、陳唐山等人，已在一九八〇年代回到台灣，他們不是積極參與組織和擴展民進黨的行動，就是在陳水扁政府內擔任要職）。在他們到美國以前，幾乎所有的台灣學生都經歷過一個慎重設計的思想灌輸計畫（洗腦），透過思想的灌輸，國民黨政權希望塑造出符合其民族主義意識型態的模範國民，亦即認同中國文化，信仰孔子、孫逸仙與蔣介石的學說。但是，受過美國教育，了解了更多西方傳統與近代中國的歷史文化背景以後，他們之中的許多人經歷一段心理學家所稱，在知識上與情感上「邊緣化」（marginalization）的痛苦過程。其他人則受到自由派的美國學者影響，這些學者多半會批評國民黨在大陸時期的記錄，並將一九四九年國民政府的垮台，歸因於蔣政權的腐敗與無能。許多這類台灣年輕人因此轉向獨立運動。

此外，自由派的美國新聞媒體，經常直率無情地批評他們的美國官員，這也對台灣學生的政治觀點帶來巨大影響。他們拿美國民主與開放的社會，與自己故鄉的列寧式政治制度做比較。在他們的故鄉台灣，罷工罷課是不被允許的，言論自由遭到縮減，國會的權利受到限制，出版品也經常受到檢查。[19] 覺醒常常帶來苦痛，在美國的台灣人對這些限制的了解也導致他們的苦惱。這種種苦惱，又受到一九六〇年代以來，國民黨在對抗共產黨的外交戰爭上一直處於守勢的事實所強化。一九六九年，尼克森（Nixon）當選美國總統以後，他的政府採取措施，改善美國與北京的關係，希望找出越戰的解決途徑，降低美國在東亞的整體風險與代價。尼克森所稱的一九六九年「關島主義」（Guam Doctrine），即意味著美國對台灣縮小軍事的支持，同時也對中國進行和解。在尼克森政府內部，國務卿羅吉斯（William P. Rogers）與駐聯合國大使布希（George H. Bush）主張為台灣保留聯合國的席次，但尼克森的國家安全顧問季辛吉（Henry A. Kissinger）卻對與中共建立友善的關係比較有興趣，打算犧牲台灣。[20] 一九七一年十月，季辛吉與周恩來在北京秘密協商時，聯合國大會（the United Nations General Assembly）著手處理阿爾巴尼亞（Albania）的提議（第二七五八號決議案），以七十六票對三十五票，十七票棄權，通過提議，將國民黨政權逐出聯合國，同時承認共產黨政權為代表中國的唯一合法政府。可以理解的是，尼克森政府並沒有對聯合國的決議提出嚴重異議，但是，在美國的台灣人，就像他們在台灣的同胞一樣，因此受到極大震撼，感到非常沮喪。同一年，超過半打的國家與台北斷交，同時將他們的大使館遷往北京。這些國家包括印度、伊朗、比利時、黎巴嫩、秘魯、墨西哥、厄瓜多。隨後，尼克森宣布將於一九七一年七月訪問中國大陸，加上日本於一九七二年九月承認北京的中華人民共和國，並與台北中斷長期的外交關係，這些後續發展對台北造成了最嚴重的打擊。

一系列的外交挫敗，已使台灣從台灣作家吳濁流所稱的「亞細亞孤兒」變成了「國際孤兒」。[21] 多數旅美的台灣人，在政治的混沌與文化的轉變之中摸索，並在他們知識與情感上的包袱之中，加入許多新的、外來的觀念與價值。處於這樣的邊緣化之中，他們控訴國民黨對內殘暴卻對外無能的砲火，變得越來越猛烈激進。他們也在文化上變得較為西方化，在政治上變得較為美國化，但仍保留許多台灣認同的成分。這些人最可能熱中於台灣獨立運動。他們之中，較有膽識而激進者，由於親眼目睹一九六三年約翰·甘迺迪總統與一九六八年馬丁·路德·金恩博士（Dr Martin Luther King, Jr.）遭到刺殺，於是決定起而效尤。一九七〇年四月，當康乃爾的學生黃文雄與鄭自財企圖刺殺蔣經國的時候，很明顯地，他們已經選擇了李·哈維·奧斯華（Lee Harvey Oswald）與約翰·厄爾·雷伊（James Earl Ray）所走的路（二人分別刺殺甘迺迪總統與金恩博士）。

但是，這個刺蔣的企圖是國民黨在台灣進行壓迫統治的結果，也是台灣人反抗此一壓迫統治的爆發。它是源自於台灣人的利益遭受忽視與犧牲，加上他們的權利一直被國民黨統治者踩在腳底下，提出的一個嚴重警告。據稱，國民黨政權在美國的大學與學院中建立一個特務網絡。根據《新聞週刊》所刊載的一份報告，國民黨政府在美國負責蒐集情報的機構受到監視就有五個之多。《新聞週刊》也有一些相關報導，例如：在台灣的國民黨官員秘密監視著有哪個美國大學需要更多的線民，以及有哪些學生與教授需要受到監視。當國民黨取得某個學生或教授的負面報告時，通常會先對他們發出警告。若他們還有進一步的叛國舉動，那麼秘密警察就會造訪他們在台灣的家人。至於，撤銷護照、列入黑名單、輕度的威脅與囚禁等措施，則是用來對付旅美的台灣人異議份子。22

李登輝擔心遭到康乃爾的國民黨職業學生密告的那段時期，他每天看電視，閱讀主要的美國報紙（他是個新聞閱讀的嗜好者），這些無疑對他產生無法磨滅的影響。一九六五年到一九六八年間，美國正面臨著社會動盪，當時有民權運動（civil rights movement）與越南戰爭的抗議風潮。雖然李登輝當時已經四十多歲了，仍相當欣賞反戰與反體制（antiestablishment）的美國青年所展現的熱情、動力與理想主義。儘管有騷動與異議，美國的民主制度最後卻大獲全勝了。相對地，無產階級的文化大革命與中共政權所鼓動迫害知識份子的行動，所造成聳人聽聞的惡行，更深化了李登輝本來就有的想法，也就是，中國的權力結構是「帝國主義的、極權主義的、古老的」這樣的想法。

這使李登輝理解到，台灣不應再受中國所統轄，只有完全的民主，才能在未來的台灣產生最後權力的和平轉移。[23]雖然，李登輝在康乃爾的這三年期間，並不必然足以形構他的內在世界（精神的構造），但他後來說，回到台灣以後，便下定決心為達成台灣社會的民主而做出貢獻。[24]

但是，在李登輝得以促成台灣的民主化之前，他必須先完成他的博士論文，而他的確以優異的成績完成學位。李登輝抵達康乃爾以前，他便已完成相當多篇關於台灣農業的文章。[25]此外，他掌握台灣在一九一一年到一九六〇年間的許多統計系列與經濟數據，這些是為他這篇有力的、量化取向的博士論文量身訂作的。事實上，他的論文，《台灣經濟發展中跨部門之間的資本流動，一八九五—一九六〇》，係針對資源從快速成長的農業部門轉移到工業部門所進行的周密分析，這篇論文於一九六九年贏得美國農業經濟學協會所頒發年度傑出博士論文的獎項，也是該會首次將這個獎項頒發給台灣人。[26]李登輝這本關於台灣經濟的決定性著作，很快就由他的研究所同學（後來成為佛羅里達大學經濟學教授）猶馬・列里（Uma Lele）進行編輯。一九七一年，經過約翰・梅勒教授與農業發展會（Agricultural Development Council）的推薦，康乃爾大學出版社將李登輝的博士論文出版成二百〇一頁的專書。[27]

一九六八年六月四十五歲的李登輝穿戴著康乃爾的博士帽與長袍，在畢業典禮上領取畢業文憑與榮譽證明書。這對他的妻子而言是個特別快樂的時刻，因為這是她第一次可以引以為傲地稱呼她的丈夫為「李博士」。後來，這對夫婦飛到倫敦，開始他們在歐洲的畢業假期。回台灣途中，他們在印度停留幾近一個月，訪問幾個與康乃爾大學和紐約農業發展會（New York Agricultural Development Council）有密切關係的農村計畫。當他們回到台北時，李登輝看到三個孩子已經長高許多，感到十分欣慰。十八歲的兒子憲文當時就讀台北建國中學，十六歲的女兒安娜就讀台北第一女高，而十四歲的最小女兒安妮則還是個國中生，成績優異，無可挑剔。每一個孩子分別從父母親手上收到一本集郵冊，和一本收錄名畫複製品的畫冊。[28]

李登輝從美國最好的大學其中之一取得了博士學位，再回到農復會的職務時，可說是學經歷俱備了。他被拔擢為農村經濟部門的資深企劃專家，也在台大法學院兼任一門「經濟發展理論」的課程，同時又在國立政治大學東亞研究所講授「亞洲經濟發展」，每個星期有三堂課。[29] 如果生命是個旅程，那麼現在李登輝的旅途已經順利許多，旅途上的花朵並不全像他先前所尋獲的只有藍色（憂傷）與黃色（陰鬱）。農復會的薪資（每月兩百美金）比起大學教授或政府官員（每月三十到五十美金）高出甚多，但他似乎很難升到主管的職位。一般而言，在農復會內要出人頭地並不完全在於考績如何，而是決定於其與有權勢的國民黨官員之間的交情怎麼樣，這些有權有勢的官員絕大多數是外省人。李登輝因此感到非常挫折，於是請求梅勒教授幫他在美國找一份研究的工作。[30]更糟的是，他很快就成了白色恐怖的受害者。

首先，李登輝申請參加泰國舉行的國際農業會議，遭到拒絕。隨後，從一九六九年五月開始，有幾位戴著白帽的神秘陌生人出現，向李登輝位於松江路的鄰居進行調查。此監視活動在台大期末考期間持續進行。當學校的學期一結束，就在六月初的一個黎明之前，一個便衣秘密警察敲響李登輝公寓大門。李登輝開門時，只穿著睡衣褲，來人要他準備好動身前往警備總部接受「面談」（既然只是「面談」，而非「逮捕」，因此不須法院批准）。李登輝離開之前，在幾張支票上簽名，讓太太與兒子可以兌換現金，作為萬一他被長時間拘留，或最糟的情況，被送到惡名昭彰的綠島時備用之需。李登輝一踏出家門，就有四、五位穿著制服的憲兵陪同他坐進一輛停在近處的吉普車。[31]恐懼、無助與焦慮攫住李登輝與曾文惠的心，他們不再能夠控制自己的命運，反倒是命運一瞬間決定了他們。

這輛吉普車載著李登輝經過市中心，來到一棟巨大的石頭建築，這是最可怕的警備總部保安處。陪同李登輝的這位沈靜的警察打手勢叫他下車，隨後他受到一位非常客氣的制服軍官的迎接。一位軍人將他從頭到腳搜查一遍以後，李登輝就被帶到一間裝有冷氣的小訊問室中。五名面無表情的訊問人員魚貫進入房間，開始要求李登輝「說出每一件」他所知道有關島內的共黨活動、他與台大同事彭明敏的關係，以及美國的台灣獨立組織等事情。這些訊問人員輪番上陣，反覆質問李登輝時，並沒有人做記錄，也沒有人為他提供律師。但李登輝懷疑，房間內應有一部隱藏的錄音裝置錄下了這場審訊的內容。雖然李登輝並未遭受求刑，但在精神上與心理上卻大受折磨，因為有一位訊問員威脅他說：「要處死李登輝，比掐死一隻螞蟻還容易。」[32] 每隔兩個小時，就更換另一組新的訊問人員，在交替的空檔，有一位軍醫進來診察李登輝的心跳與血壓。在無止無盡的審訊過程中，李登輝被允許使用房間內的廁所，也可以進食。第一天的審訊長達十七個小時，對曾文惠來說這不啻是「她生命中最漫長的一天」。[33]

偵訊持續長達一個多禮拜之久，這段期間，李登輝每天早上被同一輛吉普車載走，隨後在警備總部待了十六到十八個小時，直到深夜才回到家中。這些偵訊人員翻來覆去問他同樣的問題，他的答案則一成不變：堅持他不知道也未涉入共產黨與美國的台灣獨立運動。在此之際，最令這個偏執的國民黨政權擔心的是，美國可能策畫一個由台灣人所領導的且較不具壓迫性的政府，取代蔣介石政權。國民黨的特務想確認所有真正的或有嫌疑的政治反動派。他們想要知道是否有任何外國財團、美國教授或政府官員支持台灣獨立運動。儘管李登輝稱這些問題為「無稽之談」，但國民黨政權非常擔心山姆大叔對蔣介石的治理能力感到失望，因此可能想要顛覆蔣政權，就像是美國在一九六〇年對南韓的李承晚（Syngman Rhee，一八七五—一九六五），以及在一九六三年對南越的吳廷琰（Ngo Diehm Diem）所做的一樣。[34]

李登輝遭受審訊折磨期間，曾文惠找到李登輝的知心朋友何即明博士商議，何即明建議她去找當時的內政部長徐慶鐘幫忙。徐慶鐘是個客家的台灣人，也是李登輝在台大與農復會的良師益友。結果令曾文惠很失望，徐慶鐘拒絕涉入這個敏感的公安政治事務。然而，李登輝卻從這次嚴峻的考驗中存活下來了。事實上，長達一週的審訊即將結束的時候，一位警備總部的官員用台灣話低聲對他說，大意是：「我們對你的事瞭若指掌，我們對你感到有疑慮的地方已經弄清楚了。但是，像你這種人也只有蔣經國敢用你。」[35]當時李登輝並不理解這些怪言怪語的涵義，只是把這些話放在心裡。雖然李登輝並未隱瞞這次的苦難經驗，但對於事情的來龍去脈也只是輕描淡寫，並沒有誇大渲染。三年後，蔣經國邀他加入內閣擔任農業專家時，他才突然領悟到這一系列的審訊可能是為了政府任用時所做的某種忠誠調查。然而，這次的考驗已在曾文惠心中留下一道深刻的傷痕，令她難以忘懷那些個不祥與崩潰的無數夢魘的夜晚。[36]很幸運地，在這段難捱的日子中，基督信仰幫助李家克服了這樣的絕望與苦痛。有一句諺語說：「大難不死，必有後福。」就未來的發展而言，這一次的事件的確是李登輝好運的前兆。

大約在李登輝完成他與國民黨秘密警察的「面談」以後的一個月間，一九六九年七月，年已八十二歲的蔣介石在台北郊區出了車禍，受到多重傷害，傷勢極重，以致未能完全康復。據蔣介石長期的護衛翁元所稱，除了視力越來越差之外，年老的蔣介石開始有心臟問題，尿液也經常含有血。[37]在此情況下，年邁的蔣介石不再能定期公開與閣員及將領們開會，更不能像以前一樣盡職主持所有的國家典禮。因此，他決定下放更多權力給蔣經國，當時蔣經國的官銜是國防部長，卻握有實權，實際領導台灣。

一九六五年陳誠將軍死後，嚴家淦（一九〇五—一九九三）成為行政院長，同時也是中華民國副總統。嚴家淦是江蘇省吳縣人，畢業於上海聖約翰大學化學系。第二次大戰之後，這位彬彬有禮且平易近人的嚴家淦就來到台灣，其後，擔任經濟部長、財政部長、台灣省主席與美援的主管，最後成為蔣介石的親信。在嚴家淦擔任公職期間，被認為是個正直且能幹的行政官員；但是，他卻未能隨心所欲掌控權力。[38]因為，蔣經國幾乎每天探視他父親，嚴家淦卻難得獲准去探望臥病中的蔣介石總統。無論何時，只要關於重要的政策，這位友善且柔弱的嚴家淦總是唯蔣經國是從。實際上，當時蔣經國已經成為台灣真正的總裁（CEO）。一般來說，蔣經國選擇不讓他父親知道那些有害的壞消息。39

依據一九四七年的國民政府憲法，國民大會代行人民主權以選舉總統與副總統。原初，國民大會有兩千九百六十一名經選舉產生的國大代表，後來只有一千五百七十六名跟隨蔣介石來到台灣。一九六〇年三月，這個橡皮圖章的國民大會（每隔六年才開會一次），規避憲法的一個條款，通過了一個修正案，允許蔣介石擔任第三任中華民國總統。這部憲法也設置行政、立法、司法、考試、監察等五院，以提供某種制衡功能。根據這部憲法，負責立法的機構是立法院，它可以制定法律、質詢內閣閣員與審查預算。依據一九四七年的憲法，立法院原初有七百七十三個席次，但只有四百七十位立法委員跟著國民政府逃到台灣。雖然這些現任立委擁有終身任期，但到了一九六九年，其數目已凋零到不足三百名。更且，證據顯示，立法院日益僵化的問題已經浮上檯面。一九六九年以後，從本省人中產生的新立委補充了正在縮減中的外省人立委，這大大促進了立法院的年輕化。但是，即使經過七次這類的增額選舉（每隔三年舉辦一次），立法院中的本省人立委成員仍然居於少數，從未超過八十六位。憲法規定，總統得以任命行政院長，再由行政院長組織內閣；但在國民黨政府領導下，立法院實際上無法「制衡」行政院的權力。立法院很少拒絕由總統移送的提名者或由總統所提議的法案。40

任期六年的監察委員是由省、市議會（包括那些代表蒙古、西藏與華僑地區）選舉產生，再由這些監察委員（例如一九八八年，總共有六十七名）選出監察院院長。監察院是由傳統中國的監察機構演變而來，負責督導公務員的效率與彈劾貪污及怠忽職守的官員。再者，司法院是國家最高的司法機關，其院長與十七名大法官由總統任命，並須經過監察院同意，負責解釋憲法與協調法院系統。考試院（另一個具有千年歷史的中國文官考試機構）則負責招募聘任公務人員，登錄公務人員的考績、升遷與獎勵等。考試院院長與十九位考試委員由總統任命，並須經過立法院同意。41

在地方層級，台灣省政府位於台灣中部相當孤立的丘陵地區南投的中興新村。台灣省政府於一九五九年八月設立，台灣省議會有七十一到七十七名議員的席次，由人民直選產生的省議員多為台灣本土社會的顯要人士，大部分是富有的地主、醫生、律師與有影響力的商人及企業家。台灣省議會存在期間，國民黨總是取得超過四分之三的席次而得以掌控整個省議會。此外，在國民黨政權下，台灣省長、台北市長與高雄市長都是由政府直接派任。從一九四九年到一九七二年，計有七位台灣省長，全部都是外省籍，但是，一九七二年以後，蔣經國有意將國民黨政權台灣化，因此任命四位本省籍人士擔任省長，他們是謝東閔（一九七二—一九七八）、林洋港（一九七八—一九八一）、李登輝（一九八一—一九八四）與邱創煥（一九八四—一九九〇），這使他們成為了一九八〇年代最重要的本省籍政治人物。在一九六七年以前，就像其他縣市的首長一樣，台北市長每隔三年經由民選產生。事實上，一九六四年，早稻田畢業的「無黨籍」候選人高玉樹（本省籍），在台北市長選舉中打敗國民黨的候選人黃啟瑞。三年以後，國民黨政權決定升格台北市（當時約有兩百萬人口）為院轄市。雖然蔣經國繼續任命高玉樹擔任台北市長，直到一九七二年六月，但是，台北市與高雄市（於一九七九年成為院轄市）卻因此置於行政院的直接監督之下。在這個制度的背景之下，蔣經國於一九七八年任命李登輝為台北市長，三年以後，於一九八一年任用他擔任台灣省主席。

台灣省政府有自己的民政、財政、教育、交通、公共衛生與農林等廳處。事實上，除了國防部、外交部與退除役官兵和僑務委員會之外，省政府的各廳處與許多中央政府的功能相互重疊。一般而言，外省籍統治階級將中央政府與省政府之間的這種功能上的重疊視為政治上的必要與統一的策略，這是因為國民黨持續維持它對整個中國的主權宣示。[42] 但是，一九六四年彭明敏在其《台灣人民自救宣言》中，即批評此一政府設計疊床架屋，重複浪費，主張台灣省政府應予廢除。雖然彭明敏遭到逮捕，但解散台灣省政府的意見並未因此銷聲噤言。諷刺的是，一九九八年，本身是省政府制度受益人的李登輝，卻著手廢止台灣省政府。此舉也是李登輝將台灣變成與中國分離的主權國家計畫的一部分。

實際上，國民黨政權仍是家長式的統治，所有的決定皆來自層峰。國民黨的總裁發號施令，控制各個層級的政府單位。在國民黨的各個層級內部，有各種功能性的委員會與部門，其主管也經常擔任五院的院長與中央政府的部會首長，這構成了田弘茂所稱的「黨國體制」（party state）。黨國體制所實行的不是「法治」（rule of law），而是「用法律來統治」（rule by law），黨與政府的領導人遵行「制度內循環的途徑」——持續從政府的職位到黨的職位之間循環，反之亦然。[43] 甚至一九四七年十二月二十五日憲法公布以後，國民政府仍缺少一個真正民主與共識的決策過程。中華民國政府的決策架構從未在憲政的框架內進行，因此真正的民主中所謂的制衡作用並不存在。權力落在具有影響力以支持其政治目標的國民黨領導人身上。蔣介石從一九四八年起到一九七〇年代健康轉壞期間，仍然操有重要影響力，他是三軍統帥、國民黨總裁，與國家的總統。表面上，蔣介石仍保有國民黨主席與國家總統的身分（他於一九七二年五月被選為第五任總統）。但是，因務實的理由，他的兒子蔣經國在一九七〇年代初期即繼承他的影響力，而且從那時起，蔣經國「在所有的政策事務上與主要人員任用上，擁有最後權威，卻缺乏相對的制衡機制」。44

蔣經國相信，如果人民吃得飽、住得好，經濟持續成長，社會利益均霑，那麼，人民將會容忍他的一黨威權統治。事實上，在很大的程度上，台灣的經濟成長與長達三十年的愛國教育，已經略略減少國民黨高壓統治所造成的痛楚。當時蔣經國的首要任務是將台灣的農業經濟轉化成為工業經濟，持續推動台灣的經濟成長與擴張對外貿易，最後使台灣成為自給自足的島嶼。因此，他需要美國留學回台的經濟學家、工程師與科學家，幫助他達成這些目標。在蔣經國閱讀農復會的各種報告時，到處看到李登輝的名字，不論是李登輝關於〈米的生產成本〉、〈農業生產的利用〉的文章，或是他所做關於〈農家支出與食品消費的報告〉等。45 一九七〇年三月，也就是蔣經國開始他幾乎致命的美國之行的前一個月，他召見李登輝與另外五位農經專家，分別向年度的國民黨代表大會報告他們的農業改革方案。李登輝在大會簡短的露面中，事前準備齊全，報告簡潔有力，對於台灣經濟發展，學識淵博，而且深諳農村問題。可說做了一場完美的表演。蔣經國對李登輝的第一印象絕對是好的，在這個時間點上，蔣經國慎重考慮在他的政府內任命一位訓練有素的、可以信賴、忠實的台灣人，除此之外，若還想知道更多蔣經國當時的心情，則不得而知了。

在此之前，李登輝的學術聲譽，已經受到他在農復會與台大的許多外省同事的肯定，其中一位是王作榮。王作榮（一九一九—二〇一三）於一九四九年取得華盛頓州立大學碩士，並在台大講授經濟學。王作榮是湖北人，也是國民黨員，他與國民黨高官人脈關係。他邀請李登輝與另外兩位台灣的經濟專家赴日本與韓國訪問，調查兩地的農業與工業的情況，自此，李登輝成為王作榮的好朋友。這次日本之行結束的幾個月後，有一天，王作榮邀請李登輝到他家用晚餐，王作榮的客人中有一位是王昇將軍。王昇打從大陸時期就在蔣經國身邊做事，一般將他視為蔣經國的人馬。王昇於一九一七年出生於江西省，畢業於陸軍軍官學校，他曾任政工幹部學校校長，並於一九七五年到一九八三年間擔任國防部總政治作戰部主任。在國民黨政府內，王昇主持中央情報工作。不論是本省人或外省人，一般都不喜歡王昇所處的神秘鬼祟的世界。他是一個城府很深、喜怒難測的人。在這次晚宴後不久，王昇將軍問李登輝是否想與蔣經國見面，李登輝則點頭表示願意。46

兩人第一次面對面談話中，蔣經國問李登輝有何方法可改善台灣的農業經濟，李登輝以他在康乃爾大學的博士論文的主題來回答蔣經國的問題。他指出，農業經濟學涉及三個相互關聯的構成要素：經濟、社會福利與政治。他繼續說，如果農業生產力未能提升，缺乏相關的改革，那麼台灣的工業化將無法達成。因為，超過半數的台灣人以農業為生，幫助農民增加收入不但是好的社會福利政策，也是好的政治。李登輝告訴蔣經國，要達成這個目標首先要去除過時的「以米穀換化肥」的制度。此一制度要求農民達到政府所需的產量，然後以固定的價格賣出。相反地，李登輝建議政府應該允許價格隨著市場波動，同時以現金購買農民的穀物作為一種鼓勵。當農民生產更多，儲蓄也更多，而農村現金收入增加將會形成一個國內內需的市場（home market），這個國內市場的形成對於工業成長極為關鍵。再者，農產品的出口也足以支付許多必須在國外購買的工業用機器與材料的費用，而農業的稅收將能提供政府作為投資的資金。看來蔣經國對李登輝的建議留下很深的印象，因為，在李登輝即將離開的時候，蔣經國告訴他政府需要像他這種具有學識的專業人才。[47]直到這個時間點上，李登輝的生命已經經歷幾次的曲折與轉變，我們現在可以做個結論，李登輝向權力崛起的基本軌道，正決定於這一次特別會面。

跟隨蔣經國從大陸來台的另一位忠實的部屬是李煥（一九一七—二〇一〇），他是漢口市人。一九六八年，李煥成為國民黨秘書長時，國民黨對本省人口的黨員宣傳運動也在全島密集展開。國民黨的支部與基層組織擴大到每一個小鎮與村落、所有的企業與政府辦公室，以及每一個軍事單位與學校之中。國民黨成長的必然結果是，本省人的黨員開始被賦予中下層級的主管職務。再者，一九六九年三月，國民黨第十屆黨代表大會極力主張該黨黨員應該多舉辦研討會與宣傳活動，吸收並訓練新的本省人黨員。[48]在此一蔣經國的台灣化運動的背景之下，身為資深國民黨員與台大教員的王作榮，決定吸納李登輝入黨。一九七〇年初夏，王作榮將必要的文件交給李登輝，極力慫恿他加入國民黨。李登輝所需做的只是寫一篇簡短的自傳，填一份申請表，並準備三張兩英寸的黑白照片。相對於李登輝的基督教皈依而言，他這次並未稍作猶豫，他的生存本能告訴他，一旦他成為國民黨黨員，來自警備總部的秘密警察就不會再來騷擾他。再者，他最近與蔣經國的面談，可能也意味著有很好的機會正在等著他。

一九七〇年七月，李登輝的入黨典禮在位於台北的國民黨中央委員會總部舉行。李登輝與其他幾個人在一位黨的中常委之前舉行宣誓時，王作榮教授和他妻子則充做見證人。在一間小禮堂內，李登輝向孫逸仙遺像與蔣介石的肖像行鞠躬禮之後，他與他的「新同志們」被要求當眾朗讀以下的黨員十二守則：[49]

一、忠勇為愛國之本
二、孝順為齊家之本
三、仁愛為接物之本
四、信義為立業之本
五、和平為處世之本
六、禮節為治事之本
七、服從為負責之本
八、勤儉為服務之本
九、整潔為強身之本
十、助人為快樂之本
十一、學問為濟世之本
十二、有恆為成功之本

稍後，這位黨的中常委向李登輝恭賀，親手交給他一本藍色的黨員手冊，內有六小頁，上面印有孫逸仙與蔣介石的肖像，還有一九二五年三月十二日孫逸仙在北京病逝時的床上所留下的遺囑。李登輝必須學習背誦孫逸仙的遺囑，遺囑提醒，革命尚未成功，同志仍須努力。李登輝的照片貼在其中的一頁上面，該頁也記載他入黨的時間及地點，還有他的組織代碼及黨員編號。手冊最後一頁有一個紅色大印，上面寫著：「國民黨中央委員會之印」。[50]

關於加入國民黨，李登輝從未表達任何疑慮或內在掙扎。事實上，他剛在政治旅程中踏出一個關鍵的必要步伐，並預期在蔣經國政府中被賦予某個引人注目的職務。二〇〇〇年，李登輝在一次接受日本作家上坂冬子的訪問中說：「最危險的地方最安全。」隨後，他油滑地補充說：「我想做點像樣的工作，如果不入黨的話，就沒資格參加重要的會議，也無法完成發揮所長的心願……我（在一九七〇年如果）沒做出那個決定，我將無法從國民黨的體制內部發揮作用。」[51] 然而，反國民黨的對手則稱李登輝是一個「唯利是圖的人」、「騎牆派」，並嘲諷他陳述的理由是自私自利的。他們經常拿李登輝與其台大同事彭明敏互相比較，彭明敏堅持原則，寧可入獄流亡，也不為蔣政權服務、做一個屈辱的獲利者。這種比較對李登輝而言，有欠公允。可確定的是，李登輝遵循著美國的一句格言：「如果你無法打敗他們，那麼就加入他們。」再者，歷史是冥冥中註定的，沒有人能夠預料，李登輝後來果然能在十六年內當上中華民國的總統。首先帶李登輝去見蔣經國的王昇將軍，在他退休以後，只能悔恨懊惱認為李登輝是個背叛國民黨的猶大（Judas）。二〇〇三年一月十四日，在一場由當時國民黨主席連戰所主辦的農曆春節晚會上，王昇公開指控李登輝毀了國民黨。這位年邁的退休情治首長甚至向新聞記者高聲喊道：「這個人（李登輝）是個自大的怪物，如果我還有權的話，我真想揍他一頓。」[52]

但是，王昇將軍這番對李登輝誇大的蔑視晚了十五年才表達出來，因為蔣經國已經於一九八八年一月去世，而且，無論如何，蔣經國當時的確需要像李登輝這樣優秀的台灣人。少數的前國民黨高官，如王昇與李煥（蔣經國的左右手），無疑想要繼續他們的「美好的過去歲月」。不幸，在二十一世紀初，他們仍然用殘暴的馬蹄踐踏著台灣人的主流觀點。應該記得的是，李登輝是在當時情勢下，因政治上的權宜考量與經濟上的需要，而被吸納到國民黨內的幾位高學歷的台灣人之一。在蔣經國的美國之行期間，他已經聽到來自自由派的美國政治人物與媒體的尖銳批評，這些批評是針對他的脆弱島國對違反人權的粉飾所帶來的危險而發的。而且，蔣經國在稍後訪問南越後，也意識到尼克森政府正在放棄南越之中，同時，美國對台灣的支持已經不再那麼堅定。蔣經國也了解帕默斯勳爵（Lord Palmerston）的政治格言：「一個國家沒有永遠的盟友，只有永遠的利益。」如果台灣不是美國的孩子，又如果華盛頓裝作事不關己，那麼，蔣政權需要在台灣民眾支持的廣大基礎上才能夠生存下去。因此，一九七〇年春天蔣經國回到台灣後，開始推動所謂國民黨政權的台灣化（本土化）。像李登輝這種訓練有素的台灣人專家，很自然被列入蔣經國想要吸納的人選名單之中。蔣經國也為他的內閣尋找有才能的台灣人，他們必須具備忠誠、耐心、一絲不苟與思慮周密的特質，以及具其他蔣經國喜歡的特質。根據秘密警察的李登輝檔案，與蔣經國的親自面談，這位康乃爾大學畢業的本省人經濟學家似乎完美吻合這些特質。一九七二年六月一日，蔣介石總統任命他的兒子蔣經國為行政院長，隔天，蔣經國即任用李登輝為行政院政務委員，負責主管台灣的農業經濟。從那時開始，李登輝的政治命運註定受到天意指引，誰（任何一位外省人）也擋不住。

第六章　初嚐權力

一九七二年六月二日李登輝在紐西蘭的威靈頓出席一項國際會議時，台北傳出他將出任內閣職務的消息。不過在正式成為內閣「新人」之前，李登輝必須先在當時的國民黨幹部學校接受專為黨政高層領導所安排的訓練，在這裡他將學習政府統治規範、法規與人事管理，聽取中華民國國情簡報。接受過該項訓練後不久，李登輝辭掉了他原先在農復會的全職工作，但仍兼任農復會顧問，因此能夠繼續使用農復會的辦公室與各種研究資源，不過李登輝保留他在台灣大學的副教授職位。一九七二年的夏季結束前，李登輝在蔣介石總統面前宣示上任，成為當時最年輕的政務委員。

一九七二年是李登輝生涯的轉捩點，同一年台灣的外交處境卻面臨一系列的挫折，嚴重打擊了台灣的民心士氣。中華人民共和國一九七一年十月進入聯合國，美國總統尼克森同一年的二月走訪北京，這些新局勢發展讓新上任的日本總理田中角榮（一九一八—一九九三；一九七二年七月出任總理）很快走訪北京，並與中國建立了正式外交關係。一九七二年九月二十九日，東京與北京簽署了建交聯合公報，日本在公報中承認中華人民共和國為「中國的唯一合法政府」，並表明「完全理解台灣是中國不可分割領土的一部分」。日本是戰前台灣的殖民母國，但日本在前述聯合公報中對北京在台灣問題上的讓步，卻遠遠超過戰後成為台灣新保護者的美國。尼克森與周恩來在上海簽署的聯合公報中，美國只表明認識到「在台灣海峽兩邊的中國人都認為只有一個中國，台灣是中國的一部分」，美國將「隨著這個地區緊張局勢的緩和而逐步減少在台灣的武裝力量和軍事設施」。[1]不過美國在公報中也重申它對「中國人自己和平解決台灣問題的關心」。尼克森更在後來出版的回憶錄中明白指出：

台灣是雙方的試金石，我們認為我們不應該而且也不能拋棄台灣人民，我們承諾台灣以獨立國家存在的權利，而中國方面則決心透過公報強調它對台灣不可退讓的權利……我們知道當時雙方無法就台灣問題獲得共識。雖然雙方同意台灣是中國的一部分——這是北京與台灣政府所支持的立場，但我們堅決反對北京透過軍事手段將台灣納入其共產統治之下。[2]

到了一九七二年底，有三十三個國家先後與中華人民共和國建交，並切斷原本與中華民國的外交關係。情況更糟的是，美國更換了派駐台北的大使馬康衛（Walter Mac Conaughy），改以一名資深的職業外交官出使台灣，並開始自台灣撤退駐軍與裝備。雖然台灣與美國之間的互助防衛條約直到一九七九年才廢除，美國駐台兵力已自一九七二年的九千人大幅降到一九七六年的兩千人。此時面對迅速改變的新世界情勢，蔣介石領導的無能政府似已喪失掌握自我命運的能力。雖然台灣當局提出了「莊敬自強，處變不驚」的美麗口號，多數台灣居民卻普遍感到不安。儘管台灣擁有近五十萬部隊及二百二十萬後備軍力，社會大眾對於國民黨只想要台灣人民服兵役，卻凍結他們政治參與權的不滿日益升高。另外，數以千計的台灣人在美國、日本與其他地方完成研究所等高等教育後，都選擇不返回故鄉台灣，這些不滿政治現狀的人認為學成後返回當時的台灣，就像是把「珍珠丟在豬前，恐怕他踐踏了珍珠」還轉過來咬人。在那段期間，台灣人曾發動一次抵制日貨運動，主要是拒買日本製造的產業機具。這項為時不久的拒買日貨運動最後卻對台灣的農產品出口造成傷害，因為當時台灣出口的糖、米、香蕉、鳳梨與其他農產加工產品，很大比率是銷往其前殖民母國日本。[3]

在發生一連串外交挫敗與信心危機後，一些大學教授與政治活躍份子走出他們的象牙塔，開始公開批評國民黨實施的列寧式一黨獨裁統治。這些不滿意見，透過出版物、街頭活動與地方或是立法院等選舉運動，迅速在社會傳播開來。對此國民黨則以各種方法安撫不滿的知識份子，全力阻止反對人士組黨計畫。例如，在掌控情報工作的王昇將軍施壓下，台大校長解除在該校哲學系等任職的十四名「激進」講師與教授。國民黨當局也對出版事物進行嚴格檢查，任何反政府出版機構隨時可能遭到關閉。不過這些高壓政策卻產生了反效果，讓黃信介、康寧祥與許世賢等許多反對派人物成為台灣家喻戶曉的名人。4

在經歷無數外交挫敗、心理震撼與國內挑戰下，李登輝不只願意，更是渴望展開他在國民黨體制內的政治事業。由於缺少重要的行政經歷，初期李登輝無法確認他究竟可以完成哪些目標。在新任命的十二個新內閣當中，主管國防、財政、經濟、外交與教育的部長職位被認為最重要，這些職位直到當時都還是保留給戰後來自中國具有行政經驗的外省籍人士。其中一些人對李登輝還相當輕視，認為他只是當局用以穩定台灣民心的一種「門面人物」而已。其他一些國民黨高層人士則懷疑李登輝對國民黨的忠誠度。開始時，態度溫和的李登輝表現得像是國民黨的「乖乖牌」，總能在正確的時機表現出唯唯諾諾的態度，成功確保在國民黨內才剛開始的政治生命的延續。當時的台灣中央政府內並沒有農業部，李登輝入閣後才慢慢被賦予參與農業事務職權。事實上，入閣後不久，李登輝很快提升個人形象，確立未來的生涯目標，積極推動多項以改善農民生活為目標的農業改革計畫。[5]

務實的蔣經國很清楚，昨日的問題不必然是今日的問題，為重建台灣信心並贏得一般社會大眾支持，他的政府必須將施政重心放在促進台灣經濟發展上。「越戰」讓美軍必須持續採購大量物資，這對台灣經濟提供了重要的需求刺激，無疑這是一個受台灣歡迎的情況。不過當尼克森政府決定自越南撤軍時，蔣經國從華盛頓的這種多變政策中學習到更寶貴的經驗。面對困難的處境，蔣經國決心強化一九五〇年代到一九六〇年代奠定的台灣自立更生經濟基礎，打出了進口原料加工，製造平價消費產品外銷的新策略。隨著經濟起飛，缺少資源但勞力充沛的台灣在一九七〇年代初期開始大力擴充輕重工業。在從農業經濟快速轉變為工業經濟的過渡期間，適當的政府政策引導顯得特別重要。在注意到城市地區開始出現少數不滿人士抗爭後，蔣經國認為改善鄉村老百姓的生活可望為整體台灣帶來社會安定。一九七二年九月，蔣經國同意李登輝所提的建議案，讓農民以現金繳交田賦，取代傳統徵收實物的老田賦制度。[6]李登輝接著更大力遊說廢除農民須以稻穀向政府換取化學肥料的制度，不久之後，他謹慎擬定一個縝密的建議案，成功化解了包括蔣介石在內的各方反對，台灣終於在一九七三年一月開放農民現金購買化肥。不過農地使用限制依然是整個台灣農業改革計畫的主要障礙，因為當時各方都十分擔心，在關鍵的經濟轉型期，一旦政府在這個問題的立法政策有所改變，可能引發無法控制的副作用。

由於李登輝可以說流利日語，加上又是日本農業經濟專家，不久之後即被派往日本研究戰後日本土地政策。他花了好幾個月時間研究日本的「農地法」（日本國會一九五二年七月十五日通過），以及該法對日本戰後經濟的影響，並且研究一九六〇年到一九六四年日本經濟快速成長期間，池田勇人首相領導的日本政府農業政策。李登輝發現，快速的經濟成長使得大批農地轉變為工業用地，結果農民在經濟擴張中只能一再吞食惡果。日本整體農地面積萎縮導致兩大結果：（一）土地價格飆漲，（二）數以百萬計的農民被迫放棄農業營生。儘管日本國民總生產持續增長，日本經濟卻隨時存在萎縮難題，有大約一百萬勞工面臨失業。簡言之，一九六〇年代的日本「經濟奇蹟」固然因經濟擴張為大企業帶來利益，但許多農民這段期間卻因實質所得下降而變得更窮。因此，李登輝結束日本考察研究返國，提出建議報告時，即堅持未來的台灣發展不應發生與日本相同的錯誤。7

李登輝此時獲得一個重要結論，那就是均衡的工業發展與保護農業利益將是未來台灣經濟發展政策的兩大優先考量。他緊記諾貝爾經濟獎得主舒茲的教誨，舒茲認為，農業是國家經濟發展的積極貢獻者，因此一個合理恰當的農業政策只有在適當考量社會福利、人口分布變動與職業訓練等非經濟因素下才能產生出來。一九七三年，李登輝全心投入「農業發展條例」法案的擬定與推動，這段期間，台灣許多產業部門透過各種管道向政府陳情，希望政府准許他們購買農地作為工業發展之用。例如，因為看中鄉村地區的廉價勞動力，台塑公司早就籌備了大筆資金，準備以當時每甲四萬台幣的價格購入廣達四千甲農地。不過李登輝根據日本一九六〇年代農業經濟與農村人口變動的前車之鑑，堅決反對業者的這種計畫構想。他詳細的文件與統計資料指出：如果開放大企業購買農地，將會有超過十萬甲農地迅速被收購，轉為工業區，勢必讓超過五十萬的農民被迫放棄傳統的中小型農業經營，而這些釋出的農地很容易會成為投機炒作對象，進而導致不正常的通貨膨脹。另外，當時台灣產業還處於嬰兒期階段，無法有效吸收鄉村大量產生的多餘勞動力，加上當時台灣沒有因應失業的社會福利系統為安全閥，有可能引發嚴重的社會紛擾。簡言之，李登輝認為農業問題必須被當成人口問題與社會政治問題來處理。李登輝回憶，當時行政院會討論這個問題，他是會議中唯一反對修改農發條例案條文的閣員，如果條例案遭修改，大批農地勢必落入財團之手。顯然李登輝獲得當時擔任行政院長的蔣經國信任，後者支持李登輝有關土地使用與農村經濟的意見，之後主張修改農發條例的意見很快就失去支持因而煙消雲散。8

其實李登輝並非只是漫無限制工業化的批評者，他更是台灣經濟均衡發展的主要貢獻者。李登輝相信進步的觀念，而且相信工業化與都市化是不可避免的趨勢，不過他希望在工業發展與人口流動過程中採取事前預防措施，確保降低因經濟與社會劇烈變動所可能產生的不良副作用。因此李登輝建議，應該投入資本促進農業機械化與現代化，訓練農村勞工適應新的農村雇用型態。從這裡我們可以看出，李登輝不只向外界證明他熟悉經濟理論，更證明他懂得如何將理論應用於真實世界。在擔任政務委員的六年間，李登輝與多位部長和政務委員分享推動台灣經濟發展的權力與工作，身為農業專家的他，同一段時期發表超過一百篇的論文，將他對台灣農業發展的心得提供外界參考。事實上李登輝在政府有關鄉村職業訓練事務上做出了許多貢獻。9 他曾在全台大小農村地帶推動廣興學校、建設道路、建立現代醫療衛生設施與醫院診所、普及電力與電話，以及加速自來水供給等事業。他的其他重要貢獻還包括農產品運銷儲存、農田灌溉與防洪水利等。由於這些農村基礎建設相繼推動完成，受到良好教育訓練的台灣農村勞動力才得以透過手工藝、針織、修理店鋪、電子組裝與花卉種植等小型事業來賺取現金收入。許多鄉村勞工也可以騎機車甚至是開汽車，有效縮小了城鄉差距。[10]

李登輝許多農業政策觀念與建議最終都被放進了「農業發展條例」，該條例獲得當時的行政院長蔣經國的大力支持，並於一九七三年九月在立法院獲得三讀通過。李登輝一九七四年九月協助成立「農業發展基金」，一九七五年三月協助設立「乳業發展基金」，以及一九七五年八月協助設立了「養豬協會」。另外，李登輝所提有關漁業產品產銷管理的建議也寫進一九七七年三月通過的法律條文內，他所提降低稻米產品稅賦的建議，一九七七年十一月起正式成為政府政策。[11] 由於李登輝是一位傑出的農業專家，蔣經國所實際領導的政府也常倚重其專長，由他來負責推動國際農業合作，加強當時仍與台灣保有外交關係的非洲、拉丁美洲及亞太國家的關係。例如，李登輝一九七四年訪問了南非共和國、中非共和國、象牙海岸與其他非洲友好國家，訪問期間他曾走訪多處農業社區，發表相關的農業經濟演說，並向派駐當地的台灣農技團提出訓練當地人民、有效利用土地以及改善稻米生產等建議。李登輝到中非時還特別到西度馬（Western Duma）實驗農場考察蔬菜種植實驗，那裡是台灣農技團援助第三世界國家時取得傑出成就的示範農場。一九七五年六月，李登輝以全權代表訪問東加王國，出席東加建國一百週年慶典，東加王國位於斐濟東南方約二百四十公里的南太平洋。[12]

一九七四年底，也就是在二次世界大戰結束近三十年後，一名叫李光輝（他的原住民名叫史育唔，日本名叫中村輝夫）的前台灣原住民日本兵，忽然在躲藏的印尼叢林被發現。儘管一般民眾對李光輝事蹟很好奇，同情他一生的遭遇，不過國民黨政府對突然出現的李光輝抱持著「善意忽略」態度。李光輝一九七五年一月八日返台後不久，好奇的蔣經國忽然把李登輝找到其辦公室，詢問李光輝是否為他的兄長，李登輝立即表示李光輝與他沒有任何的親戚關係。蔣經國院長顯然擔心李光輝的出現可能引發台灣人對日本統治的浪漫回憶。另外，李光輝的出現也可能使已經動盪多事的台日關係更為複雜，因為由台灣人組織的「日本福爾摩沙俱樂部」（Formosan Club of Japan）團體剛於一九七五年三月十五日成立一個委員會，負責推動日本賠償二次大戰期間原台灣人日本兵存放於日本軍事郵儲系統的儲金事務，該委員會並要日本賠償原台灣人日本兵「應得而未得」的年金給他們的子孫。估計有三萬一千名原台灣人日本兵及他們的後代要求日本給了總額約達二億五千萬美元的賠償。該組織在台灣各地設立了二十九處賠償登記處，登記的第一天就有超過一萬人攜帶軍郵儲金簿前往申請登記。委員會成立後並有數名原台灣人日本兵在日本東京地方法院提出集體賠償訴訟。這些事情發展讓當時的李登輝處境相當尷尬，因為他和哥哥都曾在日本軍隊服役，如今他卻是國民黨政府的內閣閣員。前述的賠償訴訟最後雖遭東京高等法院駁回，但日本國會一九八八年通過一項補償法，給予戰爭中受重傷或死亡的原台灣人日本兵或遺屬二百萬日圓的賠償。一九九五年三月三十一日，該筆賠償金被寄送到清查出來的兩萬九千六百四十五名原台灣人日本兵的家屬手上，不過李登輝放棄了他與哥哥兩人的賠償權，沒有領取賠償金。13

李登輝這時候很清楚，為了在未來政治生涯有所發揮，他需要蔣經國的大力支持。在經過近四分之一世紀的努力後，蔣經國在當時已是台灣最有權力的領導人。與西方的民主政府不同，中華民國政府黨政不分，政府內閣的主要任務是實現並進一步發展黨的政策，主要的決策權力是由總統府與國民黨的中常會掌控。一九七〇年代前，蔣經國因掌控經常臥病在床的蔣介石總統對外聯絡管道，實際上已牢牢控制住國民黨機器，只要蔣經國點頭，馬上可以立法，政策馬上可以實施。所以說李登輝的政策建議最終是獲得通過還是遭到否決，主要依蔣經國個人態度而定。在這種情況下，李登輝未來的政治生涯自然完全繫於蔣經國一人。蔣經國與李登輝兩人都給台灣人留下了看似矛盾的經歷：他們都曾信仰憧憬過馬克思理論，認為資本主義與資產階級十分虛偽與邪惡；李蔣兩人都是務實且知變通的領導人，也都擁有轉危為安、扭轉時局的政治想像力與創造力；兩人在眾人面前出現時，自然展露這種與眾不同的氣質；思考經濟問題時，他們不只根據理論學理來為國家做最好的決策，更能從一般民眾角度去考量，因此他們會試圖透過包括提升農民生活水準等方式，讓全體國民所得（一九七五年每人年所得約是七百美元，一九八七年已達五千美元）更為平均。總的來看，所謂的台灣經濟奇蹟是由蔣、李兩人所共同領導創造的，這種台灣經濟發展模式是後來許多發展中國家的參考對象。

在蔣經國大力推動總計畫投資金額達兩千三百九十四點二八億台幣的十大建設下，一九七三年的台灣經濟成長率達到了百分之十一點九。十大建設的主要目標是要改善台灣的經濟基礎結構並擴大工業成長，其內容包括：（一）桃園中正國際機場，該機場已於一九七九年二月二十六日啟用；（二）從基隆到高雄長三七三點四公里的中山高速公路，已於一九七八年十月完工通車；（三）台中國際商港，已於一九八二年六月開始營運；（四）從基隆到高雄的西部鐵路幹線電氣化工程，一九七九年七月完成；（五）在國營的中國石油公司主導下於高雄建設大型化學工業基地；（六）在高雄興建大型造船廠；（七）在高雄興建大型煉鋼廠；（八）在北部興建核能電廠，一九七七年已開始發電；（九）興建蘇澳港，一九七九年六月完成；（十）在東部海岸興建八十八點三公里的北迴鐵路，一九八〇年二月一日完工通車。國防考量是興建北迴鐵路與蘇澳港的重要理由，因為台灣的主要港口都位於西部海岸，過於靠近敵對的中華人民共和國，容易遭對方攻擊或封鎖。十大建設的經費部分來自於台灣累積的外匯財富，也有來自美國進出口銀行（United States Export-Import Bank）的資金援助。台灣的外匯存底一九七〇年為六億六千四百萬美元，一九七六年十二月已達三十五億美元。美國進出口銀行一九七五年對台總貸款餘額為十二億美元，另外還有七億美元的貸款保證。14

在十大建設如火如荼展開之際，台灣社會也正經歷一場人口、經濟與生態的大轉型。一九六五年時，農業部門生產占台灣經濟總產值的百分之四十六點五，工業與技術產業占百分之二十二點三，服務商業等占百分之三十一點二。十五年後的一九八〇年，農林產值只占百分之十九點五，工業與技術產業增加到百分之四十二點四，服務商業占百分之三十八。15 文崇一完成的一項統計研究證實了這種社會變遷現象（參照表三）。16

台灣經濟成功的主要因素是蓬勃發展的國際貿易，這段時期台灣的出口高度集中於美國與日本兩大市場。到一九七四年時，台灣對外貿易總額超過一半集中於美、日兩國，其中近三分之一的進口來自日本，更有超過三分之一的出口輸往美國。這一年台灣與美國的雙邊貿易額超過三十五億美元，台灣與日本的貿易額也接近三十億美元。17美國在一九七七年告知中國，將會進一步縮減駐台美軍單位，並把當地美軍兵力減到一千一百人，同時，美國出售了十七艘二次大戰期間的戰艦（含十五艘驅逐艦與兩艘潛

	1953	1963	1973	1983
技術人員	79(2.67)	149(4.15)	266(4.99)	412(5.83)
經理人員	8(0.27)	13(0.36)	33(0.62)	62(0.88)
管理與職員	176(5.94)	272(7.57)	561(10.53)	953(13.48)
服務人員	180(6.08)	232(6.46)	363(6.81)	577(7.88)
銷售員	295(9.96)	324(9.02)	647(12.14)	933(13.19)
農林業工人	1628(54.96)	1755(48.84)	1612(30.24)	1295(18.31)
生產工人	596(20.12)	848(23.60)	1848(34.67)	2860(40.44)
總計	2962(100)	3593(100)	5330(100)	7092(100)

表三、 台灣就業型態，一九五三 — 一九八三
（單位為千人與相對於總勞動力的百分比）

水艇）給台灣，提供一億五千萬到兩億五千萬美元的貸款給台灣，協助其製造 F-5E 戰機，以對抗數量優勢的中國米格機群。一九七四年台灣與美國諾斯羅普公司（Northrop Corporation）的合作計畫已開始製造 F-5E 噴射戰機。[18] 另外，華盛頓也透過其他方式來強化美台雙邊經濟關係，例如，同意台灣在美國新增四處領事館，以增進蓬勃發展的雙邊貿易關係，這使得台灣的駐美領事館增加到十四處，美台貿易也由一九七二年的十八億美元大幅增加到一九七六年的四十八億美元。當時到台灣訪問的美國進出口銀行總經理對

外宣布，他的銀行將在接下去的幾個月裡核准台灣三億五千萬到四億美元的貸款。一九七三年美方在台北成立了美國貿易中心，美國民間的對台投資金額一九七五年已超過了四億美元，一九七六年五月時有八家美國銀行在台灣設立分行或辦事處。[19] 在接下去的十年裡，台灣對外貿易持續擴張，一九八七年對外貿易額達八百八十億美元，成為當時全球排名第十三的貿易大國。台灣對美貿易擁有大量的順差，對美出超金額幾已達當時台灣國內生產規模的百分十六。

一九五二年到一九八六年間，台灣每年的平均經濟成長速度超過了百分之八，同一期間台灣學童營養與體能的進步是台灣經濟發展成就的一項指標。在一九五〇年代到一九六〇年代，美國援助所提供的奶粉、奶油、大豆與麵粉等曾是普遍缺少維他命食品的台灣人重要營養補充源。但到了一九七〇年代，由於經濟情況普遍改善，加上台灣島內農業生產增加，食物短缺情況已告結束，營養充裕的學童身高體重持續穩定增加。在學童體位改善的同一時間，台灣各級學校數量也在穩定增加。一九五二年到一九八五年間，台灣學校總數擴充了三倍，學生人數也增加了百分之三百五十。一九八五年台灣的兩千四百七十四所小學為二百三十萬學童提供了基礎教育需求。一九六八年九月，台灣的義務教育年限由六年延長為九年。一九八五年，台灣的國、高中學生人數達到了一百七十萬。一九五二年時，台灣只有一所綜合大學、三所學院以及四所專科學校，一九七二年時增為九所大學、十四所學院及七十六所專科學校，就讀大專院校的學生人數由一九五二年的一萬〇二十四人大幅增加到一九七二年的二十四萬八千一百三十七人。一九八五年台灣一百零五所大學院校的總註冊學生人數達四十一萬兩千人。研究所的數量與質量也同時大幅提升，一九五二年台灣教育部只發出十三個碩士學位，一九七二年則有兩百二十八名博士候選人及兩千六百九十三名研究生攻讀碩士學位。[20] 高等學術研究領域已拓展到社會科學、法律、醫學、教育與人文學科等，不過在科技產業快速發展下，台灣社會最為需要的是高度訓練的科技專才。事實上，在科技產業迅速擴充下，台灣的研究所訓練出的科學家、農業暨食品加工專家、機械、電子、土木與化學工程師以及交通與通訊等企業經理等人才，經常趕不上企業的整體需要。因此，台灣經常派出代表前往美國招聘人才，希望吸收在國外接受良好教育訓練的台灣人回國服務。根據政府統計資料，一九五二年到一九八一年間，總計有六萬七千八百六十八名台灣人出國留學，但只有相當於百分之十二點三的八千三百六十三人學成後回到台灣。[21] 顯示台灣面臨非常嚴重的「人才外流」。

隨著快速教育擴充與經濟發展，台灣社會結構自然也是日趨複雜，隨著傳統農業社會轉變為工業社會，不可避免地出現了許多新社會問題與陣痛。在政府正常統計資料背後，台灣經濟生活還有一個龐大的地下經濟活動，這裡有非常興盛的非法金融活動。由於相關法律執行不力，許多不法的企業家想盡辦法大撈利益並逃避課稅，但經常得向黑道繳交保護費，還得用金錢來賄賂官員或是購買政治影響力。結果台灣社會賄賂公行，黑道事業、回扣與貪污氾濫，特別是在競標政府公共工程時，這類不法現象更是司空見慣。曾有一項未經證實的報導宣稱，台灣地下經濟規模可能高達政府公布的國民生產總值（GNP）的一半！主要的不法經濟活動包括走私、地下錢莊、黑市外匯交易商、編造假帳、運用不當會計規則等。[22] 這些不法經濟行為導致正常社會經濟活動效率低落。台灣在社會充斥金錢遊戲下，外國文化入侵、組織犯罪與色情娛樂等現象也迅速蔓延。大批年輕人年輕一輩深受好萊塢電影、嬉皮生活和其他令人難以接受的美日文化影響。大批年輕人在金錢易得觀念下被吸引到休閒娛樂與侍應生等工作上，根據國民黨政府一項統計，一九七五年時可能有高達三十萬人從事性服務工作，這個數字大約等於當時台灣人口的百分之一點六。台灣的社會犯罪率同時也快速提高，年輕犯罪者增加尤為明顯。一九七五年的短短幾個月裡，二十一名重刑罪在「速審速決」後遭處決，其中部分處決前的程序還透過電視向社會大眾播放，這二十一名死囚犯多數為年輕人。[23]

除上述社會病態外，台灣社會還存在其他許多工業化所引發的問題。在經濟發展過程中，台灣需要更多的外來資金，其中多數來自美國與日本。為吸引外資，台灣提供了優惠稅制、廉價土地、勞工以及其他各項吸引外資的有力條件，其中還包括禁止勞工組織獨立工會。統計資料顯示，一九六〇年只有四家日本廠商前往台灣投資，一九七〇年由日本前往台灣的投資案多達五十一個，投資金額達兩千八百五十萬美元，十年之後則有八十九家日本企業向台灣投進了八千六百一十萬美元資金。雖然自先進國家引進外資時同時也會帶進新科技，不過早期進入台灣的外資大都為高污染性的化工業與傳統製造業，原因是當時的台灣並無嚴格的污染防制法，結果讓台灣幾乎成為外國企業的「污染天堂」，台灣原本的好山、好水與好空氣，因為工廠迅速的排放廢水、惡臭、灰塵與鹽酸氣體，而遭到污染和破壞。24

考夫曼（Jane Kaufman）、威廉斯（Jack F. Williams）與艾琳達（Linda Gail Arrigo）等批評者就對台灣自誇的經濟奇蹟背後的社經條件多所質疑。例如，威廉斯所描繪的台灣農村情況，就沒有李登輝要我們去相信的抒情亮麗。威廉斯說，由於每戶農家擁有的土地過小——平均每戶土地勉強超過〇點一甲（即一分地），台灣農民根本無法依靠農業維持像樣的生活，台灣農業到一九七〇年代初期已出現停滯。在農民面對糧食自給率逐漸下滑，台灣農產品貿易日益失衡下，一般民眾卻面臨不斷高漲的食物價格。但問題最嚴重的還是在於農業環境與資源的土地、土壤與水資源在一九七〇年代遭受嚴重破壞。空氣污染，特別是臭氧污染導致蔬菜與許多植物遭受傷害，其他像是光化學氧化劑、二氧化硫、氟化物與乙烯等污染也導致農作物生產量下降。25

以上就是李登輝擔任政務委員六年、台北市長三年半以及台灣省主席兩年半期間的環境變化。經過這段期間的磨練，李登輝的政治技巧更為成熟，不過他在工作中所展現的負責、勤勉與耐心遠遠超過了這些政治聰明與機巧。李登輝經常陪同蔣經國到各地鄉鎮巡視，在蔣經國所謂的台灣化計畫下——以台制台（用台灣人治理和控制台灣人），李登輝得以有機會出任政府高層領導，也顯示他對蔣經國溫順與忠誠的政治態度。李登輝在蔣經國心目中是一個溫和可靠的人，因為他在工作中總是不計較工作性質與職位。李登輝後來的政治生涯有點像是天命註定，因為高齡的蔣介石總統一九七五年四月五日過世後，台灣政壇經歷了一連串的洗牌，李登輝卻坐收漁利。嚴家淦在老蔣總統過世後繼任總統，不過蔣經國獲選為國民黨中常會主席，更在不到三年後的一九七八年三月二十一日，由一千二百名代表組成宛如橡皮圖章的國民大會選為新總統。幾個星期後獲蔣經國提名擔任行政院長的孫運璿（一九七八—一九八四任行政院長）打電話給李登輝，徵詢他是否有意願擔任台北市長。李登輝表示樂於接受新總統為他安排的任何職位。結果，沒有經過任何民主社會最根本的公聽或選舉程序，五十五歲的李登輝一九七八年六月九日正式接任台北市長。李登輝一上任，就要手下蒐集有關城市規劃與管理的大批日文書籍，希望透過這些書籍早日熟悉市政管理知識。[26]

接任市長職位後，李登輝辭掉了他在台大的副教授職位，並隨即自仁愛路搬進了市長官邸。市長就職當天，李登輝邀請教過他的小學老師潘銀貴與台大教授王益滔出席他的宣誓就職典禮。接任台北市長前，李登輝關閉了他所有的個人銀行帳戶，將家中的財務全交給妻子曾文惠女士打理，並在市長辦公室牆上掛著「誠、正、廉、清」四個大字明志。[27]當時的台北市政府的組織設有秘書處、八個局、五個委員會、其他十數個處室及一個公務員訓練中心，市政府還是台北市銀行大老闆。另外還有一個監管十六個區公所以及超過四百個里的事務室。台北市的大部分局長、處室主任以及委員會主任委員都是由國民黨中常會直接任命。事實上台北市政府內還設有國民黨市黨部（黨部為指揮部），負有監看市長施政作為的任務。不過新市長還是設法在市府組織中安插了他自己的部分親信，其中包括兩名在美國受過良好訓練的台籍青年，其中之一為黃昆輝，雲林出身的黃昆輝為美國北達科他大學博士；另一人為黃大洲，出身台南縣的黃大洲是康乃爾大學博士。後來一直追隨李登輝的黃昆輝出任台北市教育局長，處理台北快速增加的學生人數問題。曾在台大受教於李登輝的黃大洲則出任公訓中心主任，負責市府公務人員再訓練，包括訓練公務人員使用電腦。

擔任台灣第一大城的行政首長，李登輝得負責推動市政相關條例與法規，保護市有財產與事業，執行議會通過的自治法規，向市議會提出口頭或書面市政報告。最重要的是，向議會提出下一個年度的市政預算案，詳列下一個年度的預定收入與準備推動的市政計畫。李登輝擔任市長時相當幸運，因為一九七〇年代的台北市稅源相當充實，除土地稅、財產稅、契稅與娛樂稅外，還有各種特別稅、臨時稅與附加稅等。因此他所提出各種增加開支的計畫都能順利在國民黨控制的市議會順利通過。當時的國民黨在市議會通常擁有近三分之二的多數席次，讓李登輝市長面對快速變動的各種市政問題時有很大的施政調整空間。李登輝擔任市長時極為重視經濟與人文建設的平衡與和諧，把市民的安全與文化生活列為主要的施政重點。

一九七〇年代的台北市就像是一顆閃亮的寶石，是台灣現代文化變遷的中心。許多台灣的新時代物質象徵都首先出現於台北，市民生活也發生了明顯變化，新富階級出現是這種快速變化的社會現象之一。市區高樓大廈林立，豪華住宅到處可見。市民生活水準大幅提升，酒吧、舞廳、電影院、保齡球館、餐廳如雨後春筍紛紛設立，其他各種大眾文化現象也應運出現。這是一個屬於時髦青少年男女的時代，青少年流連於光鮮亮麗的西門町，西門町在台北的地位就像是紐約的時報廣場或是東京的銀座。台北也是台灣高等教育中心所在，也是台灣現代文化的主要發源地。進入台大、師大與政大等台灣頂尖學府的人數以及各私立大學院校招收的學生人數都在大幅增加。

不過這種時代變化的腳步並非四平八穩，近半數的台北建築物有瑕疵，數十萬家庭居住在狹窄的房屋，使用有異味不能生飲的自來水。許多台灣人由中南部鄉村搬到台北，很自然把許多鄉村習性也帶到了台北。台北街頭經常可以看到赤腳、隨地吐痰、亂丟垃圾、搭車買票插隊及其他種種「不文明」現象。由於有方便的鐵路與快速公路系統，台灣的農產品市場早已全國化，不論是屏東農場種植的蔬菜水果，或是高雄、蘇澳港捕捉的漁貨，還是台南等南部城鎮宰殺的豬隻，都可在第二天送達台北市銷售。台北擁有充沛的廉價勞工，因此也造成了淡水河沿岸一帶、低收入社區，相繼出現貧民聚落或違章建築。因此，擔任市長的李登輝首要工作就是都市計畫，透過基礎市政建設因應急速增加的台北市人口，改善惡名昭彰的台北市交通秩序。陸續推動的相關建設，包括貫穿市區的建國南北路高架道路、淡水河防洪整治、建設翡翠水庫以因應人口增長的用水需求，嚴格實施高樓消防法規、嚴格限制住宅地區的污染性產業等。另一方面，新市長還向市民推廣屋頂花園概念，由市府派遣專家協助市民利用屋頂設置安全美觀的花園，這項措施相當程度改善了台北市的居住環境。其他像是提供周全的供電環境、建築新的醫療院所與照護設施、增建衛生下水道，以及設立垃圾掩埋場與興建焚化爐等，也都是市長的施政重點。[28]

市長的例行工作包括與民選的市議員們保持經常性接觸、會見新聞記者、出席國民黨的例行會議、出席每週市政府官員的市政會議以及兩週一次會晤基層里長等。李登輝透露說，為提高與選舉產生的市民代表往來溝通效率，他曾建立並保存個別檔案，詳細記錄每一位市議員與里長的個人、選區、政治基礎與飲酒習慣等特性。另外，李登輝也經常造訪各級市立學校，向外界闡述各種新市政計畫，接見來訪的外國貴賓，有時也出訪與台灣保持有好關係的外國主要城市推展「姊妹市外交」。為充實台北市民的文化生活，李登輝市長定期舉辦台北文藝季或是邀請台北世紀交響樂團舉辦演奏會等活動。根據台北世交指揮陳暾初描述，李登輝要市府每年編列五百萬元經費推廣音樂活動，市長本人也經常出現在開封街聆聽世交的演練。世交在李登輝擔任市長的第一年裡舉辦了二十六場演奏，聆聽的樂迷超過了六萬人次。[29]在如此忙碌的行程下，精力充沛的李登輝經常得批閱公文到深夜才能回家，最後還不得不放棄早年培養起來的畫畫與素描嗜好，不過他還是會在週末假期騰出時間打打高爾夫球。

台北市日益惡化的交通壅塞狀況讓李登輝市長很頭痛。為解決這個問題，李登輝除尋求建立更多停車位外，特別讓一名叫李振光的交通警察透過廣播提供閩南語路況。一九七八年李振光開始在警察廣播電台播報尖峰時段的台北市路況，提醒駕駛避開壅塞路段。同一時間，台北市政府也公布一系列嚴格的交通違規取締規定，實施重罰並用電腦協助追查違規駕駛。結果短短的一個月，交通違規罰款即由先前一個月三千五百萬元大幅增加到四千八百萬元，第三個月更一舉增加到五千七百萬元。交通警察李振光在表現傑出下深獲李登輝信任，之後即轉而擔任李登輝的護衛。30

李登輝全心投入市長工作，他對自己所領導下的台北市政進步也很滿意，但身為父親的他，卻無法像以前一樣與家人長時間相處。其實，當時李登輝的三個兒女都已大學畢業，除在相關領域取得不錯的成就外，也都已找到了終身伴侶。這種全家平安幸福、和樂融融的日子，是李登輝難得的歡樂時光。緊接著還有更好的事等著他，在一九八一年底，李登輝被拔擢出任台灣省主席。

然而，不幸也突如其來，家庭醫師告訴李登輝，他的兒子經常流鼻血的原因是癌症所致。經過醫院短暫治療及臨終前受洗後，李登輝唯一的兒子李憲文於一九八二年三月二十一日離開了人世。除了雙親與兩位妹妹外，李憲文身後留下年輕的妻子，以及一九八一年八月六日出生的年幼獨生女李坤儀。李憲文過世無疑是李登輝生命中無法彌補之痛，其心中的傷痕經過好幾年才得以撫平。李登輝與兒子李憲文非常親近：李登輝曾親自為兒子買第一支釣竿，幫助憲文集郵，教他打棒球與高爾夫球，介紹歌德、魯迅、夏目漱石與杜思妥也夫斯基等世界知名作家給他。憲文的葬儀由知名的台籍牧師翁修恭主持，他也是李憲文一九七九年在濟南教會行結婚儀式時的證婚牧師。在葬禮中，翁牧師特別引述下面一段《新約》經文來安慰李登輝：「耶穌說：『人子得榮耀的時候到了。我實實在在的告訴你們，一粒麥子不落在地裡死了，仍舊是一粒。若是死了，就結出許多子粒來。愛惜自己生命的，就喪失生命；在這世上恨惡自己生命的，就要保守生命到永生。』」（《約翰福音十二章二十三—二十七節，和合本》）翁修恭牧師說，當李登輝感到憂鬱沮喪時，這段經文不只讓他心裡獲得慰藉，更是啟發他進一步尋找生命意義的動力根源。31

李登輝擔任台北市長時，自然不必直接參與台灣的外交事務。不過當台灣的國際地位有所變動時，卻會影響到台灣人的福祉與台灣的安全。當時的美國總統卡特（Jimmy

Carter）面臨蘇聯威脅日增，以及能否連任的兩大問題，因此亟思運用所謂的「中國牌」，也就是想在與中國關係正常化問題上尋求突破。一九七八年十二月中旬，卡特宣布承認中華人民共和國為「中國唯一合法政府」，以及美國尋求「台灣與大陸中國人和平解決彼此紛爭」的決定。[32]卡特一直到對外宣布的十二個小時前才匆匆要國務院（State Department）知會台灣的蔣經國總統。

一九七八年十二月十六日午夜過了約兩個小時後，美國駐台大使安克志（Leonard Unger）才在外交次長錢復與蔣經國英文秘書宋楚瑜陪同下，匆匆趕到大直的總統官邸。貴為總統的蔣經國在漆黑中被突然叫醒，安克志告訴蔣經國總統，華盛頓已決定自一九七九年一月一日起與北京建交，同時切斷與台灣的外交關係並中止與台北之間的互助防衛條約。卡特在美國時間十二月十五日晚間透過電視宣布與中國建交的消息震驚了台灣人民。消息傳出後台北外匯市場的台幣幣值大跌，股市慘跌近百分之十。[33]台灣在一份事先擬定的聲明文中指出，卡特政府不只嚴重傷害了台灣人民的權利與利益，也破壞它一再表示將與中華民國維持外交關係的承諾。聲明並提醒美國人與全世界，中華人民共和國是一個「恐怖」政權與「獨裁」政權，卡特政府的決宗是自由人權與民主制度的「大挫敗」。聲明文還宣稱，中華民國政府永遠不會與中國共產政權談判，也永遠不會放棄

「光復大陸國土與解救同胞的神聖使命」。[34]

台灣人民感覺被背叛出賣，震驚莫名，台北憤怒群眾向美國大使館投擲石頭和雞蛋洩憤。此時李登輝才剛接任市長六個月，當他下令驅離憤怒群眾時似乎也很緊張。十天之後的十二月二十七日，美國副國務卿克里斯多福（Warren Christopher）奉命到台北處理斷交善後，不料一出機場就飽受抗議群眾的雞蛋、油漆、蕃茄與石塊的歡迎，憤怒的抗議群眾甚至打破克里斯多福的座車窗戶，克里斯多福臉上還挨了一拳。不過在克里斯多福抵台前，李登輝市長即接到據悉是來自王昇將軍的消息，指可能會有兩萬名群眾聚集於博愛路外交部辦公室向卡特與克里斯多福抗議，要市政府派遣數以百計的警察前往戒備保護。[35]不過在警方嚴密監視，喧鬧浮動的街頭經過四十八小時後，李登輝總算可以鬆一口氣，因為克里斯多福停留台北期間，並未發生人員死亡或重傷的嚴重事故。

卡特決定承認中華人民共和國一事，在美國國內也引起了廣泛的激烈反應。當時擔任參議院國際關係委員會（Senate Foreign Relations Committee）主席的丘奇（Frank Church，民主黨、愛達荷州）指卡特做出了一項「突然的勇敢」決定，但共和黨全國委員會（Republican National Committee）主席老布希（George Bush）則指卡特的決定「不只降低了美國在全球的信用，還使和平展望更趨黯淡」。[36]由於正值國會休會期，美國國會無法立即做出集體反應，不過會期會重新召開後，國會方面隨即展開相關的立法工作，希望能降低「卡特震撼」（Carter Shock）的副作用及對台灣的傷害。國會花了兩個月時間密集審議，幾乎都是在兩黨議員同意下對白宮提出內容簡陋的〈台灣綜合法案〉（Taiwan Omnibus Bill）進行了大幅修正，最後並以壓倒性多數通過了〈台灣關係法〉（Taiwan Relations Act），參議院表決結果是九十票贊成六票反對，眾議院表決時則是三百四十五票贊成五十五票反對。[37] 雖然卡特曾多次表示要否決遭大幅修改通過的〈台灣關係法〉以免觸怒中國，不過一九七九年四月十日他還是簽署讓〈台灣關係法〉成立生效。〈台灣關係法〉界定、管轄並監督未來美國對台灣的關係運作，該法明訂美國將確保兩千萬台灣人民的安全。

政治學家古柏（John F. Copper）認為，由於〈台灣關係法〉將台灣視為「國家」，該法的實施等於是恢復了台灣的主權。該法第四條（B）款（一）項規定：「凡美國法律提及或涉及外國、外國民族、外國國家、外國政府或類似實體時，此等名詞應包括台灣，此等法律亦應適用於台灣。」第四條（B）款（七）項更規定：「台灣依據美國法律在美國各法院進行訴訟和被訴之能力，不得因為無外交關係或承認而受到廢止、侵害、修改、拒絕或任何方式之影響。」根據古柏與其他許多學者看法，〈台灣關係法〉不只保障台灣在美國國內法領域的法律地位，而且也反映出美國實質的一中一台」政策，因為除非是台灣人民要與中國統一，〈台灣關係法〉規定美國不能「將台灣視為中國的一部分」。[38]在〈台灣關係法〉因卡特簽署生效的同一天，美國政府在維吉尼亞州的羅斯林（Rosslyn）成立了美國在台協會（American Institute in Taiwan，AIT），作為處理「美台兩國人民從事商業文化往來事務」時的美國「非官方代表機構」。美國在台協會主要職員都由職業外交官擔任，協會由國務院任命的三人理事會經管，經費是國務院提撥成立的政府基金支應，因此它也同時受到國會的監督審查程序管轄。國務卿范錫（Cyrus Vance）隨即任命丁大衛（David Dean）為首任美國在台協會主席，丁大衛是有名的中國通，一九六〇年代中期曾在台北美國大使館擔任政治事務專員。一九七九年六月，國務院派遣葛樂士（Charles T. Cross）為美國在台協會駐台代表，領導超過六十名職員的台北代表處。丁大衛與葛樂士都是職業外交官出身，在新的對台工作職位上，他們受到美國其他外交服務人員相同的管轄。事實上，〈台灣關係法〉第十二條（A）款即明文規定：「國務卿應將協會與台灣當局所簽訂的任何協定全文送交國會。」[39]

在同一時間，台灣成立了名為「北美事務協調委員會」（Coordination Council for North American Affairs，CCNAA）的半官方機構，以取代前此的中華民國大使館。為避免中華人民共和國染指原中華民國駐美大使官邸「雙橡園」（Twin Oaks），台灣將它出售給一個親台組織，後者在幾年後又將雙橡園回賣給北美協調事務委員會，一來一回中大賺了一筆。一九七九年之後，北美事務協調委員會代表就不能居住於雙橡園，但可以在那裡招待賓客。根據〈台灣關係法〉第六條規定，美台之間的二十五個雙邊協定以及至少五十五個多邊協定得以繼續維持效力，另外在美台協商談判後，雙方自一九七九年一月一日起至少簽訂了三十八個新協定，除涉及航空、核能、貿易、海事、教育、文化與科技等經貿文教事物外，還包括互相給予相關人員豁免管轄權的協定。[40] 為擴大美台關係並執行廣泛的協定事務，「北美事務協調委員會」在紐約、洛杉磯、芝加哥、舊金山、波士頓、休斯頓、亞特蘭大、西雅圖與檀香山等美國主要城市設立了辦事處。這些辦事處有主管經濟、科技、文化與新聞等事務的專員，他們在美國都擁有相當於傳統習慣國際法上的外交豁免權。

〈台灣關係法〉有「美國關切人權與政治民主化」的內容，這對國民黨必須放寬對台灣的高壓控制構成了直接壓力。當然，當時的快速經濟發展、社會逐步富裕、大幅增加的大專畢業人口以及日益擴大的反對派人士運動等，都對一九八〇年代台灣民主化發展有所貢獻。另外，蔣經國擔心遭暗殺，加上美國友人的持續施壓，他終於決心採取新措施，在已經相當富裕的台灣準備建立多元化的政治體系。[41] 但據國民黨內極端保守派的陳立夫說法，其實是因為蔣經國健康情況不佳沒能做出有效決策，才讓反對人士敢於趁機「撤野違法」。陳立夫說，蔣經國因病才未能在「適當時機做出適當決定」。蔣經國因糖尿病導致眼睛與雙腳出現嚴重病症，「身體健康極差，讓他未能就如何處理台獨問題做出有效決策」。[42]

當時的蔣經國健康確實不佳，這曾讓他將每週四的內閣會議由通常的兩、三個小時縮短為三十分鐘。不過若要認真探討蔣經國那時何以容忍反對派活動，恐怕得從蔣經國是一個務實老練的政治家去尋找答案。蔣經國很清楚，他對台灣白色恐怖統治負有部分責任，這對他一生功過是一大負擔，他可能認為有必要做出一些彌補措施。另外蔣經國也明白，除了共產政權外，以被統治者同意及公平公開選舉制度為前提的民主制度是亞洲各國的必然趨勢。為確保政治安定與社會和諧，也為了贏得美國支持，他需要以新技巧來對付反對運動，取代以前的強硬鎮壓手法。以台灣人來治理居多數的台灣人是他所採取的策略，其實這也是中國歷史上居少數地位的統治者所慣用的手段。相信這也是蔣經國賦予多位知名且又能配合其施政的台灣人以高位的主要原因，這些人包括行政院副院長徐慶鐘、交通部長高玉樹、內政部長張豐緒與台灣省主席李登輝等。而且只要不對政權維持構成威脅，蔣經國顯然也願意放寬嚴格控制的選舉制度，讓反對人士可以角逐局部改選的中央民代。

台灣早期民主化過程中的反對黨角色是由「黨外」所扮演。黨外政治運動經常以一九四七年的「二二八事件」來獲取台灣社會支持，無疑，黨外也獲得美國的鼓勵，並得到許多海外台灣人的支持。在白色恐怖時期，國民黨利用入獄、騷擾與抹黑等手法來對付台灣人菁英，使多數台灣人對公共事務變得極度沈默消極，但旅居日本、美國、巴西與歐洲等地的海外台灣人仍陸續組織政治性團體，並於一九七〇年成功團結組織成「台灣獨立聯盟」（World United Formosans for Independence, WUFI），總部設於美國新澤西州的卡尼（Kearney）。自那時起，海外台灣人反國民黨活動能更有效地協調，他們尋求台灣獨立的聲音也更大。他們出版的資料與籌集的資金很容易找到了管道送進台灣，對黨外運動起很大的支持作用。因此，一九七〇年代台灣島內的反對勢力與活動都遠較一九六〇年代更強大、更為公開。為因應這種新情勢，國民黨首先在一九七二年增加一些國民大會與立法院的選舉席次，結果當選的反對人士包括黃信介與康寧祥，兩人在台北市的選區中都擁有很高的聲望與支持。黃信介出身台北的富裕家族，是黨外運動的創始元老之一；康寧祥則出身貧苦家庭，進入立法院前曾當過加油站工人與台北市議員。其他如張俊宏與許信良等則剛自大學畢業不久，這些年輕一輩的知識份子型政治人物也逐漸走上黨外運動道路。[43] 一九七五年，黃、康、張等人聯合創辦了《台灣政論》月刊，為台灣獨立建國在台灣島內建立了發言平台。以張俊宏為總編輯的《台灣政論》刊載的文章大大促進了當時台灣人的民主、自由與自立信念，也鼓舞了許多人的台灣意識。不過《台灣政論》發行五期後即遭國民黨查禁。持續推動非國民黨人士組織的同時，黨外人士也在台灣各地積極進行草根式宣傳，結果在一九七七年全島性的選舉中取得亮麗成績：黨外候選人在七十七個席次的省議會中贏得二十一席，並在二十個縣市長選舉中取得四個地方首長寶座。

在這次相當重要的選舉中，桃園縣選民懷疑黨外候選人許信良因國民黨開票時作弊而落選，近一萬名憤怒群眾在一九七七年十一月十九日晚攻擊並放火燒了中壢警察局。這起騷亂不幸造成了人員傷亡，不過當主要為台灣人義務役軍隊抵達現場時，他們不願對群眾開槍。[44] 儘管黨外人士的運動、選舉與「中壢事件」上的成功還只是像「羊叫」一般柔弱，但已驚醒了牧羊人。因此第二年國民大會與立法院增額選舉激烈進行途中，蔣經國總統即藉口卡特承認中國而停止選舉。[45] 接下來國民黨開始利用竊聽或是線民等手法來阻止社會上的台獨聲浪，極力醜化挑戰國民黨獨裁體制的黨外人士。

不過在獲得越來越多社會大眾支持下，黨外再接再厲推行民主化運動。例如，康寧祥即和江春男聯手創辦《八十年代》雜誌，推動台灣政治改革，挑戰國民黨的一黨獨裁體制。一九七九年八月，也就是李登輝擔任台北市長的十四個月後，一本取名《美麗島》的黨外雜誌正式發行出刊。隨著《美麗島》創刊，黨外運動發展很快產生了質變與量變。由於曾是馬克思辯證唯物論的學生，李登輝感覺到山雨欲來風滿樓，一場政治風暴即將降臨，不過擔任市長的他仍全心投入市政工作，除非受到國民黨高層徵詢，他對急遽變化的台灣政治現實通常保持沈默。

《美麗島》月刊以黃信介為發行人，但由許信良擔任實際雜誌社務。第一期就賣了十萬本，這是台灣雜誌發行史上的空前記錄。由於獲得社會普遍支持，雜誌社先後在十一個縣市成立了「分社」，並在各地舉辦「茶會」與「公共問題」研討會以擴大支持。當時的黨外領導人透過雜誌與支持者提出了一系列改革要求：（一）全面改選國民大會與立法院，結束由大陸選出的萬年國代與立委控制國會的怪現象；（二）開放北高市長與台灣省長選舉；（三）准許合法成立反對政黨；（四）解除戒嚴；以及（五）台灣人民自己決定未來等等。雖然黨外提出的這些改革要求並非針對李登輝而來，但如果那時開放台北市長與台灣省長民選，先後出任這兩個職位的李登輝可能會成為最大「輸家」。

《美麗島》雜誌編輯人員決定，利用十二月十日的聯合國國際人權日，在高雄市舉辦大型群眾集會，不過這次的群眾集會遊行活動並未獲得政府當局核准，因此很可能因此而觸犯戒嚴體制。後來也真的出事，遊行群眾在中山路與中正路口的圓環與警方及國民黨支持者發生衝突。據稱這場衝突造成一百多人受傷及一些財產損失，國民黨並以這次事件為由對黨外人士進行大規模整肅鎮壓。

確認反對派人士不敢造次後，國民黨政府在十二月十一日上午迅速逮捕數十名《美麗島》雜誌編務人員與遊行示威活動組織者。接下來幾天，超過二百名黨外活躍份子先後被捕，其中大多數都對台獨運動有公開或非公開的參與或接觸，部分人士被指控的罪名是危害公共安全。美麗島事件八名主要被告為：黃信介、施明德、張俊宏、林義雄、姚嘉文、呂秀蓮、陳菊與林弘宣（注意被視為是黨外溫和派的康寧祥不在其中）。最近解密公開的政府檔案資料顯示，國防部長高魁元在「美麗島事件」發生後立即撥出八百萬元整修新店與台南兩處監獄，準備關押這些「專門製造麻煩」的黨外政治人物。[46] 接著發生了震驚海內外的「林家血案」，在八名被告接受事先安排的軍法審判前，林義雄的母親與兩名女兒在家中慘遭殺害，第三名女兒被殺成重傷後被救了回來。由於慘案發生於一九八〇年二月二十八日的大白天（「二二八事件」的三十三週年），台灣人都認為這是一次刻意安排的政治陰謀。國民黨政府否認與慘案有任何關聯，但黨外運動支持者懷疑，林義雄家早已遭警方嚴密監視，怎麼可能有人能任意進入林家從容行兇？因此不相信國民黨與血案沒有關係（此案仍未偵破）。

當社會大眾仍對林家血案震驚懷疑之際，政府開始對「美麗島八勇士」進行軍法大審。結果只在政府挑選的證人進行六天作證後，軍事法庭於一九八〇年三月二十四日宣判八名被告煽動暴亂等罪名全部成立，被分別判處十二年到無期徒刑。其中以曾是軍校學生的施明德最為特別，他是唯一被判無期徒刑的被告，之後還被送到惡名昭彰的綠島監獄接受「再教育」。施明德一九八五年四月一日起開始在獄中絕食，國防部長高魁元得知消息後要監獄人員採取一切措施確保施明德活命。[47]在軍法大審同一時間的六個月裡，包括台南長老教會知名牧師高俊明等在內的五十一名黨外運動支持者在地方法院接受審判，他們的刑期都輕於前面的八人。[48]

這些美麗島事件被捕入獄的不滿人士擁有與李登輝相同的台灣歷史背景，不過他們選擇了不同方法來對抗由大陸來台控制政治的中國（外省）人。這些不滿人士與他們的辯護律師，像是陳水扁（後來當選中華民國總統）、謝長廷（後來擔任高雄市長與行政院長）與尤清（當選過台北縣長）等人，後來都成為民主進步黨的創黨元老。不過他們也都註定要為投身民主運動的勇氣與決心付出代價。在政治光譜的另一邊，選擇與蔣經國政府合作的台灣人則享受了豐碩的政治果實。諷刺的是，蔣經國越想要壓制黨外勢力，他就越不得不提拔更多像李登輝這些願意與他合作的台灣人到重要黨政位置上去，因為只有這樣，居於少數統治地位的中國人才能有效降低多數台灣人的不滿。因此蔣經國推行的「台灣化」或是「本土化」政策——即任命更多台灣人擔任黨政要職，應該說是黨外人士長期奮鬥的產物，而不應被說成是蔣經國賜予的禮物或是他健康不佳導致的結果。

像李登輝那樣精明的人，當然很清楚他的政治好運是建立在數以百計的黨外人士犧牲之上，對於黨外人士他可能是暗暗欽佩，但在公開場合一定嚴加譴責。相信這就是為什麼他在控制國民黨政府後盡力設法減輕受難黨外人士或其家屬痛苦的原因。不過李登輝得花上好幾年時間才能真正根據基督新教的喀爾文（John Calvin）與諾克斯（John Knox）的教誨，開始去救贖他自己的政治罪孽，因為只有這樣他才能接受神的榮耀。一九八四年台灣基督教長老會正準備慶祝在台設立第一座教堂一百二十週年活動，那時的台南神學院院長黃彰輝博士邀請李登輝由早先參與活動的台北的基督教聯合聚會所轉到長老教會。黃彰輝畢業於戰前的台北高校與京都帝大。我們不知道李登輝是欽佩黃博士學識淵博且長期奉獻教育還是別有政治動機，他很高興接受邀請成為台灣長老教會的成員。[49] 不過此時的李登輝仍是「壞蛋」一個，至少從他的台灣長老教會教友來看是這樣，因為台灣長老教會的二十萬信徒與遍布台灣與海外的七百個教堂早就公開提出「台灣人有權決定自己命運」的要求，並在一九七七年八月十六日發布的「人權宣言」中要求全世界所有愛好自由的國家承認台灣是「新而獨立的主權國家」。50

在黨外人士遭大舉逮捕、「美麗島八勇士」軍法大審以及林義雄母親與兩名女兒慘遭殺害的幾個月裡，國民黨政府遭受社會大眾的一連串批評。不料沒過幾個月，台灣又傳出另一起重大的政治謀殺案，台灣社會再次受到新的震撼。陳文成是美國匹茲堡卡內基美隆大學（Carnegie-Mellon University in Pittsburgh）統計學台籍教授，一九八一年夏季回台探親，卻在七月一日被國民黨政府秘密警察找去問話，陳文成在警備總部接受十三小時問話煎熬後行蹤不明，第二天卻被發現陳屍於台大研究圖書館消防梯下，屍體有遭受重擊的痕跡。陳文成擁有美國永久居留權，曾幫助當時已遭國民黨查禁的《美麗島》雜誌募款，且公開支持黨外運動。世界各地的台灣人對三十一歲的陳文成教授橫死義憤填膺，他們懷疑這又是國民黨犯下的另一起政治謀殺。陳文成之死引起美國國會極度關切，眾議院外交事務小組委員會（House Foreign Affairs Sub-Committee）一九八一年七月到十月對此事件舉辦了一系列聽證會。李奇（Jim Leach）議員在聽證會後說：「毫無疑問，台灣政府的特工曾對美籍台灣人進行騷擾、恐嚇與監視。」[51] 李奇議員不只要求美國政府調查陳文成死亡案件，更要美國政府確認台灣特工是否違反美國的外國代表登錄法相關規定。不過當時的美國雷根（Reagan）政府仍繼續賣武器給台灣，不只授權出售F-5E 戰機給台灣，且授權台灣與美國廠商進行合作生產，但拒絕了台灣購買更先進戰機的要求。[52]

陳文成博士遭殺害與以往的政治謀殺事件相同，直到今日仍未能破案。在社會一片震驚譴責之際，蔣經國繼續推展他「分而治之」的策略，快速提升一些與國民黨合作的台籍人士。蔣經國這樣做，不只希望能降低日益升高的社會不滿，也希望能對黨外陣營產生分化作用。李登輝在這一波的「收買台灣人」政治運動中再次成為主要獲利者。[53] 因此在國民黨迅速召開的第十四屆四中全會上，入黨才八年的李登輝才能獲選進入權力核心的中央常務委員會。一九八一年十一月，蔣經國並首度任命台籍的陳守山出任執行主要戒嚴權力的台灣警備總司令。這波快速提拔李登輝與陳守山等台籍人士的手法在國民黨史上實屬空前，很顯然，蔣經國要李登輝等台籍人士，成為外省人控制的國民黨與日益不滿的台灣人之間的溝通橋樑。例如，蔣經國曾親自授權李登輝與台灣長老教會領導層接觸，試圖拉攏黨外溫和派。事實上，隨著入獄的台灣長老教會牧師高俊明獲釋，李登輝獲得外界相當的信任。另外，李登輝也曾奉命多次造訪林義雄，對他被捕期間母親與兩女兒慘遭非命給予相當的安慰。[54] 因此，如果我們做出以下的結論，應該算得上是持平之論：一九八一年年底被任命為台灣省主席之前，李登輝已不只是一名農業專家或市政首長，此時的他已是一名熟練的政治家，是統治台灣的國民黨與黨外人士之間的重要溝通協調管道。

第七章　省主席與副總統時代，一九八一—一九八七

以反國民黨為號召的黨外候選人希望把台灣人的憤怒轉化為一九八一年十一月選舉的選票，不過因為這只是一次地方選舉，加上許多反對派領導人入獄，國民黨憑藉豐厚的資源與牢牢控制地方選舉機器的優勢，輕易地在總計一百八十九席的省市議會中拿下百分之七十七的席次。但三十一名參選的黨外候選人中有十九人當選，其中包括多名美麗島事件受難者的家屬。像是黃天福（黃信介的弟弟）、周清玉（姚嘉文的妻子）與許榮淑（張俊宏的妻子）都順利當選立委或國代。其中又以周清玉在台北市的國代選舉中獲得全國第一高票最為突出。另外黨外候選人也贏得十九個縣市長選舉中的四個地方首長寶座。[1] 此時的黨外運動雖然未能迅速有效拓展群眾支持度，然而已將民主信念散播到長期遭來自大陸中國（外省）人威權統治的台灣社會卻是其最大的成就與貢獻。

由於台灣民主化是以冰山一角方式慢慢浮現和進展，黨外運動隨時有可能在萌芽階段就告夭折。這樣的憂慮並非全然杞人憂天，事實上黨外人士之間存在著相當分歧的山頭主義與派系觀念。一般而言，年輕一輩的黨外人士大都主張立法院應立即進行全面改

選，他們要求公開組織政黨，大力向海外訴求台灣民主化問題，以達到迅速改變台灣政治現狀目的。結果，黨外運動的溫和派很快就被年輕激進的黨外人士批評為是在冬眠，這些批評者把主要矛頭對準康寧祥領導的派系，因為當時的康寧祥主張，反對人士應透過國會與選舉來與國民黨競爭。黨外溫和派的此一主張是從民主改革一旦啟動就無法回頭的理論所產生。基於這樣的信念，溫和的黨外人士希望將漸進民主化徹底植基於這個後殖民地的台灣島上再言其他。同一時間，國民黨的領導層則經常拋出民主化障礙，或是採取分化手法來阻止黨外勢力擴張。這正是李登輝一九八一年接任台灣省主席時台灣內部的政治環境。

台灣省政府一九四七年五月成立於台北，接替之前的台灣省行政長官公署。台灣省政府掌管台灣省的一般行政事務，負責公布省自治法規，有權取消或暫停管轄縣市政府及組織團體的違法、越權或不當措施。[2] 台灣省政府一九五〇年管轄十六個縣與五個省轄市，表四為當時台灣省轄下二十一個縣市的基本資料。

到了一九五一年，台灣的縣市首長與縣市議會議員都是由選民直接投票產生。在接下來的三十年地方自治選舉中，縣市長選舉的平均投票率為百分之七十四點四，縣市議員選舉投票率更高達百分之七十七點八。一九五七年台灣省政府遷到南投縣境內的中興

表四、台灣省政府轄區基本統計資料

縣市名稱	面 積（平方公里）	人 口	可課稅產值（新台幣）	稅 收（新台幣）
台北縣	2,257.4873	548,426	60,108,003	3,804,909
宜蘭縣	2,137.4615	246,941	24,466,797	1,853,378
桃園縣	1,267.3240	334,081	30,514,555	1,827,964
新竹縣	1,482.4654	326,060	33,424,320	2,442,438
苗栗縣	1,820.3149	327,448	26,230,115	2,189,878
彰化縣	2,051.6164	435,495	46,755,182	3,306,299
台中縣	1,061.4649	664,887	60,100,752	4,735,571
南投縣	4,1076.4360	280,571	25,942,263	1,786,968
雲林縣	1,290.8351	491,403	46,405,895	3,543,504
嘉義縣	1,951.3945	494,123	51,620,718	3,178,884
台南縣	2.003.5876	588,642	38,712,029	4,643,378
高雄縣	2,832.5175	428,124	25,003,612	2,579,595
屏東縣	2,775.6003	423,553	45,049,365	2,967,687
台東縣	3,515.2526	107,929	12,394,649	335,528
花蓮縣	4,628.5714	163,428	29,372,349	1,328,014
澎湖縣	126.8641	74,126	4,390,613	324,782
基隆市	132.3010	125,518	24,365,374	1,740,827
台北市	66.9872	455,123	112,604,750	5,474,235
台中市	163.4256	177,795	26,473,341	1,895,779
台南市	175.6454	201,692	26,138,539	1,653,826
高雄市	113.7496	212,328	38,790,144	6,412,454
合計	35,961.2125	7,117,701	779,861,365	54,024,012

新村（南投市），兩年後的一九五九年八月並成立了省議會，在往後的三十年省議會選舉中，全省的平均投票率為百分之七十四點二。李登輝擔任省主席時，國民黨在七十七席的省議會裡擁有五十九席（百分之七十七），只有十八名議員（百分之二十三）屬於非國民黨的黨外集團，其中屬於民進黨前身的選舉後援會組織的則只有八人。[3] 但當時的台灣省議會議長為高育仁，高育仁出身台南縣，他也是三十一人的國民黨中常會委員之一。因此，省主席李登輝與省議會議長高育仁每週三都得出席在台北召開的國民黨中常會。除此之外，兩人還有固定的主席與議長會晤機制，兩人還會參加在國民黨省黨部召開的不定期國民黨幹部會議。由於國民黨籍議員不論是表決投票還是政策質詢，都得嚴格遵循黨的政策指示，憑著黨籍議員的支持，李登輝可以順利推動他提出的政策。另外，台灣的縣市首長也是省主席李登輝的指揮管轄對象，由於當時縣市長絕大多數都屬於國民黨籍，因此就像前述的台北市情況一樣，國民黨也牢牢控制著省政府的所有部門，不過李登輝省主席很快就將面臨新的工作挑戰。

台灣省政府所在地中興新村位於台灣中部山巒環繞的高地上，村內點綴著數以百計的棕櫚樹。位於中興新村北方的台中市為台灣第三大城，也是台灣重要的文化經濟中心。南邊則是長一百一十九公里自中央山脈向西流進台灣海峽的大肚溪。中興新村西邊是範圍廣及南投、彰化與台中的沖積平原。東邊則是交織著森林與縱谷的綿延山區。雖然夏季時間相當漫長，不過中興新村濕度遠較台北與台中為低，因此當地不論是位置、氣候與景觀等，確實是省政府的理想所在地。李登輝在一九八一年十二月到一九八四年五月的兩年半省主席任內就一直住在這裡。

擔任省主席的李登輝身邊配有一名廚師、一名園丁與一名貼身警衛，為因應主席經常巡視台灣各地需要，省主席並配有一架直昇機與一支車隊。李登輝夫人因忙於照顧生病的兒子李憲文，大部分時間都留在台北，李登輝遂讓跟隨他自己由台北市轉到台灣省政府服務的其前台大學生黃大洲住進省主席官邸。[4] 直到兒子喪事告一個段落的一九八二年三月，李登輝夫人曾文惠女士才有較多的時間在中興新村陪伴貴為省主席的丈夫。

台灣省政府許多公務人員都是出身台中縣市或南投縣的本地人，不過李登輝也從台北市帶來不少自己的親信人馬，像是擔任省府副秘書長的黃大洲，以及擔任李登輝貼身警衛的前交通警察李振光。說到任用親信，李登輝確實在省政府安插不少他的台大學生，像是擔任農林廳長的余玉賢就是一個顯例，擁有美國普杜大學（Purdue University）博士學位的余玉賢是一名客籍台灣人。李登輝擔任省主席時一大雄心目標是要縮小城鄉的人文與物質差距，因此當他喊出要建立一支八萬現代農業大軍來實現該目標時，自然得從他以前的台大學生與農復會部屬中引進必要的人才，擁有俄亥俄州州立大學博士學位的陳新友是余玉賢之外另一個例子。李登輝為省政府引進的人才大都任職於農林部門。5

台灣省政府組織包含十六個廳處局，包括民政廳、財政廳、教育廳、交通處、衛生局、農林廳、菸酒公賣局，與新聞處等。省政府轄下還有另外一百四十九個行政單位（像是台灣省文獻委員會與交通事故裁決委員會等）、三十六個醫療衛生機構組織與超過一百五十所的省立高中（職）學校。李登輝擔任省主席時的台灣省政府主要財政收入來源是菸酒公賣利益、營業稅與營業牌照稅收。儘管台灣省政府管轄的人口與土地都高達全台百分之九十，不過其收入僅及全台收入的百分之十八，其支出更只占全台支出百分之十六。所得稅、關稅、貨物稅與其他主要稅源都歸屬中央政府。6

要評價李登輝省主席的施政表現，自然得先了解當時台灣的基本社會背景。李登輝任省主席時，農業人口近二百萬約占台灣總人口的百分之十五。由於李登輝是一名農業經濟專家，很自然將農業改革設定為任內的優先施政目標，確保農民收入更是最迫切的問題。首先，李登輝建議降低化學肥料價格及建立最低稻穀收購價格制度，並要政府於稻米供過於求時出面收購，以維持稻穀價格穩定。他並鼓勵農民種植不同種類的花卉與水果等高經濟價值作物，透過產品多樣化來提高產品市場價值。為全面改善台灣農民生活條件，李登輝開始招募他所提出的八萬農業建設大軍。為達成這個目標，李登輝任內至少推動了十八大項具體政策：對高齡農民進行再教育訓練；鼓勵農村子弟選讀農漁業職業專校；擴大提供職業專校畢業生農村實習機會；成立兩年的農業管理訓練計畫；協助年輕農民開設短期工作站；設立專門的低利循環基金；改善農產品市場；協助農民增改建農舍；教導農民產品分級包裝與降低運銷成本；擴大國內外農產品市場；以及舉辦各種農產品產銷活動等。7

很顯然，李登輝省主席試圖將他在愛荷華州立大學與康乃爾大學書本上所學到的理論運用在他自己的國家。不過他的省主席施政成果顯然不如預期，造成這種政策期待落差的重要原因是：台灣農業規模因兒女平分財產制而日益縮小，以及因部分農業機械化導致農業經營人力需求減少，許多農村居民都到其他地方就業。事實上，台灣農民的平均收入只有三分之一來自農業經營，許多農民子弟到城市就業再寄錢回家貼補父母生活開銷。由於市面充斥著大量進口廉價的黃豆、小麥與玉米製品，台灣人的飲食習慣開始起了變化，由於平均食米的消費量日益減少，導致了米價相對下跌。8 因此即使李登輝用心良苦，精心規劃，外界對他努力推動的農業改造計畫成果評價，褒貶不一。

一九八一年，李登輝接任省主席時，台灣產業的工人已達兩百五十萬人，約占當時台灣總勞動人口百分之四十，其中多數產業工人受雇於紡織廠與電子裝配工廠。工人大都居住在擁擠且沒有公共開放空間的小公寓，基本居住環境不能令人滿意。工人薪資不高，工作環境也常未能符合法定標準。以一九八〇年的資料為例，台灣電子工廠工人平均每小時工資合〇點九美元，不只遠低於美國的十八點〇九美元，也低於墨西哥的一點五四美元，香港的一點二六美元，以及南韓的一點一美元。[9]當時的台灣勞工極度缺乏政治影響力，大多數勞資糾紛解決結果都偏袒資方利益。台灣勞動時間偏長，一九八一年勞工平均每週工作時間為五十一小時。當時大多數台灣勞動職位都不需要特別高深的技術，市場的勞動力又供過於求，因此這些非技術性勞動職位很容易被新進勞工所取代。此時台灣的工會組織很不健全，多種因素互相掣肘，導致台灣勞工無法組織有力的工會。其中一個重要原因是，台灣長期處於不正常的戒嚴體制下，未經批准的罷工、抗議、公開集會與街頭遊行等都屬非法；另一個重要原因是，國民黨政府為吸引以美日資金為主的外國資本到台灣，刻意打壓勞工運動與組織運作。另外，台灣的家父長制傳統與長期實施融合儒家思想的教育，也使得多數勞工不願挑戰或對抗上級管理階層或老闆。台灣的許多工廠經常會掛上或寫上斗大標語來激勵員工，諸如「服從領導」、「反共復國」、「艱苦奮鬥」以及「發揚團隊精神」等。最後就是勞工結構問題，當時超過半數的台灣產業勞工為十七到二十五歲的女性，大多數的年輕女工們對公司主管都極溫順服從，這些年輕女工一般都住在公司提供的宿舍，她們把微薄薪資的百分之三十到四十存了起來，以作為念夜校、寄回老家幫助供養父母弟妹，或是作為未來個人結婚之用。[10] 李登輝從省主席的觀點來看，較少的勞工抗爭意味著他更容易推動省政業務，不過他也曾多次表示應該提高勞工的薪資水準。

與農民和勞工比較起來，台灣中產階級的薪資相對優渥。這裡所謂的中產階級包括技術人員、管理人員、政府機構公職人員，與公立學校教職員等。有錢人在台灣可能很有權力，但有權的人卻不一定很富有。例如，國民黨實際最高權力所在的中常會三十一名常委中資本家才只有寥寥數人。在政府機構與公立學校裡，基層公職人員與教師多數為台灣人，來自中國大陸的外省人雖然居於少數人口地位，卻占據了多數高層職位。由於高層軍公教人員的薪資可能高達基層人員的四倍，不過他們之間的差異頗大。一般而言，來自中國大陸的軍公教人員年齡偏高，彼此有比較密切的政治聯繫。在這種情況下，當李登輝試圖為政府引進新生力軍時，總會遭遇相當大的阻力。

社會階層中位居中產階級之上的是包含醫師、建築師、律師、會計師、藥劑師與工程師等在內的專業人員。在經濟快速擴張時期，社會上專業人員也在快速增加，不過質的提升顯然不及量的增加速度，他們的訓練與素質還未能符合先進國家所要求的水準。另外，台灣專業人員的業務管理也相當鬆散，尤其是證照管理與規費收取等更是問題重重，社會到處充斥著各式各樣的冒牌專業人員，許多「光明正大行醫的醫生」根本連醫學院文憑都沒有。企業管理與會計作業也未能上軌道，因此經常發生嚴重的經濟醜聞。由教授轉身出任省主席的李登輝即使有心改革，也很難在短期內做出重大改變。

在台灣社會金字塔最頂端的是一批富豪名流，其中一類的新興富豪是大地主，他們的財富因地價隨著經濟發展大幅飆升而飛快增加，由於台灣沒有周全的立法，這類財富增加通常都不必負擔增值稅或遺產稅。另一類富豪是戰後由中國大陸逃到台灣的企業大亨，像是裕隆汽車、遠東紡織，與太平洋建設等企業集團老闆都屬於這類，他們在一九四九年到一九五〇年前後逃出中國時，都帶了相當的財富資本到台灣。第三類富豪則是一批戰後白手起家的台籍企業家，像是林挺生（家電）、蔡萬林（後改名「蔡萬霖」，保險與金融）、王永慶（塑膠）與張榮發（海運）等屬之。與西方大型企業的完全股份公司化不同，台灣的大企業基本上維持家族擁有、經營與管理體制。這種以家族為中心的企業大都透過自有品牌產品壟斷製造與行銷，形成類似財閥的企業聯合集團。累積相當資本財力後，台灣的企業家族多會推出子孫或其他親友競選公職，建立政治人脈。11 李登輝早期的許多言論在誇大成風的台灣傳媒報導中，散發出對農民與勞工的濃濃同情，不過我們仔細檢視李登輝在省主席及後來擔任總統的施政，可以發現他與大企業主及富豪名流也建立了密切合作關係。[12]

美國林肯（Abraham Lincoln）總統曾說：「幾乎每一個人都能忍受厄運困頓，假如你想考驗一個人的品行，就給他們權力吧！」李登輝擔任省主席雖未經西方民主選舉洗禮，不過他並非不知人間疾苦。願意從事任何事以成就生涯的心，對李登輝言是一大品行試金石，現在的李登輝大權在握，他可以給支持他的人利益，也可以對威脅他的人壓力威嚇。李登輝對大企業基本上相當寬容，對於影響他主要施政計畫的社會秩序破壞者與異議者則出手嚴厲。例如，以前台灣每到選舉時，候選人總要到處懸掛張貼海報，不論是電線桿、路邊圍牆、公共建築或是車站牆壁幾乎無一倖免，選舉前後台灣街頭景觀都是一片凌亂。李登輝擔任省主席時下令，這類選舉宣傳旗幟與海報必須在投票日起三天內清除完畢，未於指定時間內清除者，相關候選人、助選員與地方政府基層公務員都將受到嚴厲處分。[13]

當時國民黨還是維持家父長制的傳統，行事原則只是「用法律來統治」，還稱不上是真正的「法治」。擔任省主席的李登輝仍須聽命行事，遵奉上級指令，麻煩的是執行這類指令常得面對社會群眾的抗議反對。以興建德基水壩為例，這是李登輝首度展現威權的施政作風，以強力手法完成任務。德基水壩位於一百二十四公里長的大甲溪上游，大甲溪整個流域面積則達一千兩百三十六平方公里。根據規劃，德基水壩建成後不只可供應台中縣用水，更能促進中台灣的經濟發展。德基水壩自一九七〇年開始興建，因遭受大甲溪沿岸的果農強力反對，興建工程一直橫遭阻礙。李登輝接掌省政府時，工程計畫斷斷續續拖延了十三年。包括許多榮民在內的果農們態度頑固，拒絕將土地賣給政府。李登輝毅然向中央提出徵收所有水庫附近土地的建議，獲得首肯支持後，接下來就看他如何付諸實施。李登輝建議在一九八四年一月前以適當價格徵收水壩附近的五百公頃果園，由於預期不滿的果農可能訴諸暴力，因此當二百七十名工作人員前往拆除果園、清理廢棄物及丈量土地時，李登輝下令動員超過六百名警察，對山區村落的聯外道路進行嚴密封鎖、巡邏與檢查。李登輝後來曾自豪說，德基水壩完成是他省主席任內傑出的施政成果。[14] 值得注意的是，一個月後的一九八四年二月，蔣經國即提名李登輝擔任他的副總統競選搭檔。

李登輝經常提起的另一項省主席施政成果，即台北縣二重疏洪道工程。一百五十一九公里長的淡水河行經三百平方公里的台北盆地，這裡住了近五百八十萬居民。在台灣經歷三十年的快速都市化與無節制的工業化後，淡水河遭到沿岸居民、工廠、垃圾掩埋場與養豬場嚴重污染，這些污染源每天排放的大量廢水，幾乎都未經處理即放流進淡水河（一九八〇年代，淡水河沿岸養殖場飼養的豬隻估計高達二十五萬頭）。重大的污染工廠則包括各式化學廠、染料廠、食品加工廠、電子廠與紙廠等。[15] 這類污染很快滋生大量蚊蠅老鼠，成為嚴重的環境與公共衛生問題。另外，每到夏秋颱風季節，大雨經常導致河水氾濫，加上強風吹襲，沿岸垃圾經常逆流，漂到自來水廠的取水口附近。

很明顯，整治淡水河到了李登輝擔任省主席時才進行時間已經略嫌太晚。台北盆地行政區劃分屬台北縣與台北市，李登輝擔任台北市長時，曾大力推動台北市這邊的防洪河堤加高及水門強化等工程。不過直到一九七〇年代，淡水河南岸的重污染工廠與違章建築仍在持續增加，所製造排放的污染，遠超過當地污染處理設備容量。社會民意基本上支持政府整治河川污染，推動防洪計畫，不過整治計畫影響所及的養豬業者、私人或公家的工廠，卻透過政治影響力，試圖阻擋計畫的推動。

台北縣屬台灣省管轄，因此整治污染惡臭的淡水河與二重疏洪道防洪計畫等工作，隨即落在李登輝省主席肩上。李登輝親自與這些地主溝通，許多地主若非拒絕出讓土地，就是提出天文數字的賠償金。李登輝再次展現家父長施政作風，在苦口婆心，勸說沿岸養豬場停止飼養並答應出售土地，還婉言說服多數工廠老闆搬遷後，一方面動用優勢警力，強制要求違建戶離開。根據當時擔任李登輝廚子的張太太透露，當二重疏洪道整治紛爭解決時，李登輝曾興高采烈地在晚餐桌邊唱起台灣歌謠。[16] 一九八七年，台灣行政院成立環保署，之後李登輝領導的中央政府也編列數十億台幣計的經費繼續整治淡水河。不過到了世紀交替之際，淡水河沿岸在颱風季節照樣淹水氾濫，而且從河水的顏色與味道來看，外行人都看得出來淡水河污染情況依然嚴重。[17]

李登輝對於外界經常只將他視為農業專家相當在意，可能以為他不懂也不重視藝術、音樂或文化生活。為培養並廣泛展示政治家的氣質，李登輝省主席曾指示贊助系列文化活動。批評者可能會說，這只是一種皮毛的政治裝飾或自我宣傳手法而已，不過許多台灣人確實很欣賞李登輝振興台灣傳統文化的努力。例如為充實整年辛勤從事農漁礦鹽等業的勞工的文化生活，李登輝在省主席任內曾兩度請歌仔戲超級小生楊麗花號召一批知名演員到全省偏遠角落巡迴公演。歌仔戲融合了通俗幽默與深厚感染力，在早期的台灣社會極為流行。歌仔戲不只展現了台灣人的活力，更是台灣人對古老時代的回憶象徵，深受老一輩台灣人喜愛。楊麗花的巡迴公演為數以百萬計的台灣民眾帶來歡笑與眼淚。[18]

促進台灣農村文化的努力，也反映在《歌謠五十年》的編輯出版上。一九八三年十月，李登輝請資深的電視製作人游國謙到中興新村省主席辦公室，請他主持將近代台灣流行歌謠編錄成書的計畫。游國謙欣然接受這項邀請，順利出版這本傳統台灣歌謠專書，裡面收錄了〈白牡丹〉、〈望春風〉、〈雨夜花〉、〈天黑黑〉、〈望你早歸〉與〈補破網〉等知名歌謠。經過幾十年的不斷傳唱，這些歌謠、民謠已深入內化於台灣人精神之內。李登輝親自為《歌謠五十年》作序，當交響樂團在電視上演出這些樂曲時，節目叫好又叫座，廣受台灣社會大眾喜愛與好評。[19]

擔任省主席的李登輝也有過一些不愉快的經歷。一九八三年八月李登輝偕夫人到美國從事友好訪問，他們訪問了舊金山與亞特蘭大等美國城市。當美國友人熱情招待台灣來的省主席時，旅居美國的台灣人則以難堪的示威場面歡迎他，前去示威抗議的台灣人罵他是「賣台者」、「國民黨走狗」與「中國人同路人」。這些粗鄙的罵名讓李登輝回憶起他在康乃爾大學念書時所看過的情況，也讓他想起滯留海外台灣人對國民黨的不滿。不過李登輝刻意與在美國的親國民黨勢力，及反國民黨勢力的尖銳對立中保持距離，即使面臨最令人厭煩難堪的情況，他也絕不顯露內心的疑惑與害怕，因為這隨時可能被國民黨的秘密警察察覺，這大概就是所謂「墨菲定律」（Murphy´s Law）的警惕作用吧。

正當李登輝訪美，台中省立豐原高中驚傳體育館倒塌意外，造成二十七名學生死亡及八十七人受傷慘劇。李登輝被迫縮短訪美行程，火速趕回台灣坐鎮處理，以因應外界的強烈批評與指責。

準備利用此一意外事件修理李登輝的主要人物，是台灣省議會的黨外議員，他們是對一黨獨裁的國民黨政府發揮了一定制衡作用的僅有台灣政治力量。事實上，他們經常把質詢當成選舉前的造勢場合。由於具有廣泛的省自治立法權，省議會可以對省主席發揮相當的制衡力量。例如，省預算案須省議會通過才能撥款實施，省議員有權審查省政府的決算報告，決定省有財產的處置、審查省政府提案、質詢省府官員、提出行政改革建議、接受人民請願並通過相關的省自治法規立法，以及批准省營事業的營運規章等。[20] 不過因為國民黨在七十七席的省議會擁有五十九席的絕對優勢，加上省政府的有力遊說，李登輝省主席所提出的預算案與立法案通常都能在省議會順利通過。這段任職期間的施政需求，讓李登輝有機會開始與台灣所謂的「黑金」勢力多所接觸。在國民黨籍的五十九名省議員中，相當比例的議員具有黑道背景（黑）或是出身富商家族（金）。其中的一些「黑金」型人物後來都成為李登輝的強力支持者，李登輝當然會在政治上給予這些支持者相當的酬庸，並利用他們來拓展自己的權力基礎。許多黨外省議員大都口才便給，能言善道，政治技巧也很細膩，他們可以而且常透過辯論與議會質詢，批判國民黨體制及李登輝領導下的省政府。

李登輝擔任省主席時經常面對的批評議題，包括惡化的生態環境、不公的選舉制度與選舉舞弊操作、政治與企業的腐化勾結、警察執法不力、貪污蠻橫的稅吏以及不民主與人民自由權遭不當剝奪限制等。李登輝初期面對激烈質詢的省議員時相當戒慎恐懼，他的太太曾文惠女士與核心幕僚總會給他一些建議與鼓勵，穩定他的情緒。慢慢地，需要動員省議員支持，或是面對批評時，原本拘謹戒慎的李登輝也能應付自如，展現個人魅力。不過真正能幫李登輝應付省議員批評與外界需索的，是其背後強有力的國民黨組織機器，以及省主席可用來處罰或獎賞各級地方政府的「牛肉」（指省府用來補助各地方的資源）。

這時逐漸浮上檯面的台灣獨立問題讓國民黨當局相當頭痛，李登輝很自然成為國民黨避開這類批評的「避雷針」。每當黨外省議員提出是否支持台灣為主權獨立國家的問題時，李登輝總是以國民黨的宣傳口氣堅定說「不」，他進一步解釋說：「中國未曾拋棄台灣，台灣當然也不能忘卻中國。」李登輝曾說，他的祖先來自中國，他在血統上與文化上都屬於中國人，台灣是完整中國的一部分。只是他這些話究竟是表面話還是真正的肺腑之言，恐怕只有萬能的神和李登輝本人的心中才有標準答案。相反，如果我們把自己放在省主席的位置上，就能體會李登輝必須對他的黨負責，必須對提拔他的蔣經國有所交代，就能知道他只能那樣回答的必然性。另外就是時機還未成熟到可以讓他對台灣獨立表達同情的立場，因此為了確保政治生命安全，李登輝必須時時穿著適當的政治救生衣，跟著當時國民黨既定政策而行。事實上，當時台灣政壇謠傳，蔣經國之所以選擇李登輝當他的繼承人，是因為李登輝公開嚴厲批評台灣獨立。21 不過我們不能把這種傳言太過當真，因為在台灣獨立問題上，李登輝與他當時主要政治競爭對手，內政部長林洋港，表達的都是國民黨的基本立場。一九八三年十月十四日，林洋港在立法院接受質詢時更譴責台灣獨立是一種「幻想」，他宣稱：「如果我們宣布台灣獨立，將立即失去海外中國人的支持，也將給中國一個討伐叛亂的犯台藉口，那些要求台灣獨立的人認為，宣布獨立將獲得世界各國承認，這無疑是在做白日夢。」22

一九八三年秋天之後的幾個月裡，台灣各地政治敏感的人已開始談論蔣經國將選誰當副手的問題，一九八四年一月初，各種猜測人選紛紛出籠。自一九七八年擔任副總統的謝東閔同樣有台籍背景，不過普遍被認為年事已高。彰化出身的謝東閔曾擔任台灣省議會議長和台灣省主席，有過多年與蔣經國共事的經驗。年輕時期的謝東閔大部分時間在中國大陸度過，是戰後從大陸返台的所謂「半山」。其他被認為可能出線的國民黨副總統候選人還包括當時的行政院長孫運璿，孫運璿是來自中國大陸的技術官僚，具有豐富的行政經歷，清廉形象也普獲社會大眾肯定。不過根據當時《中國時報》董事長余紀忠與國民黨秘書長李煥等國民黨要員透露，蔣經國決心繼續推動「本土化」，也就是「台灣化」，以降低台灣社會日益緊張的對立情勢。換言之，蔣經國挑選的下一個副總統搭檔肯定是台籍人士。[23] 其他較有力的台籍人選，呼聲較高的是南投出身的林洋港。林洋港也曾擔任台北市長與台灣省主席，當時為中華民國內政部長。林洋港是個高談闊論型的政治人物，這在仍是家父長制的國民黨內反而是一項政治負擔。林洋港最高學歷為台大學士，雖然他也能使用日語，不過未曾接受過西洋文化洗禮。林洋港並非基督徒，而蔣經國與李登輝同樣都信仰基督教。一般而言，宗教在台灣政壇並非重要因素。李登輝參與活動的台灣基督教長老會出過許多反國民黨知名人士，這一點反而成為李登輝的重要政治資產，國民黨常要借重他與反國民黨人士關係進行接觸與溝通。

除了前述的謝東閔、孫運璿與林洋港外，還有其他幾位台籍或外省籍可能人選，但從省籍、教育、體格、行政經歷、宗教信仰與國際經驗等綜合判斷，這些人的條件顯然都不如李登輝。在擔任市長與省主席的百忙之中，李登輝在學術研究工作上繼續有傑出表現，像是一九八三年出版三大本有關台灣農業經濟專論就是最顯著的例子。這種學術成就對李登輝的形象有很大的加分效果，加上他在市長與省主席任內，許多施政作為讓蔣經國留下了深刻印象，在蔣經國心目中，李登輝是一個過著儉樸生活的博學多聞學者。另外還有一種傳聞指出，由於李登輝唯一的兒子已經過世，蔣經國認為李登輝不至於建立他自己的權力王國，因此才會安心選他為搭檔。蔣經國一九八五年十二月二十五日接受美國《時代雜誌》訪問時親自宣示，未來不會發生蔣家人繼他出任總統的局面。一九八四年二月初，蔣經國請李登輝到總統辦公室，邀請他擔任副總統候選人。同一天下午，蔣經國即將此一決定告知了孫運璿。相當耐人尋味的是，孫運璿在幾天後的同一個月二十四日發生了腦出血性中風。蔣經國對外宣布他的決定後，正式的提名與投票選出都只是形式而已。確定獲得中常會支持後，蔣經國於二月十五日正式對外宣布李登輝是他新的副總統搭檔，國民黨控制的國民大會三月二十二日投票選舉蔣經國與李登輝為新一任總統與副總統。不到兩個月後的五月二十日，六十一歲的李登輝宣誓就任中華民國的第七任副總統。事實上，李登輝是中華民國在台灣選出的第四位副總統，不過依國民黨算法為第七任副總統（參見本章註釋45）。李登輝一家人隨即自南投中興新村搬進由前美國大使館建築重新裝潢的副總統官邸。李登輝的妻子、小孩與孫子們都非常高興，他們又可以在台北團聚了。往後十六年李登輝與家人一直住在這裡，包括四年的副總統與十二年的總統身分，直到二〇〇〇年五月退休。

根據中華民國憲法規定，副總統的職務是襄助總統處理外交及其他國事，與總統只有一步之遙的副總統職位儘管極為崇高重要，不過並沒有實權。當時中華民國實際統治大權幾乎全操於蔣經國一人之手，他主導國家一切重要事務的事實早已人所共知。不過當時蔣經國健康不佳，除前列腺與心臟等較嚴重問題外，還深受視力嚴重衰退、靜脈炎以及糖尿病引起的多重病症之苦。事實上，由於重病纏身，健康走下坡，蔣經國晚年常得靠輪椅代步，並須以護腰來保護支撐。蔣經國與幕僚及國民黨領導階層的例行會晤次數也越來越少，時間越來越短。根據李登輝後來的回憶，他在副總統任內曾與蔣經國進行過一百五十六次個人晤談，每次會晤時間大約是二十分鐘到一個小時。李登輝說，擔任副總統初期他每週都會與蔣經國見上一次面，後來就改為一個月見一、兩次了。[24]在這種情況下，蔣經國逐漸將權力下放給包括李登輝副總統在內的手下，參加國外儀式典禮的活動幾乎都由李登輝代表出席，這使得李登輝副總統在國際場合代表中華民國的曝光率大為提高。例如，一九八四年九月十四日，李登輝以中華民國祝賀團團長身分前往南非普勒托里亞（Pretoria）出席南非總統波塔（P.W.Botha）的就職儀式。李登輝在南非訪問了五天，訪問期間他曾前往約翰尼斯堡探訪僑胞，接受波塔頒贈「好望十字」（Good Hope Cross）大勳章，並簽署多項台灣與南非雙邊合作協議。李登輝這次南非訪問之旅，不論是形式還是實質，都大大增進了這兩個「國際外交孤兒」在貿易、漁業、農業、鐵路、水力發電技術等的合作關係。25

在五個月後的一九八五年二月二十四日，李登輝又率領另一個中華民國代表團出訪南美洲的烏拉圭與巴拉圭。他這趟蒙特維多與亞松森的訪問進一步強化了台灣與這兩個南美貧窮小國之間的關係。返國途中，李登輝在美國舊金山做了短暫停留，受到當時的舊金山市市長費恩斯坦（Diane Fenstein）以及灣區（Bay Area）華人社區代表們的熱烈歡迎。此時的舊金山正面臨嚴重的財政赤字問題，費恩斯坦要求台灣給予協助。李登輝回答說，他將與長榮海運的老闆張榮發談談，請他考慮將原先停靠於奧克蘭的航線轉停靠舊金山。結果張榮發接受了李的這項建議要求。不過李登輝這次過境沒有能會晤加州州長杜克梅吉恩（George Deukmejian），他剛於六週前以晚宴款待訪美的中華人民共和國總理趙紫陽。李登輝還在日本的東京與橫濱停留了三天，會晤了超過四十名日本國會議員與多位對台灣相當友好的學者。日本政府高層領導並未出面接待李登輝，他們不希望日本與中國新建立起來的「友誼」遭破壞。26 一九八五年九月，李登輝副總統再次代表蔣經國總統訪問三個反共的中美洲友邦哥斯大黎加、巴拿馬與瓜地馬拉。訪問行程中，李登輝除代表台灣提供實物與經濟援助給各國人民外，還與各國領導洽談擴大台灣經濟援助計畫的方法。[27]中華民國歷任總統與副總統當中，李登輝最常出國訪問。由台灣經濟專家轉變為政治家，再透過多次出國訪問歷練，李登輝逐漸成為一嫻熟的世界級外交家。不過他並未涉入曾讓台灣與美國關係相當不快的江南事件。

一九八四年十月，筆名江南的華裔作家劉宜良在舊金山近郊的達利城（Daly City）遭人暗殺身亡。劉宜良曾為國民黨政府從事情報工作（後來資料顯示他是雙面間諜甚至是三面間諜），在美國以中文寫了一本批評蔣經國的傳記（《蔣經國傳》）。未經證實的消息指稱，在蔣經國次子蔣孝武指示下，台灣的情報機構吸收了三名惡名昭彰的竹聯幫份子來執行暗殺劉宜良計畫。劉宜良暗殺事件不只震驚了數以百萬計的台灣人，也讓李登輝與錢復等曾留學美國的國民黨高層領導人處境難堪，更讓台灣與美國的關係面臨嚴峻挑戰。地位崇高的美國《紐約時報》的一篇社論指這次暗殺是：「一個家族、一個政黨與由一個教條所統治的警察國家伸出魔掌所犯下的赤裸裸恐怖主義行動。」還說：「一九四九年由中國逃到台灣的國民黨老領導層堅持極端保守觀念，一直在台灣實施軍事統治。」[28]；美國眾議院亞太事務小組委員會（House Sub-Committee on Asian and Pacific

Affairs）曾在主席索拉茲（StephenJ. Solarz，紐約州，民主黨）主持下舉行劉宜良事件聽證會，索拉茲還威脅要美國政府停止對台軍售。

從國會議員與傳媒的激烈批評聲浪來看，一般人都可能認為美國與台灣的關係必然會受到嚴重衝擊。不過根據通曉中國與台灣事務的陶涵說法，「國民黨政府並沒有因發生劉宜良事件而在對美關係上付出什麼代價」，因為正如事件後來所揭露發展的一般，台灣透過不同的方法成功降低了雷根政府的不滿。在台灣努力修補與美國關係的各種措施中，包括蔣經國向美國諾斯中校的瑞士銀行秘密帳戶捐助了一百萬美元，這個帳戶是諾斯秘密銷售武器給伊朗再以所得援助尼加拉游擊隊所使用。[29] 因此，在諾斯中校及白宮顧問迪弗（Michael Deaver）等雷根的助理心目中，蔣經國是一個不錯的獨裁者，不應受到太多的干擾與打擊。雷根總統對共產主義本來就沒有好感，對台灣一向強力支持與同情。在確認蔣經國將迅速採取措施抑制早期國民黨遺留下來的極端主義與暴力手法後，雷根政府繼續維持先前每年約七億美元規模的對台軍售。儘管美國已經與中華人民共和國建交，雙方的國家元首也相互進行過正式訪問，美國仍持續提供新的軍事技術給台灣以提升其防衛能力。其中一個顯著例子，就是在主管亞太事務助理國務卿伍爾夫維茲（Paul Wolfowitz）促成下，由通用動力公司與台灣合作生產先進的 F-16 噴射戰機。[30]

國民黨政府一再否認有任何高層官員涉入了劉宜良暗殺事件，這時候台灣出身的李登輝是對外洗刷國民黨政府污點印象的理想人選，特別是對李登輝有特別淵源的美國與日本兩國而言。李登輝當時在國民黨權力中心的中常會排名第三，地位僅次於蔣經國與謝東閔，不過深入觀察國民黨的整個權力結構就會發現，外省籍權力菁英占據著大多數核心權力位置，像是總統府秘書長、參謀總長、國民黨秘書長、國家安全會議秘書長以及立法院長等職位，就一直是由外省籍人士所「獨占」。與昔日一樣，李登輝小心翼翼與國民黨內的權力派系爭鬥保持距離，努力在完成蔣經國交代的任務中展現他的專業能力與謙卑。

李登輝擔任副總統雖沒有權力，但因憲法規定而得以享有一些別人所沒有的權力優勢。如：他經常有機會代表健康狀況不佳的蔣經國前往澎湖、金門與馬祖等離島巡視，這是兩蔣父子所建立的主要權力展示模式。在這些巡視行程中，李登輝副總統都會召見各地的防衛司令，與各級將領及基層官兵談話，巡視各地主要軍事設施。另外，在中國傳統的中秋節與春節等節日，李登輝也常以代表國家元首的身分巡視各地部隊，與官兵共進午餐晚餐，感謝他們全年不眠不休為國服務的辛勞。李登輝也有越來越多的機會，代表蔣經國前往檢閱即將自各軍事院校畢業的准軍官。這些視察之旅與各種儀式性活動，讓李登輝有機會學習了解台灣的軍事指揮、人事與作業體系。這些知識以及逐漸與高層軍事將領建立起來的個人關係，對於他一九八八年突然要接掌總統大位是一項重要的政治資產。當然李登輝也常代表蔣經國擔任一些輕鬆愉快的儀式角色，像是在國父孫中山先生逝世紀念日的植樹節到特定地方植樹、主持孔子誕辰紀念活動或出席教師節慶祝活動，以及在光復節的台灣區運動大會開幕典禮致詞等。

在國內政治上，李登輝扮演國民黨與反對派之間的溝通角色越來越重要。黨外人士在一九八三年的選舉中受到不小的挫折，非國民黨籍候選人總計才得到約百分之三十的選票，黨外公職人員選舉後成立了「黨外公共政策研究會」，凝聚力量，且又能避免國民黨政府以違法組織政黨為藉口進行鎮壓取締。同一年成立的「黨外編輯作家聯誼會」則為反對陣營提供了宣傳與論述平台。雖然實際上持續扮演著反對政黨的角色，黨外公共政策研究會一直避免與國民黨當局直接對立。黨外公共政策研究會這種謹慎策略不只暴露本身的政治弱點，也引起沒有公職的年輕一輩黨外人士的不滿，他們的觀點和目標與黨外公職人員有所不同。在黨外反對陣營缺乏經驗以及國民黨壟斷地方政治資源下，非國民黨籍候選人在選舉中相當不利。例如一九八五年十一月十六日投票的地方選舉，黨外人士在選前倉促組成「選舉後援會」作為號召，但黨外陣營也只贏得一個縣長、十一個省議員、十一個台北市議員與三個高雄市議員的席次。在這次選舉中，競選台南縣長失敗的陳水扁，黨外政治明星的地位儼然形成，就在選舉結果出爐的第二天卻發生不幸事件，陳水扁的妻子吳淑珍女士在陪同丈夫謝票時遭一輛拼裝車撞擊受傷，導致肩部以下半身不遂，須終生依靠輪椅代步。[31]

在大約同一時間的一九八六年五月，包括費拉蘿（Geraldine Ferraro，民主黨，紐約州）、李奇（Jim Leach，共和黨，愛荷華州）、培爾（Claiborne Pell，共和黨，羅德島州）、托里切利（Robert G. Torricelli，民主黨，新澤西州）與索拉茲等兩黨知名議員成立了「台灣民主化指導委員會」（Taiwan Democratization Steering Committee），該委員會強調一項事實，台灣人占台灣一千八百五十萬人口的百分之八十五，卻只能在國會選舉中投票選舉極少數的「增補選席次」，絕大多數國會席次一直由一九四七年到一九四八年皆為中國大陸選出的「終身議員」所占據。委員會不只呼籲台灣早日結束戒嚴，還警告國民黨政府，台灣如果不進行民主改革，最終結果將是社會暴力與惡化衰退。不過國民黨在美國國會也有強力支持者，包括黑爾姆斯（Jesse Helms，共和黨，北卡羅萊納州）、高華德（Barry Goldwater，共和黨，亞利桑納州）與鄧頓（Jeremiah Denton，共和黨，阿拉巴馬州）等保守議員就是其代表人物。後來出任參議院安全暨恐怖主義小組委員會（Senate Sub-Committee on Security and Terrorism）主席的鄧頓，有過七年越戰戰俘的經驗，他不只支持台灣長期實施戒嚴，甚至還指「台灣人公共事務會」（Formosan Association for Public Affairs, FAPA）與「台灣獨立建國聯盟」（World United Formosans for Independence, WUFI）是組織性恐怖份子集團。[32]總的來說，有越來越多的知名美國人士出面支持台灣人爭取民主與人權行動，他們之中包括美國前司法部長克拉克（Ramsey Clark）、曾任卡內基美隆大學校長的西爾特博士（Richard M.Cyert）、德格魯特教授（Morris H. Degroot）、卡根教授（Richard Kagan，又名柯義耕）、曾任亞洲中心主任的盧斯（Don Luce）、魯姆夫牧師（Roger Rumpf）、薩穆爾森博士（Douglas A. Samuelson）與長期關切人權事務的司馬晉教授（James Seymour）等人。[33]

當海內外反國民黨的政治暴力與情緒逐漸讓台灣民意趨向支持黨外陣營時，台灣組織反對政黨的時機也日益成熟。一九八六年的九月二十八日，一百三十五名黨外領導人終於宣布組織「民主進步黨」，公開反抗國民黨政府長期禁止成立新政黨的政策。民進黨隨即展開選舉布局，準備迎戰年底舉行的立法委員與國民大會代表增額選舉，並透過遊行、街頭抗議、未經准許的罷工活動、鼓勵人民消極反抗及各種型態的活動來挑戰國民黨政府。民進黨在以下幾個尖銳的問題上與國民黨有不同的主張：（一）憲政改革；（二）

取消戒嚴；（三）台灣主體認同；以及（四）台灣自決。在激烈的內部挑戰與外部壓力下，身體衰弱的蔣經國發出了政治自由化的訊號。蔣經國召集主要幕僚，這些高層幕僚中除兩人外全都強力反對自由化，其中尤以國民黨前秘書長馬樹禮反對最力。但在蔣經國表示要開放政治自由化改革後，其手下縱使有一萬個不願意，也都只有乖乖遵從蔣經國意見的路可走。在蔣經國做出表示後，國民黨的所有黨政機構即不敢再說要對民進黨進行取締鎮壓。[34] 一九八六年十月七日，蔣經國接見美國《華盛頓郵報》發行人葛蘭姆（Katherine Graham）女士時表示，他的政府很快就會解除以緊急處分為名的戒嚴令。[35] 雖然蔣經國此一宣示並非全然在意料之外，而台灣的政治史也即將跨進嶄新的一頁。

當這些變革發生得又急又快之際，李登輝副總統仍繼續擔任其政治溝通媒介的角色，適時向黨外領導層傳達蔣經國的意見。而且一如以往，李登輝仍經常南北奔波，以政府與民眾橋樑的姿態，向社會各階層傳達政府的善意，解釋政府的政策，大為提升當時國民黨政府的形象。在努力提振台灣社會內部和諧行動中，李登輝一九八四年八月成功協助安排釋放包括台灣基督教長老教會高俊明牧師，以及前省議員林義雄在內的部分美麗島事件受刑人。一九八四年六月二十六日，李登輝在他出任副總統後所發表的第一次公開談話中，呼籲「媒體要引導國家社會走向正確方向，多報導社會的好人好事，導正不正常的政治風氣，促進並發揚社會團結合作精神」。[36]李登輝的角色並不是讓反對派完全寂靜無聲，噤若寒蟬，而是要找出導引民進黨爆發力量的方法與管道。也就是透過將不滿份子引導到政府控制的體系內，確保不滿份子的存在不致阻礙經濟發展或破壞社會安定。李登輝也希望透過給予特定權利或是保護特別利益等方式，來降低黨外運動的激進性質。[37]

如果我們把台灣民主變革與政治自由化完全歸功於單一個人或單一政治力量並不公平，這些變革過程中當然會出現許許多多的「推拉」機制。國民黨與大多數的外省籍居民大都堅持，蔣經國是啟動台灣民主化的最大功勞者，他們認為蔣經國有機會強力反擊黨外人士所引導的民主運動，不過他選擇了退讓。其他一些人則將主要功勞歸於李登輝扮演的溝通媒介角色，以及後來繼續推動蔣經國在世時即已開始的政治改革。但台灣獨立運動領導人則持完全不同看法，他們承認蔣經國與李登輝的改革計畫曾讓反對派在國會的代表人數有所增加，不過國民黨的改革目的是要延續國民黨對台灣的控制。在台獨人士心中，台灣人的民族主義與要求民主的運動日益擴張，正逐漸獲得社會菁英與一般社會大眾的支持，即使是蔣經國或是李登輝都已無法力挽狂瀾。另外，來自美國政府與民間的持續關注與壓力也對台灣政治變革發揮影響，因此我們也可以說，美國對台灣民主化也有一定的貢獻。

在這種情況下，民進黨將其運動策略建基於群眾支持與美國壓力的同質性上，而包括蔣經國、李登輝與蔣彥士在內的國民黨內開明派也小心從美麗島事件受刑人家屬與律師在選舉中贏得最高票看出民心求變的要求。國民黨領導階層有見於世界變動的趨勢，並加以順應：柯拉蓉（Corazon Acquino）在菲律賓取代獨裁腐化的馬可仕（Fernando Marcos），美國阿拉巴馬州州長華萊士（George Wallace）為贏得黑人選票放棄種族主義主張，拉丁美洲軍事政權的普遍弱化或是完全解體，以及南非因種族隔離政策成為「國際賤民」（international pariah）。國民黨決策者終於接受「化干戈為玉帛」的想法，了解到需隨時代改變策略，適時做出讓步，因為這是持續獲取國內社會和諧與國際支持不可或缺的條件。

預定一九八六年十二月六日舉行的中央民意代表局部選舉是國民黨是否願意在民主改革做出讓步的第一個大考驗。在阿奎諾（Benigno Acquino）返回馬尼拉與金大中回到漢城（即今日的首爾）激勵下，一些流亡海外的不滿人士也準備在未持有效護照下返回台灣。十一月十四日，六名美國台灣同鄉會會員搭乘新加坡航空公司班機抵達台北，其中三人持的是美國護照。不過他們一踏上熱愛的故鄉台灣土地時，隨即遭機場安全人員逮捕。同一時間，兩百多名警察在機場外警戒並維護秩序，數以百計遠從屏東與高雄等地前往機場的民進黨支持者，為迎接他們心目中的英雄返國已在機場外等候了六個多小時。久候的群眾終於失去耐心而與警方發生衝突，導致警民雙方都有人受傷。群眾與警方衝突之際，民進黨代表與國民黨官員進行協商，希望政府釋放他們的海外同志，不過並沒有能如願以償。六名被捕的台灣人最後不得不失望地返回美國。[38] 接著是十一月三十日，自一九七九年九月即流亡海外的前美麗島雜誌社社長許信良也試圖在無有效護照下闖關返台。許信良這次戲劇性的返台行動中，有多名美國人隨行，有來自 CBS、NBC 與《洛杉磯時報》的記者外，長期關注台灣事務的和平運動家梅心怡（Lynn Miles）也在隨行人員中。由於許信良曾是中正國際機場所在地的桃園縣縣長，大批縣民聞訊後成群結隊前往機場，熱烈歡迎許信良的英雄凱歸。不過到了三十日晚上，許信良還是被國民黨政府派出的安全人員送上一架飛往日本東京的班機。[39]

許信良未能返鄉一事被大肆炒作，進一步激化了台灣的政治對抗。在敏感的選舉前夕，國民黨全力動員所有可用資源來阻止民進黨崛起，國民黨打出經濟繁榮、完全就業與持續穩定發展為主要競選訴求，民進黨選戰則以求變為訴求，打出的主要競選政見為台灣獨立於中國、人民自決、清廉政府與綠色環保等。在一千八百萬合格選民中有相當於百分之六十五點四的一千一百七十七萬選民前往投票，選舉八十四名增額國代與七十三名增額立委。結果國民黨贏得六十八席增額國代與五十九席增額立委，民進黨在國代與立委各贏得十二與十一席，其他席次則由獨立候選人當選。[40] 選舉一結束，兩個政黨都宣稱大獲全勝。國民黨保持國會絕對多數的優勢，牢牢控制政權的地位不動如山。不過民進黨陣營指出，國民黨在一九八三年的中央民代選舉中贏得七十一個立法院改選議席中的六十二席，如今卻只在七十三席中贏得五十九席。還有就是多名民進黨的候選人在其選區中贏得最高票，選前匆匆成立的民進黨及候選人全台總得票率超過百分之二十，就現實條件言確是一個不錯的開始。

不過最大的勝利者應該是台灣人民，因為民主制度一度被認為對他們而言遙不可及，如今卻已變成了極為普通，理所當然。儘管國民黨是在心不甘情不願下承認民進黨的成立事實，民進黨的合法化在台灣民主發展史上卻是一件歷史性大事。美國《紐約時報》與《華盛頓郵報》十二月七日不約而同以頭版報導這次選舉，大大突顯出這次選舉的歷史意義。台灣發生驚天動地的大事總會在中國、日本與美國產生迴響與漣漪，選舉期間所謂的中國專家、台灣觀察家與國務院主管東亞事務的官員都在密切注意相關情勢發展。從新興民主國家的標準來看，台灣這次選舉基本上算得上公正有秩序，不過台灣要過渡到穩定的兩黨政治還有一段很長的路要走。此時沒有人能預見，十四年後的民進黨會贏得總統大選，而且還成為立法院的第一大黨。

一九八六年選舉後的幾個月裡，台灣發生兩大戲劇性發展，其中之一涉及台灣對中國大陸的關係，另一變化則是解除戒嚴令。自韓戰結束以來已超過了三十五年，這段期間台灣的國民黨政府對北京中國共產政權一直採取不談判、不接觸與不妥協的所謂「三不」政策。雖然中國無法迫使美國完全切斷與台灣的聯繫，中國還是成功地與英國就一九九七年之後的香港問題達成了協議，中國承諾讓香港在中國政治主權下維持高度的經濟自治。自一九八四年初開始，中國就大力以所謂的「一國兩制」宣傳一九九七年以後香港與中國的關係模式，還宣稱這種香港模式可用於未來的中國與台灣統一。儘管台海兩岸經常以激烈的言詞互相攻擊對方，事實上兩岸中國人之間的關係卻是血濃於水。另一方面，中國共產黨領導階層則寄望以中國的持續現代化成果與國際間持續孤立台灣作為胡蘿蔔與棍棒，吸引或迫使台灣國民黨政府與他們談判統一問題。不過台灣打從一開始即堅決反對接受所謂的「一國兩制」。到了一九八七年秋天，可能是受到中英香港協議的影響，日益年邁的蔣經國決定降低台海兩岸緊張氣氛，放寬民眾到大陸探親的限制。

面對嶄新的現實情勢，蔣經國總統要當時擔任行政院研考會主委的馬英九研究與共產黨對話的可行性。獲得肯定性結論報告後，蔣經國在一九八七年九月十六日的國民黨中常會上宣布，開放台灣的外省人回中國大陸探親。隨即責成李登輝領導新成立的「新大陸政策特別委員會」，籌畫開放大陸探親事宜。一九八七年十一月二日，第一批不具軍公教身份的外省人返回大陸探親，之後的一年內，估計多達二十二萬中國當局所謂的「台灣同胞」前往大陸探親訪問。[41]在台灣開放探親政策後，中國當局則大力宣傳多項貿易與投資優惠政策吸引台海對岸的「同胞弟兄」。李登輝因擔任那個特別委員會主席，有機會得以從實用角度深入參與對中華人民共和國的複雜政策，這是擔任副總統的李登輝一個重要的政治歷練。

除放寬對中國的政策外，國民黨政府也「因應時代變遷對自我進行了調整」，宣布自一九八六年七月十五日起結束長期的戒嚴體制。不過取消長達三十八年的戒嚴體制不可能在一夜之間完成，因為取代戒嚴法令的國家安全法要經過冗長的立法程序，最快也要到一九八七年七月才能完成。包含十個條文的國安法不只讓組織政黨合法化，而且也恢復憲法賦予人民的集會遊行權利。不過最大的改變是第三、四條文嚴格限制警備總司令部權力。例如在新國安體制下，警備總司令部已無審核人民能否出國的權力，也無權檢查進出海關的人或物。[42]隨著戒嚴體制結束，蔣經國接著推動多項自由化改革政策，其中包括停徵農業用地土地稅、放寬外匯管制及逐步開放報禁。一九八八年一月之前，台灣島內只有國民黨擁有的《中央日報》以及國民黨認可的《聯合報》、《中國時報》與英文《中國郵報》等少數親國民黨報紙存在。

蔣經國在台灣報禁取消後沒幾天即突然逝世，台北盆地很快到處瀰漫著各種悲傷的流言傳說。李登輝副總統因蔣經國突然過世而必須立即站上權力舞台，此時的李登輝還不能確知能否順利接下蔣經國所遺留下來的大權。由於李登輝是否有能力接下如此多的挑戰與責任還是未知數，台灣權力象徵的蔣經國的離世有可能引發一場權力繼承危機。就像一個突然中樂透頭獎者一樣，李登輝起初也有點不知所措，不過直覺告訴他不能讓狀況惡化。李登輝本人相當了解，要讓這場由蔣家王朝交給來自偏僻的台灣三芝鄉了弟的權力轉移順利完成，他有必要獲得國民黨內大老的支持，他們大都是戰後從中國大陸來台的外省人。因此李登輝一開始的因應訣竅就是先確保權力現狀獲得維持，同時並迅速尋求國民黨內的共識。另外，身為副總統的李登輝在鞏固權力基礎前，首要的工作是讓政府正常運作。李登輝在後來以「沒有使用防護網的特技演員進行高空鋼索表演」來形容他接任中華民國總統最初幾個月的情況。[43]

蔣經國因糖尿病引起的複雜併發症而於一九八八年一月十三日在台北官邸逝世，結束了七十八年又十個月的不平凡的生涯。蔣經國身後留下的家屬有來自俄羅斯的妻子蔣方良女士、旅居美國的女兒蔣孝章、二兒子蔣孝武以及最小的兒子蔣孝勇。蔣經國留下了簡單遺囑，據信遺囑是他的秘書王家驊後來所擬，不過遺囑上所署的日期為蔣經國逝世前的一月五日。蔣經國的遺囑要台灣人民團結一致反抗共產黨，並光復大陸失土，不過並未指定權力繼承人，儘管蔣經國在去世前決定授予李登輝中華民國文人最高榮譽的「采玉大勳章」，大有以李為繼承人的味道。在蔣經國遺囑上簽名的有蔣經國小兒子蔣孝勇、李登輝副總統與五院院長。[44]

在蔣經國逝世約五小時之後的十三日下午八時〇八分，李登輝依中華民國憲法規定宣示就任第七任總統。在國父孫中山先生遺像前，李登輝先生高舉右手過肩宣誓：「余謹以至誠，向全國人民宣誓，余必遵守憲法，盡忠職務，增進人民福利，保衛國家，無負國民付託。如違誓言，願受國家嚴厲之制裁，謹誓。」[45]出席宣誓儀式的黨政高層有總統府資政謝東閔、行政院長俞國華以及其他四院院長、總統府秘書長沈昌煥、國民黨秘書長李煥、台灣省主席邱創煥、台灣省議會議長高育仁、內政部長許水德、國防部長鄭為元、參謀總長郝柏村、國民黨副秘書長宋楚瑜、經濟部長陳履安與外交部長連戰。與美國總統就職宣誓就職不同，李登輝宣誓接任總統時，他的妻子曾文惠女士並未陪同出席。令人驚訝的是中華人民共和國國家主席趙紫陽倒是向李登輝拍了賀電。宣誓接任總統後，李登輝隨即上電視向全國人民發表談話，表示將繼續推動蔣經國擬定的各項政策。

蔣經國的逝世宣告一個時代的結束，也宣告蔣氏權力王朝的結束。台灣戰後近半個世紀的發展與蔣經國，以及他的父親蔣介石息息相關。在李登輝上台引發台灣人的強烈意識前，「蔣」總統幾乎是台灣人所知道僅有的總統。事實上，台灣的社會與政治轉變早已啟動，薪傳的火把也已點燃，問題是李登輝是否已做好將火把傳遞下去的準備。這個問題的答案可說是，也可說不是。蔣經國雖然健康狀況一直不佳，李登輝原以為蔣經國可當完整個總統任期，蔣經國本人早先想必也是如此認為。事實上，李登輝心中不無疑慮，蔣經國是否有意讓他擔任下一任總統。[46] 國民黨內的權力高層似乎也不想讓李登輝，或任何台灣人，繼承蔣經國留下的黨主席職位，國民黨內許多人很難想像由不姓蔣的人來擔任國民黨主席。這也正是為什麼在接下來的六個月裡李登輝只能當「國民黨代理黨主席」，以及接任總統後久久無法自由改造內閣與國民黨高層領導的原因。因此李登輝接掌總統職權的最初兩百天裡，都像是在蔣經國陰影下執行總統權力一般。之後李登輝才決心不再做蔣經國的政策傀儡，而要當一個新台灣的開創者與推動者。蔣經國逝世的一九八八年一月十三日晚上，李登輝正式接任總統後首度上電視發表談話，他以略帶台灣口音的國語加上威嚴緩慢的口氣發表談話，給人一種戒慎恐懼，如履薄冰，但具有一種難以抗拒的魅力的印象。不過李登輝很快就變得堅強茁壯，這種政治家面貌可能掩飾掉他魅力的外表與溫柔可親的笑容。之後的李登輝逐漸擺脫了蔣經國的陰影，領導台灣人民走出新方向，並建立起屬於他自己的政治成就。

第八章 李登輝總統，一九八八—一九九三

李登輝接任中華民國總統後，隨即面臨多項挑戰。首先台灣還只是個局部民主化社會，在國際社會上遭嚴重孤立，台灣的軍事與經濟都過分依賴美國。其次，李登輝不像他的前任蔣經國一樣擁有絕對穩固的權力，因此他必須與戰後自大陸撤退來台的老一輩權力者分享權力，問題是此時他領導的國家正面臨快速的政治、經濟與社會變遷，特別需要一個強有力的國家領導。理論上，中華民國總統為國家元首，被賦予了廣泛的憲政權力來推動國政。但從實際的權力運作而言，所有的權力只是以總統名義進行而已，像統率陸海空三軍就是一個明顯的例子，在制度安排下，當時的參謀總長郝柏村是擁有極大權力的人。由於長時間擔任參謀總長職務，當時三軍主要領導職位都是由郝柏村的親信人馬掌控，郝柏村親信人員幾乎控制著百分之九十九的國防預算。郝柏村並負責軍事戰略研擬、軍事演練執行以及廣泛軍事行動與各種重要軍購任務等的督導。[1] 李登輝接任總統後幾乎全盤接受郝柏村提出的人事任命及其他建議，事實上，郝柏村對剛接任總統職位的李登輝構成了實際權力威脅。憲法也賦予總統公布法律與發布命令的權力，

在立法院同意下宣布戒嚴的權力，以及對外締結條約、宣戰與媾和等權力。不過實際執行這些權力時都需要立法院及其院長倪文亞的配合，因此新上任的李登輝要發揮總統權力，自然需與倪文亞發展維持良好關係。李登輝首次改組內閣人事時，任命倪文亞的台籍妻子郭婉容出任李登輝政府的第一位女部長，不能說完全沒有這種特殊的權力考量。

擔任總統的李登輝有權召集國民大會，行使大赦、特赦、減刑與復權，並得依法任免文武官員及授予榮典。他還有多項特別權力：提名暨任命行政院正副院長、司法院正副院長、監察委員及監察院正副院長與審計長以及考試委員暨考試院正副院長，並得於五院有爭議時召集相關各院協商解決。在當時所謂的動員戡亂體制下，總統並得為避免國家或人民遭遇緊急危難，或應付財政經濟上重大變故，經行政院會議之決議後為緊急處分，不受憲法第四十三條規定程序的限制。不過在實施這種緊急處分權時，也需要行政院長與國家安全局長配合。國家安全局成立於一九六七年，後來擴大為國家安全會議。當時的行政院長由祖籍浙江出身哈佛大學的俞國華擔任，他是極受蔣家父子信任的財政專家。國家安全會議秘書長為宋心濂，宋心濂一九二三年出生於安徽，因受蔣經國信任而得以出掌重要的情報職務。除因制度設計必須與前述的參謀總長郝柏村、立法院長倪文亞、行政院長俞國華，及國家安全會議秘書長宋心濂等分享權力外，李登輝也得時時注意國民黨秘書長李煥的動向與意見。由於國民黨政府長期黨政不分，國民黨的政策隨時可能進入政府系統，李登輝剛接任總統職位時，李煥是另一個主要的外省籍權力大老。

李登輝同一時間還得迅速熟悉如何駕馭總統府的龐大官僚系統。為總統指揮管理總統府事務官僚的是總統府秘書長與兩名副秘書長。總統府的事務官僚分成多個局室組織，其執掌事務如下：第一局主管法令公布、人事任免與其他一般政治性事務。第二局主管榮典、璽印、公報與檔案等業務。第三局主管總統副總統就職禮儀及接見中外賓客等業務。機要室主管總統對外信件電報的擬定收發與行程安排等事務。侍衛室負責總統安全警衛事務。公共事務室負責對外新聞發布事務。除總統府內的行政官僚體系外，總統府秘書長並督導以下五個機關組織：中央研究院（一九二八年成立）、國史館（一九一四年成立）、國立故宮博物院（一九六五年創立）、國家統一委員會（一九九〇年成立）以及國家安全會議。總統府內還有主管人事與政風等業務的處室，以及向總統提供各種治國建議的資政、國策顧問與戰略顧問等。[2]

接任總統初期，李登輝面臨以下幾項重大挑戰：（一）如何逐漸削弱大陸出身的外省籍大老影響以鞏固他在國民黨內的權力；（二）如何安撫日益不安的社會大眾並繼續推動蔣經國時代已開始實施的民主化與政府改造；（三）如何因應大批台灣人到中國大陸旅行投資的新情勢以及如何處理敏感的「統一問題」；（四）如何拓展與無邦交國家的經貿關係並突破台灣國際孤立狀況；（五）如何降低經濟與軍購過分依賴美國的情況，建立新的國際關係並分散軍購來源，像是試圖自荷蘭與法國等西方國家購買先進武器等。這些挑戰也是李登輝就任總統後第一次公開記者會上記者們向他提出來的問題。

有一百二十六名中外記者出席李登輝在一九八八年二月二十二日上午所召開的那場記者會，其中五十七名記者來自國外媒體，他們分別來自美聯社（Associated Press）、法新社（Agence France-Press of France）、朝日新聞，與路透社（Reuters）等國際知名媒體。李登輝在記者會上回答了二十一個問題，其中十一個問題由台灣記者提出，十個由外國記者所提。在被問到憲政改革問題時，李登輝表示他將會逐步說服高齡的「終身」國代與立委主動退職，加速國大與立院的民主改造，不過他表示無意改變憲法「雙行政首長制」的設計。中華民國憲法雖然設計出總統與行政院長兩大行政首長，不過並沒有明確劃分兩者的權力關係。總統有任命行政院長的絕對權力，行政院長就行政院所有事務向立法院負責，在該制度設計下，總統擁有決策權，但不必直接對立法院負責。易言之，總統享有所有的權力，但當政府的政策出問題時，必須負起責任且可能被迫辭職走路的卻是行政院長。

李登輝在記者會上重申歷任總統所堅持與中華人民共和國不談判、不接觸與不妥協的「三不」政策。不過他表示，將繼續開放大陸探親政策，且將研究逐步有限開放與中國大陸進行文化學術交流的可行性。李登輝明白表示，無法接受中華人民共和國不放棄「武力統一」政策的立場，並說中國宣稱的「一國兩制」將使台灣淪為地方政府，不可能為他與台灣人民接受。在被問到一九四七年「二二八事件」時，李登輝呼籲國人以寬容心來緩和族群緊張，以慈悲心來重建社會和諧。在經濟問題方面，李登輝表示台灣將維持經濟成長並擴大對外貿易。李登輝雖不願透露台灣擁有的七百五十億美元外匯存底的投資情況，不過他承諾將透過進一步開放市場、降低進口關稅、購買更多美製商品以及提高台幣兌換美元匯率百分之二十五到百分之四十等方式，來改善台灣對美國貿易大量出超的問題。[3] 這場國際記者會持續近兩小時，整體而言，李登輝記者會上回答問題態度懇切，統計數字熟練，又能不時在堅定口吻中穿插純樸幽默的用語，表現極為成功。[4]

蔣經國過世後，即使是在情況最為艱難的時刻，國民黨內的老一輩外省權力層仍不願意將政治權力交給台灣人——對他們而言，這種權力讓予是他們所無法想像且不希望發生的。像李登輝這樣彗星般自國民黨權力結構快速升起的現象幾乎是史無前例，當然會引起國民黨內有企圖心領導人士的嫉妒，這些人開始放出風聲：國家領導職位總統與國民黨領導職位黨主席應由不同人擔任。其中立場較為堅決的有蔣介石的八十八歲遺孀宋美齡，當時擔任總統府秘書長的沈昌煥，以及蔣經國的非親血緣弟弟蔣緯國等。[5] 在這些人的如意算盤中，李登輝只能擔任蔣經國所留下第七任總統的兩年任期，這段期間他只能當一個過渡政府的看守總統，也就是要李登輝像當年的嚴家淦一樣。嚴家淦在蔣介石逝世的一九七五年根據中華民國憲法繼任總統，在他擔任總統的兩年間蔣經國以國民黨主席地位實際主導台灣黨政軍經事務，是台灣的實際領導人。易言之，國民黨已有總統並不兼任黨最高領導的先例供他們操作之用。不過在政治光譜的另一邊，李登輝依憲法繼任總統讓許多台灣人相當振奮，溫和派的國民黨高層，像是當時的副秘書長宋楚瑜即提出警告，指國民黨黨員中的台灣人已超過了外省人，為確保黨的和諧與未來繼續執政，李登輝應同時在黨內扶正出任黨主席。宋楚瑜在中常會上向國民黨領導高層發表上述談話後隨即起身離開，中常會對此一難題做出了折衷決定，就是讓李登輝暫時以「代理黨主席」名義領導國民黨，直到國民黨召開全國代表大會選出新黨主席為止。

在過渡期間，李登輝表現出願意處於蔣經國陰影下，努力推動蔣經國生前已經開始的各項改革計畫。李登輝擔任總統第一年的緊張心情，與一九七二年他加入國民黨並首度出任行政院政務委員時沒有兩樣。[6] 李登輝成功渡過了這次最嚴格的權力考驗，因為他已在複雜的國民黨權力中浸泡了十六年之久，歷練出部分中國人的政治手腕，懂得在與高齡權力者交往時必須保持適度謙卑，即使只是表面功夫也不能馬虎。例如，蔣經國剛過世時，李登輝每天都會到蔣經國遺像前鞠躬致敬如儀，並多次發表向國父孫中山先生致敬的談話，也會撥出額外時間向外省籍黨國大老致敬請益。同一時間，李登輝也常下鄉與一般農漁民工人等打成一片，成功塑造出仁民愛物的領導人形象。在達成政治目標要求下，李登輝充分運用了他個人的群眾魅力、過人的精力與卓越的知識。當然，受過優良教育的廣大台灣人民與台灣的龐大外匯資產也都是李登輝可以隨時渾用的政治資產。

外界注目的國民黨第十三屆全國代表大會一九八八年七月初召開。那時國民黨的黨員數高達兩百三十五萬六千人，黨員分布遍及農漁民（百分之十點九四）、勞工（百分之十八點〇三）、工商業者（百分之十一點七一）、政府公職人員與黨工（百分之十六點九五）、學生（百分之八點八）、教師（百分之七點五二）與軍人、榮民及海外僑民（百分之二六點〇五）。[7] 總計一千一百八十四名代表出席這場後蔣經國時代的第一次黨代表大會，會議在台北陽明山舉行，會期自七月七日到七月十三日。與歷次黨代表大會相比，出席這次會議的代表更為年輕，教育水準更高，而且本省籍代表也超過了外省籍代表。在七月八日的表決中，一千一百七十六名代表以起立的方式支持由李登輝出任新黨主席。只有極少數強硬反對代表沒有站起來，他們宣稱黨主席應以匿名投票方式選舉產生。李登輝在六天後以黨主席身分親自挑選包括一名女性在內的三十一名新中常委。國民黨新中常委包括十六名本省人及十五名外省人，這樣的中常會省籍分配在國民黨史上是一次重要里程碑，因為這是國民黨負責日常決策的中常會台灣委員超過了大陸委員。李登輝現在同時擁有總統與黨主席兩大權力職位，擁有了所有的權力工具：權力、金錢、傳媒、黨與國家的龐大人力資源以及他的個人魅力。此時李登輝的權力基礎尚未絕對穩固，需時時注意自我保護與防衛，並繼續以蔣經國繼承人姿態來治理台灣。直到一九九三年二月，李登輝權力才穩固到足以將反對他的外省權力菁英逐出黨與政府的主要決策體系。8

確認可以在某種程度上控制國民黨機器後，李登輝隨即精明地展開內閣改組。一九八八年七月二十日，李登輝宣布技術官僚出身的俞國華以過渡姿態繼續擔任行政院長。由於台灣社會正快速變遷，許多急迫問題需要更為大膽更具創造力的人來處理。當時台灣一些政策改革正等著李登輝總統來推動：政治制度改造、社會法治與秩序、經濟發展、對中華人民共和國政策、環境保護與社會福利等。李登輝大幅突破前例，任命多位年輕台籍菁英出掌以往一直由外省籍人士壟斷的職位。這些新閣員對李登輝個人效忠，會忠實貫徹他的意志，努力推動政策。他們包括德國海德堡大學法學博士施啟揚任行政院副院長，澎湖出身的許水德擔任內政部長，美國麻省理工學院畢業並獲日本神戶大學博士學位的郭婉容擔任財政部長，因母親為外省人而被稱為「半山」的連戰出任外交部長，台大畢業的蕭天讚出任法務部長。

除了省籍結構特性外，新內閣成員年紀也遠較以前的內閣大為年輕。例如，前內閣主管財經的五名相關閣員平均年齡六十七點二歲，新內閣中相同職位的五人平均年齡五十七點四歲，幾乎整整年輕了十歲。另外，李登輝新內閣成員近一半擁有博士學位，其中包括十四名美國的博士。新閣員中還包括三名律師。[9] 當李登輝初接總統職位時，外界經常懷疑他是否有能力處理國家安全問題。蔣介石遺孀宋美齡還因此堅持，李登輝必須留用蔣總統時代所留下的軍事要員，以降低外界對李登輝欠缺國家安全事務經驗的疑慮。因此首次改組內閣時，李登輝並沒有更換軍事相關的人事，參謀總長郝柏村與安徽出身的七十五歲國防部長鄭為元都獲得留任。但李登輝一九八八年十月十七日撤換了總統府秘書長沈昌煥，並以湖南出身的六十五歲前法務部長李元簇接任。

當李登輝開始有能力根據自己意思來挑選任命大多數政府高官時，他卻開始面臨越來越多的社會抗議示威活動。部分抗議示威是針對國民黨的統治體制而來，其他的則直接針對李登輝的經濟理念與政策而來。例如，為加速平衡台美貿易，李登輝領導的政府以遠超過以往的速度與深度開放台灣市場，大幅且快速降低關稅，並進口大批美國農產品。結果就在李登輝接任總統四個月之後，就有超過一萬名雲林的農民北上，要求政府限制美國的農產品進口。請願農民並要求李登輝總統改革既有的農業政策，這些政策正是李登輝過去十多年來努力建立起來的。雲林抗議農民包圍了立法院，拆除了部分標語招牌，並向政府提出包括以下諸項的多種要求：（一）建立農民健康保險制度；（二）保證不會任意提高化肥價格；（三）收購更多稻米以彌補大量進口農產品導致米價下跌的農民損失；（四）取消過時落伍的農會幹部遴選制度；（五）接管農田水利會人事；（六）在行政院設立部會級農業組織；（七）開放農地自由買賣。[10]

李登輝領導的政府幾乎是在沒有準備下突然面臨了這場激烈的街頭抗議，最後是迅速派出警察驅散抗議者以為因應。憤怒的群眾則以棍棒、磚塊與石頭回擊，甚至一度抓了數名安全人員與新聞記者當人質頑抗。抗議活動在造成六十二人受傷及一百三十名農民被捕後才告結束。[11] 一向溫馴守法的台灣民眾對發這次事件大感震驚，由於以往未經政府事先批准的街頭示威活動全都受到嚴格管控，突然面對如此激烈的抗議，台灣新聞媒體異口同聲形容這是一次暴動。不過在歷經了四十年的忍耐與沈默後，台灣民眾似乎已累積足夠的能量來突破政府壓制。在台灣人出任總統後，台灣主要城市上演一場接一場的街頭示威抗議。必須提出來的是，李登輝總統對於雲林農民提出的多數訴求都有所回應，例如行政院不久之後成立了農委會。不過當李登輝領導的政府對抗議者或請願者要求越是有所回應，社會大眾的要求也跟著越是升高。一九九〇年三月十六日到三月二十二日，數百名來自台大與各大專院校的學生占據了台北市中心的中正紀念堂廣場，組織了所謂的「野百合運動」，運動成員不久之後開始進行絕食，並宣稱將一直絕食到李登輝領導的國民黨政府答應改革近半個世紀都沒改選的國民大會與立法院。相關資料顯示，一九八八年台灣發生一千四百三十三次示威抗議，一九八九年一舉增加到五千四百三十一次，一九九〇年更增加到了七千七百七十五次。在示威抗議活動不斷增加下，政府必須動員更多的警力來應付，單單一九九〇年台灣政府就動員超過四萬一千名安全人員來支援處理各種騷亂與抗議。12

抗議者提出的要求五花八門，各不相同，包括國民大會與立法院全面改選、反對軍人干政、保護原住民基本權利、總統直接民選、停止興建核能電廠，取消海外台灣異議份子的黑名單，也有來自農漁民與勞工團體等弱勢團體的各種請願意見。當時台灣的許多抗議示威大都由包括民進黨在內的各種政治團體在背後組織推動。主要的抗議示威都是在人口密集的台北市舉行，一輛輛大型巴士從各地載來的示威者經常占據主要交通要道，使得台北市都市機能頓時癱瘓停擺。例如，一九九二年四月十九日一場以總統直接民選為訴求的示威活動在台北展開，全台各地的各行各業者連續六天湧進台北市，在長達一週的混亂期，成堆的垃圾、各種政治塗鴉以及拳腳相向，甚至是流血畫面幾乎天天在街頭上演。13

在新興民主化國家裡，示威頻繁幾乎是自由化後的象徵。李登輝很快發現可以運用這些社會不滿來對付國民黨內不願放棄權力的老一代領導人，後者對剛開始的台灣民主制度構成了威脅。不無諷刺，李登輝在國民黨與政府內已經擁有最高領導者的地位，竟還需要利用黨外勢力來對付內部的反對勢力，不過結果對李登輝而言似乎非常成功。例如，李登輝成功利用野百合的反對聲浪迫使「終身國代」在一九九〇年三月的總統選舉中選他為新總統，之後再以優厚的退職條件說服他們離職。李登輝也運用社會輿論力量讓長期擔任參謀總長的郝柏村下台，這項人事安排顯然違反蔣夫人宋美齡的意思。李登輝此一象徵性勝利似乎是宋美齡一九九〇年九月二十一日決定離台赴美國紐約定居的原因，宋美齡之後就在她的曼哈頓高級公寓過著半隱居生活。宋美齡一九九五年最後一次返台，二〇〇三年十月二十三日於紐約逝世，享年一百〇五歲。李登輝在郝柏村離開參謀總長職位後，任命他為國防部長，此一安排看似對郝柏村的一次榮升，實際上是李登輝拿掉郝柏村直接控制軍隊權力的「明升暗降」妙招。

儘管李登輝多次成功將國內的不滿力量轉換成對他有利的方向發展，他領導的台灣卻一直面臨許多國際挑戰。李登輝接任總統時，全世界只有二十三個國家與台灣維持正式外交關係。在北京持續於國際上打壓台灣地位並阻止台灣參與國際事務下，台灣面臨完全喪失國際地位的危險。即使是非政府組織（NGO）的活動，北京也曾多次威脅台灣在國際社會的活動空間與地位。不過優異的經濟成就與國際貿易地位讓台灣有機會與能力來尋求國際活動空間。受過專業經濟學理訓練的李登輝很清楚他領導的國家力量所在，因此能夠規劃出如何改善台灣國際地位的策略。一九八八年，台灣是美國第五大貿易夥伴與全球第十二大貿易大國。李登輝政府特別撥出十億美元來強化台灣的海外發展基金（Overseas Development Foundation），此一措施讓台灣有足夠的可用財力來援助其他國家，主要援助對象為非洲與拉丁美洲的發展中國家。一九九〇年李登輝宣布了一項規模達三千億美元的台灣經濟發展方案，李登輝不只期待這項龐大計畫可提升台灣在亞洲的地位，更期待提升台灣在全球的地位與能見度。到了李登輝總統任期結束時，台灣與部分國家建立或恢復了外交關係，這些國家包括貝里斯、格瑞那達、賴比瑞亞共和國（以上為一九八九年）、尼加拉瓜（一九九〇）、塞內加爾共和國（一九九六）、甘比亞共和國（一九九六）與馬紹爾群島共和國（一九九八）。不過在地緣政治與經濟潛力關係考量下，東南亞國家才是台灣開展對外新關係的最優先目標。因此李登輝提出了著名的「南向」政策，除希望取得東南亞的豐富天然資源外，更希望擴大台商對印尼、馬來西亞、越南、菲律賓、泰國與新加坡等東南亞國協（ASEAN）國家的投資。透過經濟援助與大量的對外投資關係，李登輝為台灣開展出一場嶄新的非正式外交道路。李登輝經常用一句話來形容他的外交出擊：在推動對外關係時，正式外交關係（有時）並不是那麼重要。14

在李登輝首度出訪東南亞國家之前，台灣已在當地有相當大量的經濟投資。東南亞國家許多財經界領導人為華裔，其中還有不少人是台灣投資者大學時代的同學校友。李登輝一九八九年三月六日到九日前往新加坡進行正式訪問，這次訪問不只展示了李登輝所稱的「彈性外交」，更是他提倡的南向政策首次出擊。這也是台灣國家元首一九七八年以來的第一次正式出訪外國。嚴家淦擔任總統時曾於一九七八年到沙烏地阿拉伯進行正式訪問，可惜台灣與沙國已於一九九〇年斷交。為強調這次訪問的重要性，除妻子曾文惠女士外，李登輝還帶領了外交部長、國防部長、經濟部長、貿易代表與台北市長赴星。在李登輝訪星之前，印尼總統蘇哈托（Suharto）才剛宣布與中國關係正常化，在此之前，新加坡也曾多次表示有意與中國建立正式外交關係。當時新加坡人口二百六十萬人，其中百分之七十六為華人，他們與台灣居民有相同的文化背景。台灣與新加坡之間還有其他許多共同的核心利益，像是台灣在新加坡的裕廊（Jurong）漁港設立了遠洋漁業基地；新加坡土地狹小沒有適合軍事訓練用的土地，因此自一九六五年獨立建國後，即由台灣提供基地供新加坡訓練軍隊之用。新加坡平均國民所得當時已接近九千美元，人民擁有亞洲區域內最高的生活水準，台灣在該國的投資約六百四十三萬美元。台星雙邊年貿易額已達三十一億美元，而且還在持續增加中。台灣出口到新加坡的商品主要是電腦、電機與各種電子產品，其中部分產品並經由新加坡轉銷到歐洲等地。[15] 台灣與新加坡都有健全的經濟策略，兩國都採取積極措施提升生產力，也都維持著自由開放的市場來吸引外資。

在前述背景下，李登輝在新加坡受到李光耀總理的熱忱接待。李光耀自一九七二年到當時已造訪台灣多達二十一次。除就雙方共同關切的亞洲與世界情勢交換意見，兩人並簽署一項有關兩國彼此保護投資的協定。在新加坡的記者會上，李登輝表示台灣必須堅持作為一個主權國家的原則，並說主權觀念必須植基於經濟脈絡與國家的持續生存。不過李登輝也同時強調採行彈性外交政策（Flexible Foreign Policy）的重要性，並說彈性外交須按部就班。深受政府影響的星國傳媒在訪問期間都以「來自台灣的總統」（President from Taiwan）稱呼李登輝，而非用中華民國總統（President of the Republic of China）或是台灣總統（President of Taiwan）。[16] 對此李登輝表示他並不是完全滿意，但能接受這樣的「彈性」頭銜。基於實質重於形式的觀念，台灣駐印尼的非正式代表機構即由早先的「中華商務代表處」改為「台北經濟貿易代表處」，駐馬來西亞的「遠東貿易旅遊中心」也改為「台北經濟文化代表處」。李登輝並宣布，今後台灣將不會迴避在國際場合與中國面對面的接觸。一九八九年四月十二日台灣在「中華台北」名稱下派遣代表隊到北京參加一項亞洲體操競技。一九九〇年一月李登輝領導的台灣政府更以「台澎金馬獨立關稅領域」（Separate Customs Territory of Taiwan, Penghu, Kinmen, and Matsu）名義申請加入國際關稅暨貿易總協定（GATT），到了台灣獲准加入的二〇〇一年，GATT已改組為世界貿易組織。就在同一時間，李登輝政府的財政部長也正準備前往北京參加一九八九年五月在那裡召開的亞洲開發銀行（Asian Development Bank）會議。這一系列的行動顯示李登輝想運用經濟力量來拓展台灣對外關係，反擊北京在國際孤立台灣的企圖。

李登輝的彈性外交很快就在亞洲開發銀行會議上接受考驗。以日本為首的亞銀不只是一個單純的國際金融組織，也是推動亞太經濟發展計畫的聯合國專業機構。雖然台灣是當年亞銀三十五個創始國之一，但在北京壓力下，亞銀在一九八六年將台灣的會員名稱改成「台北，中國」（Taipei, China），台灣認為這種名稱改變是一種侮辱與傷害，因此連續三年抵制亞銀年會。李登輝接任總統後，他決定讓台灣直接面對中國的打壓，派遣他的女財政部長郭婉容率領一個十二人代表團出席北京亞銀會議。這是李登輝一次大膽的外交突破做法，郭婉容雍容華貴的氣質與豐富的財經知識、成功在地主國中國與各國代表間留下了深刻印象。會議期間，郭婉容是唯一未獲中國國家主席趙紫陽接見的會員代表。[17] 雖然是事後諸葛，遭到這樣的待遇其實並不是什麼損失，因為在郭婉容返台後不久，趙紫陽就因「六四大安門事件」而下台。

一九八九年六月四日，成千上萬的中國學生被共產黨的坦克與軍隊粗暴殘忍地逐出天安門廣場時，李登輝與他的日本友人中島嶺雄剛好在電視實況報導看到這場野蠻暴行。中島嶺雄是一位知名的政治學者，也是日本媒體上深受敬重的意見領袖。一九八九年他訪問李登輝總統時，他的正式身分為日本國立東京外國語大學校長。兩個人會面時曾就東亞政治情勢交換意見，並談論到台灣是否應趁天安門事件宣布獨立的問題。[18] 之後，李登輝要台灣外交部與美國在台協會聯繫，促請布希（George H. W. Bush）政府公開譴責共產黨殘酷鎮壓學生的暴行，並要求美國對中華人民共和國進行制裁。還得感謝美國通過的〈資訊自由法〉（Freedom of Information Act），華盛頓大學的學者才能據以要求布希政府解除三十五件「天安門事件」檔案機密，從這些解密文件我們才知道，當時全亞洲國家中只有台灣曾要求美國對中國的天安門暴行進行制裁。「天安門事件」後，老布希總統原本也無意制裁中國，後來之所以對中國態度強硬起來，實際上是美國貿易保護主義勢力對國會展開強力遊說結果，後者認為輕易讓中國加入世界貿易組織，將使大批美國勞工面臨失業命運。在這種情況下，布希政府才終於對中國採取強硬態度，成功迫使中國二〇〇一年加入世貿組織前做出許多讓步。[19] 不過天安門大屠殺並沒有讓美國的中國政策有所改變，美國對中國的政策依然是：美國承認中華人民共和國為中國唯一合法政府，但也基於〈台灣關係法〉規定以事實主權國家來對待台灣。美國根據「法律中國」（de jure China）與「事實台灣」（de facto Taiwan）所實施的這種雙軌中國政策雖然被指模糊了問題焦點，但實際運用上卻證實這種刻意的模糊具有實用與彈性的雙重優點。支持這種模糊政策的人常振振有詞地說，這一政策符合台海兩岸的事實與現狀。[20]

李登輝對自己與他領導的國家更有信心後，即要求世界各國根據台灣的財經力量、人權表現、民主發展進步與對國際商業、教育及科技的貢獻來對待台灣。因此，他敢於與他的敵人以及其敵人的盟邦正面交往。例如，一九九〇年二月台灣與前蘇聯建立了貿易關係，接著更開啟與俄羅斯的直接貿易。在此之前，台灣已與東歐的七個前蘇聯集團國家建立貿易關係，並在那些國家設立非正式的代表機構，這七個國家為東德、波蘭、捷克、匈牙利、南斯拉夫、保加利亞與羅馬尼亞。另外，台灣還捐助一千萬美元給歐洲復興開發銀行（EBRD，簡稱歐銀）來增進與東歐國家的關係，歐銀是一個協助東歐國家革新技術並引進現代銀行管理技術的特殊機構。台灣同時也開放對越南、柬埔寨、寮國與古巴的貿易與投資。其他像是北韓與阿爾巴尼亞等更為封閉的共產國家，台灣也緊接著在俄羅斯之後與這些國家建立經貿往來。21

一九八九年是台灣的一個重要年：第一，這是李登輝接任總統屆滿第一個週年，第二，台灣人口在這一年首次突破了兩千萬大關，這表示台灣人口密度已達每平方公里五百五十六人。其他統計資料顯示，台灣一九八九年的嬰兒出生率為百分之一點七二四，死亡率則降到了百分之〇點五一四，離婚率由一九五一年的百分之五升高到一九八九年的百分之十二點六。人口專家指出，如果此一趨勢維持不變，二〇〇〇年的台灣將步入了老年社會，超過六十五歲的銀髮族人口比例將超過百分之八。[22] 一九八九年台灣平均國民所得已超過六千三百美元，在全世界排名第三十一，在亞洲各國家經濟體中排名第六。同一年世界各國平均國民所得最高的是瑞士（Switzerland）一萬七千八百四十美元，美國以一萬七千五百美元排名第二。日本那一年的平均國民所得一萬兩千八百五十美元，在亞洲國家裡排名第二，僅次於產油王國汶萊，同一年中國大陸的國民所得僅三百美元。

李登輝領導的政府大力推動銀行自由化與國際化，不只將台灣金融市場向各國開放，也積極鼓勵台灣的銀行進軍國際市場。一九八九年台灣銀行體系的儲蓄額接近五兆台幣，這個金額約相當於一九八七年一整年的台灣國民總產值。在經濟快速發展與國際化下，台灣的中國信託銀行在紐約華爾街開設分行，希望藉由服務當地華裔客戶來拓展國際商機。交通銀行則在加州的聖荷西（San Jose）開設分行，著眼的商機則是當地矽谷與台灣新竹科學園區的高科技業的業務往來。[23]

至於李登輝本人，一九八九年版大英百科全書（Encyclopedia Britannica）收錄了一篇李登輝小傳，幾乎完全相同的小傳內容接著被收進美國國會記錄（U.S. Congressional Record）。在政治事務方面，李登輝在五月三十日以七十二歲的國民黨秘書長李煥取代俞國華組閣，成為李登輝任內的第二位行政院長。李煥在國民黨內歷任黨政要職，曾擔任反共救國團主任、高雄中山大學校長與教育部長等要職。李登輝同時拔擢祖籍湖南擁有喬治城大學（Georgetown University）博士學位的宋楚瑜出任國民黨秘書長，當時他才四十七歲。這些人事安排主要是因應即將來臨的兩次重要選舉，一是預定一九八九年十二月二日進行的增額中央民代選舉與地方首長及民代選舉，另一則是一九九〇年三月的總統選舉。

一九八九年底，台灣四十年來首次的真正多黨選舉，也是後蔣經國時代的第一次選舉，國民黨在這次選舉中總得票率不到百分之六十，而且在二十一個縣市長選舉中被新成立的民進黨奪走七席。民進黨並在改選的一百〇一席立法委員席次中贏得二十一席，取得在立法院的提案權。與部分本土派國民黨立委合作下，民進黨已在立法院成為一個有力的政治集團，經常在戰略考量下支持李登輝的改革計畫。[24] 由於個人聲望居高不下，李登輝並沒有將此次選舉結果解讀為個人失敗或個人支持度的下降，相反，他認為這是對老一輩國民黨人的一種警告，顯示選民對少數外省籍人士長期壟斷黨政軍要職的不滿，從表五與表六的分析可以看出這種不均衡狀況。[25]

像是指揮一場政治音樂會的席次安排，精明的李登輝決心任命更多的台籍菁英以加

表五、台灣黨政軍高層主要人事組成(一九八八年)

部門	總人數	台灣人	外省人
國民黨	243	33 (13.6%)	210 (86.4%)
行政部門	150	21 (14.0%)	129 (86.0%)
國會	1,300	220 (16.9%)	1,080 (83.1%)
軍事	350	15 (4.3%)	335 (95.7%)
警察	150	11 (7.3%)	139 (92.7%)
合計	2,193	300 (13.7%)	1,893 (86.3%)

表六、李登輝擔任總統前軍中各級軍官組成(百分比)

時期	將軍		校官		尉官		士官	
	本省	外省	本省	外省	本省	外省	本省	外省
1950-1965	1.3	98.7	9.6	90.4	13.8	86.2	52.8	47.2
1965-1978	7.4	92.6	18.8	81.2	34.7	65.3	68.4	31.6
1978-1988	15.8	84.2	32.6	67.4	48.3	51.7	78.7	21.3

速改革，同時採取排除黨政系統內反改革大老級人物的步驟。不過在推動任何有意義的改革前，李登輝必須先為他自己贏得一個新的總統任期。李登輝的意志、政治技巧與社會聲望在爭取國民黨總統候選人資格面臨了一次考驗。一開始蔣介石的養子蔣緯國公開表示有意角逐總統寶座，另外，當時的行政院長李煥與頗具社會聲望的台籍司法院長林洋港都被認為是心懷總統大志。李登輝在未徵詢黨內大老下即決定挑選事前未被看好的總統府秘書長李元簇為他的副總統競選搭檔，此一決定引起一些黨內有實力的人物不滿，預定在一九九〇年二月十一日召開決定黨提名正副總統候選人的中央委員會上挑戰李登輝。在兩蔣父子時代，國民黨中央委員會決定黨的正副總統候選人只是一種形式，一百五十人到一百七十人組成的中委會是以起立鼓掌方式通過黨主席（總裁）事先決定的人選。當時台灣政壇與整個社會都盛傳，蔣緯國已說服林洋港擔任他的競選搭檔，而行政院長李煥則會在中委會提出所謂「新民主程式」（new democratic formula），也就是要求委員們以匿名投票來決定黨的正副總統候選人。

得知訊息的李登輝毫不浪費時間，在中委會召開前即對委員們展開密集遊說。會議前一晚，李登輝支持陣營與反對陣營對中委展開了最後的電話催票與固票。第二天國民黨中委會首先以九十九票對七十票否決匿名投票決定黨正副總統候選人案，該表決確立國民黨仍要以起立鼓掌方式決定正副總統人選，等於是提前宣告反李登輝陣營出局。許多在匿名投票案中的「反李登輝中委」最後都在實質表決中起立鼓掌支持提名李登輝。[26]不過即使已得到黨的提名，李登輝的新總統之路還未完全脫離險境，因為他還需要國民大會三分之二以上多數票支持才能當選總統。在一九八八年到一九九〇年間，台灣的國民大會有大約九百二十名代表，其中的八百二十九人是一九四七年到一九四八年間中國大陸所選出來的「終身國代」，只有九十一人是台灣定期投票所選出的國代。由於有近二百名國代體弱重病或是長期定居國外，能實際出席會議的國代不超過七百二十五人。由於在國民大會正式登記為正副總統候選人至少要有一百五十名國代推薦，國民黨內各方勢力開始在幕後展開一場爭取國代支持的激烈攻防戰。[27]在充分利用現任的優勢以及全力動員所有可用資源下，李登輝很快取得超過三分之二國代連署推薦而篤定當選。相反，蔣緯國與他的搭檔林洋港則一敗塗地，甚至拿不到八十名國代的推薦連署。一九九〇年三月二十三日，國代投票結果在陽明中山樓會議大廳揭曉，李登輝以超過百分之八十得票率順利當選中華民國的第八任總統。[28]

但諷刺的是大法官會議在一九九〇年六月二十一日做出的第二六一號解釋文中一致判決，平均年齡超過八十歲的「終身」國大與立委必須在一九九一年十二月三十一日前離職。儘管速度太過緩慢，當此解釋文一出，台灣憲政改革的最大絆腳石終於鬆動。一九九一年十二月二十一日，台灣及海外選民選出了三百二十五名新國代，其中國民黨籍二百五十四人，民進黨籍六十六人，其他五人。新選出的國代與先前由台灣選出但法定六年任期尚未屆滿的七十八名舊國代合組為中華民國第二屆國民代表大會。在新選出的三百二十五名新國代裡，只有六十六名屬外省籍，其中六十四人為國民黨籍，一人為無黨籍，民進黨只有一名外省籍新國代。[29] 以台灣人為多數的第二屆國代一九九四年通過新的總統副總統選舉法，規定未來總統與副總統由人民直接投票選舉產生，每屆任期四年，最多只能連任一次。自那時起，國民黨內支持李登輝的人開始被稱為主流派，反對他的則被稱為非主流派。從辯證的觀點或現實主義政治觀點來看，此時的國民黨已經徹底質變，此時李登輝擔任台灣政府與國民黨最高領導人的風格與個人特質給外人極深刻的印象。

在確保第二個總統任期後，李登輝不只開始在國內推動一系列改革，並逐步擴大開放對中國大陸的關係，而且展開了一系列更大膽、更廣闊的國際外交出擊。首先李登輝撤換了行政院長李煥，由七十二歲的郝柏村出任院長組織新內閣。李登輝的此一人事安排巧妙達成一石二鳥的功效：一方面拔除李煥的政治影響力，另一方面則剷除了郝柏村在軍中的殘餘影響力，這一安排也提前消除任何軍事政變的可能。在確保總統任命高層將領的權限後，李登輝開始任命他信任的人馬到重要的軍事領導位置上。他不只讓一名文人接掌郝柏村留下的國防部長職位，並提拔了一批台籍將領，其中包括出身高雄的莊銘耀上將擔任國防部副部長。從各個現實政治運作的角度來看，李登輝的時代於焉開始。[30] 這是李登輝總統之下的第三個內閣，也是國民黨到台灣後的第九個內閣，與之前的諸內閣相比，新的內閣有更多的專業人士，較少的政治酬庸任命。李登輝的內閣人事安排被認為是他持續推動各項改革的意志展現。新內閣包括八名部長、六名政務委員與其他十三名局署長或主任委員。新內閣成員平均年齡五十六歲，其中有十八人擁有博士學位，是台灣政治史上學歷最高、年紀最輕的內閣。[31]

誠如李登輝答應「野百合運動」的學生一樣，新當選的李登輝特赦了二十七名黨外政治人物，其中包括民進黨主席黃信介、民進黨秘書長張俊宏、二〇〇二年出任考試院長的姚嘉文、施明德、許信良以及其他民進黨的創黨元老。經李登輝總統特赦後，這些黨外人士隨即可參選公職，如果原先有律師資格也可執行律師業務。一九九〇年六月二十八日，李登輝再次像他答應「野百合運動」學生一般召開了國事會議，包括新獲釋的異議人士在內的台灣各界重量級人物都參與了這次會議。國事會議討論了五大改革議題：（一）國會改造；（二）地方政治制度改革；（三）明確劃分中央行政權限；（四）憲政改革；以及（五）對中國大陸政策。為期一星期的國事會議就台灣未來國家發展達成了許多基本共識，並通過一些不具法定約束力的協議內容，這些共識內容將交由國民黨與民進黨繼續磋商以期早日落實施行。[32]

台灣開放中國大陸政策不久之後，台海兩岸關係不論是質或量都迅速起了大幅變化。根據估計，一九八九年中國與台灣之間就有一千五百萬封郵件來往，比前一年增加了五倍，同一期間經由香港轉接的兩地電話也高達一百八十萬通，較前一年增加了十一倍。台灣與中國之間的郵件與電信往來一九九〇年還在持續大幅增加，估計兩地郵件往來已增加到二千一百萬封，另外還有四萬兩千件電報來往。[33] 因應台海兩地密切往來新情勢，並為前往大陸探親訪友投資的台灣居民提供更好的服務與協助，李登輝政府一九九〇年四月二十七日成立了內閣級的大陸事務委員會（陸委會），由行政院副院長施啟揚兼任主任委員。一九九一年二月八日，政府提供五億兩千萬台幣成立民間組織「海峽交流基金會」（海基會），再由政府委託該會出面處理兩岸快速增加的家庭、經濟與觀光來往事務。在台籍董事長辜振甫領導下，海基會與代表政府的陸委會簽訂了一項十四款授權協議，由政府授權後者處理兩岸之間的「技術性」與「一般商業性」事務。政治性問題與政策性決定則都保留在政府的陸委會，陸委會後來曾提出未來任何的兩岸統一談判協商都必須在「特殊的國與國關係」下進行的要求。同一時間，中國方面也成立相對機構「海峽兩岸關係協會」（海協會），代替中國政府出面處理兩岸往來所衍生的事務性問題。

海基會成立之前，台灣就已批准兩千五百三十家企業前往大陸投資設廠。34 儘管台灣的政治手腕更為靈活，不過在李登輝當選中華民國第八任總統時，台灣的經貿環境與條件也有了很大的改變。中國當局一九八七年取消不准台灣產品進口的禁令後，兩岸貿易隨即大幅增加。不過在諸多條件限制下，兩岸貿易往來仍必須經由香港、澳門或第三國轉運。台灣經第三地將大量的電子產品、辦公室機器、自動化設備、紡織製品、鋼鐵與電器設備輸往中國，中國的石油等原料、食用油、煤炭、中草藥、肥料與各種礦產原料也經第三地轉口，源源不絕進入台灣。在這種特殊經貿關係下，台灣每年出口到中國的貨品總額經常是中國出口到台灣貨品總額的五到六倍。從另一個角度看，這意味著台灣經濟成長將越來越依賴中國大陸市場。但如果把大批台灣人到中國觀光旅遊的開支以及住在台灣的外省人匯給他們大陸親友的錢等因素包括進來，台灣與中國的經貿金融往來的順差幾乎接近於零！一九九〇年經香港轉口的兩岸貿易規模已達四十億美元，較一九八九年增加了百分之十六。一九九一年台灣外貿的中國市場依存度已達百分之十四，一九九九年出口貨品更有百分之十八是輸往中國。同一時間，台灣輸往美國產品的比率則持續下降，這個比率由一九八五年最高的百分之四十八大幅降到一九九〇年的百分之三十二。[35] 到了二〇〇二年，中國更一舉取代美國成為台灣的最大出口市場。

面對新的政治現實與經濟條件，李登輝的中國政策被迫進行另一次重大修正。李登輝在一九九〇年五月二十日的就職演說中宣告，台灣有意在很短的期間結束與中國的內戰關係（也就是結束所謂的動員戡亂時期）。之後有謠言盛傳，李登輝在第二個總統任期初曾派遣他的個人秘書蘇志誠前往香港會晤中國國家主席楊尚昆的代表，事後證實確有其事。自從在香港建立「台北—北京管道」後，蘇志誠曾先後前往仍為英國殖民地的香港超過三十次，負責將李登輝的意見傳達給北京領導人。[36] 從這些秘密行動與公開談話，我們知道李登輝的政治手腕已更純熟，他的領導信心也更堅定。在追求新政策過程中，李登輝任命他深度信任的邱進益擔任台灣的第一個總統發言人，江西出身的邱進益當時五十三歲。由於李元簇自一九九〇年五月二十日起出任副總統，李登輝任命浙江出身的蔣彥士擔任總統府秘書長。當時已七十五歲的蔣彥士為美國明尼蘇達大學畢業的農業專家，曾任職於農復會，事實上他是李登輝派到總統府的大管家。被李登輝賦予總統府秘書長重責大任前，蔣彥士曾在一九七九年到一九八四年擔任國民黨秘書長，一般認為蔣彥士是李登輝信任的重要政治盟友。前述的蔣、蘇、邱三人是一九九〇年代初期李登輝在總統府內的親密「心腹」，三個人形成李登輝總統的政治安全防護網，控制著接近李登輝的管道，為李登輝過濾並提供各種資訊，協調蒐集李登輝決策所需的各種情報。

為安撫海峽兩岸的中國人，李登輝一九九〇年十月七日宣布成立國家統一委員會（國統會），之後他任命三十一名分別來自政府與民間領袖擔任國統會委員，集思廣益向政府提出國家統一架構建議。一九九一年二月二十三日，李登輝親自擔任主任委員，並由李元簇、郝柏村與高玉樹擔任副主任委員的國統會，通過了逐步追求自由民主均富統一國家為主要內容的國家統一綱領。[37] 儘管李登輝只透過國統會的成立與運作來因應對外的統一勢力的要求，對於進一步推動國內改革他也沒有忽視。他在一九九一年四月三十日的記者會上宣布，國家動員戡亂時期將自第二天的五月一日起正式結束。由於動員戡亂體制是一九四〇年代末期中國內戰時所建立，該體制的存在更變相成為國民黨在台獨裁統治的基礎，因此，李登輝的此一宣布具有非常重要的意義，因為這等於是中華民國政府片面宣示結束與中國的敵對狀態，而且承認其所管轄的區僅限於台、澎、金、馬地區。為填補新體制下的法律缺失，國民大會在四月二十二日通過了十條憲法增修條文，內容包括立法院全面改選、重新界定劃分行政權以及保護人民財產、工作、遷移與通訊自由等基本人權。[38]

在推動台灣改革過程中，李登輝領導的政府進行了許多政策調整與法律變革。例如：現在台灣官員對外提及「中華民國」時經常會用「中華民國在台灣」；在對待中國方面，台灣教科書上提及中國共產政權時現在用的是「大陸當局」，而不是以前所用的「叛亂集團」。台灣的廣播與報紙也早就不用「共匪」來稱呼中國共產黨人，隨政府自大陸來台的「榮民」退伍後也可回大陸定居，且可繼續領取台灣政府發給的榮民退伍年金。海峽兩岸人民間的婚姻關係也獲得承認，這種兩岸婚姻大都為台灣男子與中國女子結婚，到二〇〇二年時，兩岸通婚已多達十五萬個案例。另外，中國的一百五十六種農工原料可經由第三地進口到台灣，台灣人民到中國大陸的投資事業也超過了三千種。在台灣的這種政策變革下，中國軍隊也終於停止他們每天從福建向金門島所進行的心戰宣傳廣播。[39]台海兩岸緊張關係在一九九〇年代初期獲得相當緩和，外界樂觀認為兩岸或有機會進行對話，甚至認為雙方可能進行某種互利關係的安排。不過當台灣的呂秀蓮在一九九二年夏季結束前嘗試率領一個十六人代表團前往中國訪問時，其結果卻與這種樂觀期待完全相反。呂秀蓮一九七八年取得美國哈佛大學法律碩士學位，二〇〇〇年首度當選中華民國副總統，二〇〇四年成功連任。呂秀蓮是美麗島事件的政治受難者之一，她在黨外時期大力宣傳民主改革與台灣獨立而於一九七九年遭遇一場超過五年的牢獄之災。呂秀蓮早年是知名的女性主義者，為人行事十分坦率，曾在台灣大力倡導兩性平等和諧共治。呂秀蓮一九九二年試圖率團到大陸向中國領導人說明台灣與中國之間有很難克服的差異存在，並準備向中國當局表達「台灣是台灣，中國是中國」的信念時，當她們一行人抵達北京，中國公安沒收了她們的護照等證件，並要她們立刻離開北京。[40]

動員戡亂時期臨時條款的取消與十條憲法增修條文的成立，是李登輝改造台灣大計第一個階段的代表性成就，還有其他許多變革已付諸實施生效。如一九九二年以前，台灣的國民身分證上都有籍貫欄資料，現在台灣人指的是所有居住在台灣島上具有共同認同與社區感的人，因此李登輝會說台灣已成為大家的「生命共同體」，新身分證上就不再登記祖籍資料。取代舊體制的新法律也相繼成立，較具民主法治自由素養的警察制度也陸續建立起來。早年人人聞之喪膽的警備總部一九九二年八月一日起正式廢除，其主要的業務由海巡署接掌。警總時代（一九五八年七月設立）的不法竊聽與情報蒐集系統則被解體取消。警總早先擁有監督檢查出版品與報紙廣播內容、滲透社會黑幫組織、在海關監督管理人民與外國人出入境等權力，都歸還給文人統治的正常行政體制。其他保護基本人權的法律也相繼成立，像集會遊行法大幅翻修，自由開放的「人民團體組織法」成立，政府並修法防止監獄囚犯遭虐待與保護出獄者及假釋犯。另外，戒嚴時期因判刑而遭吊銷的醫師與律師等專業執照也獲得恢復，海外匯款禁令也已適時取消。[41]

老法令的取消也意味著被依叛國罪名追訴的台灣異議人士可以重獲自由，被迫流亡海外者得以返回台灣。一九九一年六月四日，李登輝領導的政府取消了包括著名政治學者台獨運動領導人彭明敏等七名所謂叛國犯的通緝令。彭明敏在瑞典度過數年的流亡生活後前往美國，解除通緝令時他正定居於奧勒岡州尤金（Eugene）市。在得知自己不再是通緝犯後，彭明敏一九九二年十一月一日返回了台灣，他在台大法學院禮堂接受熱烈歡迎儀式後，以〈如何迎接即將來臨的二十一世紀〉為題，發表返國後的第一場公開演講。[42]其他像流亡日本多年的黃昭堂與許世楷等知名異議人士，也隨即被允許返台。不過即使已到了這個時期，還是有八名台獨運動人士因名列叛國通緝黑名單而無法回台灣，他們包括自學有成的知名台灣歷史專家史明（一九一八—二〇一九，本名施朝暉）、加州理工學院（Cal Tech）出身的工程專家張燦鍙、出任全美台灣同鄉會總幹事的李應元（一九五三—二〇二一）。經過長時間考慮與安排後，無合法入境證的張燦鍙仍決定在一九九一年年底以闖關方式返台來考驗李登輝政府的政策底線。張燦鍙在機場即遭逮捕，隨即被送到一處特別監獄關押了十一個半月，直到一九九二年十月二十四日才由台灣高等法院以「保外就醫」名義讓他以台幣三十萬元交保。[43]張燦鍙在美國曾擔任多年的台獨聯盟主席，返台後不久即在台南市參選市長成功當選。李應元二〇〇三年參選台北市長失敗，敗選後出任民進黨的副秘書長。

由於這段期間台灣的政治情勢變化極快，要想知道李登輝總統當時相關行程，可從總統府保存的總統行程記錄檔案得知詳細情形。從這些檔案資料可以發現，李登輝是一個精力充沛、健談且喜歡事必躬親的行政首長。以一九九〇年為例，李登輝在他的總統府辦公室接見多達兩千兩百九十四位訪客，相當於平均每天見六位客人，此一接見活動每天就耗掉他大約三個小時的時間。在這些總統訪客裡面，百分之七十一點七的一千六百四十七名訪客來自台灣各地。其他六百四十七名訪客（百分之二十八點三）來自國外，其中包括十名來自海地、薩爾瓦多、諾魯共和國、巴拉圭與哥斯大黎加等友好國家元首。

另外，李登輝到各地巡視訪問行程中，會晤相關人員前後，也直接接觸到大約相同人數的群眾。在這一年裡，李登輝主持過無數次事前安排的會議與臨時會議，接受三十七次簡報，出席過十一場追思典禮，並發表過三十一次演講。作為國家三軍最高統帥，李登輝與高級將領召開過十三次軍事會議，視察軍事設施七次，檢閱相關軍事演習四次，前往外島視察軍事設施五次，包括前往與多國有領土爭議的東沙島巡視。[44]同一年，李登輝也到各縣市巡視多達四十次，並經常在假日定期前往軍警單位訪問基層。發生嚴重颱風、地震等天災時，李登輝會迅速到災區慰問，並親身體驗災民的困難與需要。即使每天行程如此繁忙匆促，李登輝也會利用行程空檔安排些許時間來打打高爾夫球或是做做政治公關，也就是與不同區域及不同背景的立委建立友好關係。[45]

李登輝改造台灣的第二階段其主要工作包括：（一）強化台灣國防力量；（二）繼續運用台灣財經力量拓展彈性外交；以及（三）在一九九二年十二月九日選出全新的立法院。由於體認台灣對美國國家戰略所具有的重要地位，美國老布希總統沿襲歷代美國政府所實施明確而謹慎的「一中一台」政策，此一政策主要目的在於阻止中國入侵台灣的野心，同時鼓勵台海兩岸和平對話。但具體規範未來美國對台政策的則是〈台灣關係法〉以及雷根總統一九八二年所提出的六項保證。面臨總統連任的艱苦選戰及國內軍事工業因蘇聯解體而嚴重萎縮的難題，老布希總統一九九二年九月宣布出售一百五十架洛克希德馬丁（Lockheed Martin）公司製造的 F-16 戰機給台灣。台灣將在一九九三年到二〇〇一年間交付這筆高達六十億美元的軍售價款，美方則在一九九七年之前交付所有的一百五十架飛機給台灣，以取代後者仍在使用的三百六十餘架老式 F-5E 與 F-104 戰機。

另外，美國也同意讓台灣向美國海軍租借三艘諾克斯級（Knox-class）巡防艦，不久之後李登輝授權參謀總長以三百九十四萬美元租借「布魯頓號」（Brewton），以六百三十四萬美元租借「培里號」（Peary），以及以沒有對外公布的金額租借「科克號」（Kirk）。根據台灣與美國的諒解，這三艘美國海軍艦艇主要是作為台灣防衛之用，三艘軍艦將在租借滿五年後歸台灣海軍所有。到了一九九九年，台灣擁有四艘潛水艇（其中兩艘為一九八〇年代建造的海龍級〔Sea Dragon-class〕潛艇）、七艘美軍佩里級（Perry-class）飛彈巡防艦、九艘諾克斯級巡防艦、超過二十艘的驅逐艦、四架「鷹眼」（Hawkeye）空中預警機、十五架契努克（Chinook）直昇機及各種射程的地對空飛彈，並包括最先進的愛國者飛彈（Patroits）。[46]

由於台灣制空權與台灣海峽制海權是台灣防衛最為優先的軍事項目，加上台灣有意尋求美國軍事供應的替代來源，李登輝領導的政府曾試圖自德國、澳洲、荷蘭與法國等引進先進武器。儘管有中國施加的強大外交壓力並提出誘人的經濟誘餌，法國仍於一九九一年宣布將出售六十架達梭（Dassault）飛機公司所製造的幻象（Mirage）2000-5型戰機給台灣。一九九一年六月五日，法國密特朗（Mitterand）政府更宣布將以一百二十億法朗的價格出售六艘裝配先進電子裝備的拉法葉級（LaFayette-class）導彈巡防艦給台灣，並預定自一九九六年開始交船。當台北與巴黎當局雙方一九九一年八月十二日簽訂最終軍售合同時，軍售金額卻漲到了一百六十億法郎，不過台灣仍在一九九七年底前依約付清了價款。由於最初宣布金額與最終合約金額相差高達四十億法郎，加上軍售時國內外時機敏感，因而引起了外界疑惑與揣測。法國與台灣都對這次軍購的疑點進行了調查，發現台法雙方似乎都有數名高層官員涉及收受不當回扣。調查顯示可能涉及醜聞的前法國外長杜瑪（Roland Dumas）是這個軍售案談判的核心人物，他證實其中一筆高達一億美元的回扣送給了中國共產黨中央委員會，作為北京當局保持沈默的「封口費」，據稱有四億美元回流到中國國民黨秘書長手中，另有數百萬美元回扣則用來賄賂密特朗的情婦安娜．潘吉（Anne Pingeot）與其他法國高官。直到二〇〇四年十二月，這次台法軍售案的龐大價金中仍有十七億法郎去向不明，除了台灣與法國當局仍在持續調查外，據信存放部分不法回扣的瑞士當局也已展開調查。李登輝曾多次在公開場合堅定表示，他已授權參謀總長全權負責這項軍購案，因此無從得知不法回扣或賄賂的任何事情。[47]

強化台灣防衛力量是李登輝總統的第一優先工作，但贏取西方學者與學術機構人士的支持與同情也十分重要。自從美國與中國建立全面外交關係後，從前依賴台灣圖書館與資源從事研究的許多美國中國事務專家學者已開始重返中國大陸，美國一些重要的研究機構更與中國相關機構進行各種合作計畫，使得台灣非常擔心它與美國學術圈的傳統緊密關係受到侵蝕。因此李登輝領導的政府開始大力鼓勵台灣的富裕個人與公司與美國大學及意見領袖建立友好關係。達成這種目的的一個有效方法是透過獎學金或其他金錢捐助來建立與美國學術機構的關係，此即所謂的「文化外交」（Cultural Diplomacy）。結果，單單一九九一年，台灣就向美國多所大學提供總額超過兩千萬美元的各種捐助。其中六百萬美元是捐給麻省理工學院用於協助興建斯隆管理學院；一百八十萬美元捐給史丹福大學的胡佛學院，接著，台灣遠東紡織集團也承諾將捐一百二十萬美元給胡佛學院。另外，諸如哥倫比亞大學、哈佛大學與堪薩斯大學等也都自台灣的「蔣經國基金會」獲得交換獎學金的捐助。蔣經國一九八八年去世後，李國鼎、俞國華與宋楚瑜等多位外省籍重要政治人物即開始籌募設立「蔣經國基金會」。由於在黨與政府當中擁有很大的影響力，他們很快就得到教育部承諾提供三億台幣作為一九八八年活動之用，另外還為基金會提供十二億台幣作為設立基金。發起者很快向一些富裕的台灣人募得五億台幣。

「蔣經國基金會」在短短的三年裡就募得約一億美元，一九九一年之前，該基金會就曾對美國近一百個學術機構或研究計畫提供超過一千一百萬美元的捐助。其中像是提供四百萬美元給加州大學柏克萊分校來加強該校的中國研究，捐助七十二萬美元給南達科他大學資助該校的中國研究計畫。[48] 前美國在台協會主席李潔明（James Lilley）牽線安排下，蔣經國基金會捐二百萬美元協助馬里蘭大學設立全球華人事務研究所（Institute of Global Chinese Affairs）。另外則是託宋楚瑜與田長霖的個人關係之助，基金會承諾提供一千五百萬美元在柏克萊校園內興建蔣經國紀念圖書館。[49] 另外，「蔣經國基金會」也贊助一些國際學術會議與研討會，並資助與中華民國友好的學者從事研究。基金會也對像是史丹福大學的奧森伯格（Michael Oksenberg）與密西根大學的李侃如（Kenneth Lieberthal）等支持統一的美國學者提供資助。

「蔣經國基金會」設立之初即由一批效忠於蔣家體制者所控制，董事及經理人員大都由外省籍「統派學者」把持，因此過去曾批評蔣家體制的中國問題專家與台灣問題專家，或是支持同情台灣獨立運動的學者就很難獲得基金會資助。事實上李登輝卸下總統職務後也曾對設立以中國為導向的該基金會目的與結果有所不滿與抱怨。[50] 同一時間，一些美國頂尖大學校長陸續到台灣尋求募款或是與他們學校的校友建立關係，因為其中不少人都已成為台灣知名企業的領導人。例如，史丹福大學校長卡斯柏（Gerhard Casper）一九九四年秋季訪台時，除與台大簽訂學術交流協定外，還從台灣史丹福基金會獲得大筆金錢捐助，用以在該校成立「李國鼎永久講座」（Li Kuo-ting Permanent

Faculty Chair）。另外，將離職的康乃爾大學校長羅茲（Frank Rhodes）一九九五年四月到亞洲訪問，他到台灣時告訴李登輝，表示該校準備以李登輝為名成立講座，台灣的康乃爾校友們聞訊大喜，幾星期內就為此籌得兩百五十萬美元，不久之後「李登輝講座」（Lee Teng-hui Faculty Chair）即順利在康大成立。[51]

儘管李登輝的「金錢外交」成功打進了美國學術象牙塔，不過他領導的國民黨卻在一九九二年十二月選舉中遭遇嚴重挫敗。這是解嚴後成立全面改選的新立法院的一次重要選舉（中華民國第一屆國會自一九四七年一直持續到一九九一年），國民黨的總得票率只有百分之五十三點二，在一百六十一立委席次中贏得九十六席。民進黨則以百分之三十一點三的得票率拿下五十席。其他小黨與無黨籍候選人贏得十五席。這是國民黨在台灣歷來選舉上成績最差的一次，這樣的結果宣告國民黨以往在立法院的絕對多數地位已告鬆動。剛成立的民進黨續有斬獲，得票率百分之三十一點三直逼三分之一普選票，較黨外時期的一九八六年百分之二十二點二與一九八九年三十點一八都有所增長。另外，國民黨更在部分縣市喪失多年傳統的多數地位，都會區流失的票數尤其嚴重。例如，國民黨在台北市的得票率只有百分之四十一點〇四，台南市得票率百分之四十四點八三。在新竹市、嘉義市與金門選舉中，國民黨籍候選人全數落敗。這次選舉的另一項值得注意的結果是：三名留美多年的台獨運動領導人蔡同榮、張旭成與陳唐山都順利當選。[52]

一九九二年立法院選舉結果顯示出台灣人對民意代表的新態度：期待年輕清廉的代表及持續的政治改革。在這次別具意義的選舉中，多位國民黨籍現任立委與多金型候選人都以敗選收場。[53] 選舉戰火一結束，李登輝總統在完成選舉檢討評估後隨即準備進行新一輪的政治重整。李登輝深知政治耐心的重要性，他等到選後時機成熟時才展開整頓，一舉撤換行政院長郝柏村與國家安全會議秘書長蔣緯國，兩人被視為可能挑戰李登輝權力的最後兩名國民黨實力人物。一九九三年初，李登輝任命五十七歲的連戰組織李登輝領導下的第四個內閣。連戰出生於中國的西安，直到二次大戰結束後才返回台灣。連戰獲芝加哥大學博士學位後受到國民黨刻意照顧與栽培，這可以從他平步青雲，仕途中歷任駐薩爾瓦多大使、國民黨青工會主任、國民黨副秘書長、交通部長、行政院副院長與外交部長等要職獲得證明。在獲李登輝邀請出面組閣時，連戰的職位是台灣省主席。連戰出任行政院長案一九九三年二月二十三日在立法院通過，連戰任命案得到一百〇九票支持，反對三十三票，有十八票無效票。

以連戰為首的新內閣也任命了多位新人，內閣新人主要集中於財經、科技與教育部門，不過也有一些讓外界跌破眼鏡的任命。例如，台大校長孫震在新閣中出任國防部長。五十九歲的孫震祖籍山東，曾是李登輝在台大的學生，孫震為人做事很重視團隊合作，他是奧克拉荷馬州立大學的經濟學博士。李登輝也將多名政治親信與盟友安插在高層位置，一九九三年三月宋楚瑜被任命為台灣省主席，許水德出任國民黨秘書長。當時的國民黨號稱有兩百六十六萬黨員，不過真正按時繳黨費的黨員只有九十五萬人。許水德出身澎湖，曾擔任過台北市長與內政部長等要職，擔任秘書長的他將負責國民黨中央、省與地方等各級黨部的日常運作。當時國民黨的龐大組織配置超過七千名專職黨工，除在全台各地的三百七十八個民眾服務社外，海外也有數十個類似的孫中山服務社。為有效管理龐大的資產與投資事業，國民黨此時特別成立了投資事業管理委員會（投管會），[54] 李登輝挑選他康乃爾大學的學弟劉泰英出任投管會主委。往後的七年裡，劉泰英即成為國民黨的大掌櫃與李登輝的黨內財務官。

李登輝任命劉泰英掌投管會顯示他急於更緊密控制黨的財務，使其運作更為透明有效。以往國民黨雖然自政府拿到數十億補助金，錢的流向最後經常成了糊塗帳，許多黨產甚至被登記在部分黨領導人名下。在劉泰英出任投管會主委前，國民黨就已控制了七大企業，可動用的流動資產約達兩百八十九億台幣。劉泰英在二〇〇三年被控侵占的審判庭上供稱，在他擔任投管會主委時，每年可為國民黨籌到一百億台幣資金。[55] 劉泰英如何能為國民黨弄到這麼多錢？除了例行從有錢工商老闆收取政治獻金外，劉泰英特別把國民黨的錢投資到幾個獲利企業上去，華夏投資公司即為其一。國民黨通過華夏成功滲透控制台灣主要文化媒體，因為華夏公司旗下擁有或控制著中央通訊社、《中央日報》、《中華日報》、中國廣播公司、中央電影製片廠、中國電視公司、台灣電視公司與正中書局等。宋楚瑜擔任國民黨秘書長時曾兼任華夏公司董事長，當時他曾負責以一筆約一億台幣的基金來照顧蔣經國遺孀蔣方良及其家屬的生活，不料宋楚瑜竟將這些錢存進他個人帳戶，還透過在中央信託局任會計的小姨子為他洗錢，把這些錢匯到美國去。當這件事在二〇〇〇年總統大選期間傳開後，隨即變成宋楚瑜的個人醜聞，許多人認為這起醜聞是宋楚瑜二〇〇〇年敗選的重要原因。[56]

除了七大企業集團外，國民黨並透過各種手段自國營的鋼鐵、石油、銀行與信託、機械、造船、水泥、玻璃與合纖等事業獲取利益。[57] 劉泰英二〇〇三年在審判庭上說，國民黨的平常運作每年就需要五十億台幣資金，他在擔任投管會主委的七年裡，曾為國民黨把超過九百六十億台幣的資金投資到數百家企業，並為國民黨賺取了四百一十八億利益。劉泰英宣稱，他在離開投管會時已為國民黨七大企業集團增加了兩百七十六億淨資產。[58] 因此，李登輝的政治實力、選舉成就以及他提倡的務實外交成就，某種程度上都是建立在國民黨的龐大資產上。不論李登輝的政治生命如何起伏興衰，劉泰英最終勢必成為李登輝的政治負擔，李登輝既有的政治聲望也勢必受到劉泰英所作所為影響。二〇〇三年十一月十二日，李登輝以證人身分到法庭為劉泰英被控收取新瑞都大股東蘇惠珍十六億元的賄賂案作證，儘管沒有證據顯示李登輝涉及該案，這次出庭已創下台灣卸任元首到刑事庭作證的首例。[59]

一九九三年是台灣相當美好的一年，也是李登輝「諸事如意」的一年。七十歲的李登輝此時健康良好，每一個月七十九萬台幣的總統薪水讓他成為全球收入最豐厚的國家元首之一。[60] 這一年李登輝還在國民黨的第十四屆全國代表大會上成功連任黨主席，這次他是透過匿名投票而不是傳統起立鼓掌方式當選的。此時，台灣已確定將自法國與美國分別引進幻象 2000 與 F-16 戰機，且將從美國引進多艘高性能戰艦，加上每十一個月建造一艘派里級巡防艦，台灣的國防戰力將能迅速提升。由於冷戰結束，國際環境突然變得相當緩和，北京中國領導層還在為一九八九年的天安門事件苦惱，此時的台海情況可說是「和平共存」（peaceful coexistence）。一九九三年四月，海基會董事長辜振甫與中國的海協會會長汪道涵在新加坡會談，商討兩岸人民往來所牽涉的各種技術性、功能性與程序性問題。中國在同一年派遣男女籃球隊到台灣參加比賽。[61]

一九九三年不只是李登輝第二階段政治改革的標示年，台灣在這一年也創下多項歷史里程碑。首先，台灣人口突破了兩千一百萬，平均國民所得突破了一萬美元。立法院的台籍立委首度超過外省籍立委。大批台灣新人在黨政軍與司法機構取代外省「老賊」。另外，這一年也同時出現台籍行政院長（儘管是「半山」）、台籍國民黨秘書長以及台灣出生的諾貝爾化學獎得主李遠哲。李登輝總統對李遠哲獲諾貝爾獎感到非常驕傲，並隨即於一九九三年十二月十七日任命他為中央研究院院長。台灣的主要大學同一年也落實了教授治校制度，由教授選舉校長以取代以前的「部派」校長，結果台灣大學與台灣師範大學分別選出同是台籍的陳維昭與呂溪木出任新校長。戰後有成千上萬台灣人負笈國外接受高科技、社會科學、公共行政，與法律等訓練後返回故鄉服務，李遠哲、陳維昭與呂溪木是這些台籍歸國學人的傑出代表。此時台灣居民已能夠毫無恐懼組織社會運動與社團，也能光明正大選舉代表來舉辦盛大的「二二八事件」受難者紀念活動。

不過台灣進一步的社會發展、現代化與達成社會和諧依然面臨許多障礙。首先是台灣政府因成長過快而顯得過度臃腫肥大。台灣地方、省市與中央政府的公務人員總數已由一九八三年的四十六萬三千人激增到一九九三年的五十七萬七千人。這個數據顯示每二十四名二十歲到六十四歲的台灣成年人中就有一人依靠政府薪水過活。另外，台灣社會貧富差距也在持續擴大。性別平等雖持續改善，且有越來越多女性走進職場，但仍未達到理想水準，像是總數一百六十一席的第二屆立委只有十七名女性，新內閣也只有兩名女閣員。由於李登輝篤信自由經濟而且以赤字預算支持各種公共建設，台灣政府的年度預算赤字一九九三年已達數千億台幣規模。更糟的是，是黑道（黑）與企業（金）利益仍經常透過買票等方式取得地方到中央的民代席位。企業與政府的貪污腐化以及用人唯親的情況一直未能改善，「黑金」勢力為公共工程圍標，黑函、回扣、恐嚇法官、賄賂官員等情況時有所聞，甚至連謀殺手段都被搬了出來。[62]台灣的民主化過程似乎欠缺追求保護個人自由、維護基本人權與容忍反對觀點等價值，結果導致改革開放後的國民黨與立法院一天到晚惡鬥，爭吵不休。不過最令人憂心的則是政治認同與族群對立問題，這兩個問題如未能盡早化解或降低，台灣的未來勢必有更多紛爭。事實上，台灣彼此談起台獨或統一問題時，經常會出現令人不快的爭論。

一九九三年的李登輝一舉一動都表現出嚴格遵循蔣經國遺志的姿態，在繼續推動台灣民主改革的同時，也擺出促進中國統一的模樣。李登輝在公開場合從不承認他是獨立派，而且還經常斬釘截鐵表示他是統一派。但許多人轉述他與國民黨主流派或是民進黨領導層的私下談話時，都說李登輝常表示他既不支持統一也不支持獨立。李登輝會談到統一與台灣人族群淵源問題時，總是語帶閃爍，模稜兩可，這也是他何以可容忍多到二十一個不同的名稱來指稱台灣的原因，還包括部分可能讓台灣主權模糊不清的名稱。作為中華民國總統，他必須維護一種現狀模糊：那就是中華民國暨不是中國也不是台灣，不過它也同時代表中國且代表台灣。不過在反主流派者眼中，特別是公開反李的非主流派眼中，李登輝對民進黨的要求做出了太多讓步，而且認定李登輝的這些讓步是他偏袒甚至是支持民進黨台獨主張的表現。那些最不信任李登輝的反主流派甚至懷疑他有陰謀，他們發現，李登輝推動的改革正逐漸削弱外省人的原有權力，而李登輝本人的權力卻迅速鞏固起來，同時還暗暗助長台獨聲勢。

從後來的發展來看，這些國民黨非主流派的疑慮並非全然無的放矢。因為李登輝雖然口口聲聲向外省籍人士表示他支持統一，不過實際作為似乎是在台灣建立一個以台灣人族群特性為基礎的主權獨立國家。國民黨內一批外省第二代對李登輝的不滿情緒越演越烈，最後走上杯葛黨十四屆全國代表大會，並在一九九三年八月十日走上組織「新黨」的道路。自國民黨出走的第二代外省人以趙少康為首，之後這些人幾乎都變成李登輝的激烈批評者與情緒化的反李急先鋒。在一九九五年立法院選舉中，新黨候選人一舉得到百分之十二點九五的選票並贏得九席，新黨所獲得的票數與席次幾乎與國民黨流失的相當。不過李登輝並沒有被新黨的無情攻擊擊倒，反而讓他有機會選擇與敵人（新黨）的敵人（民進黨）進行策略性合作。在一九九八年的另一次全國選舉中，新黨得票率跌落到只剩百分之七，就實際政治影響而言，新黨已開始走上泡沫化。儘管一個人的歷史評價與聲望可能因旁觀者所處的角度而有所不同，不過沒有人能否認，李登輝是探索了解一九九〇年代台灣政治社會文化變遷最適當的代表人物。

第九章　領導台灣鞏固民主

領導台灣完成初步民主改革，成功維持經濟繁榮後，李登輝在一九九四年更以新台灣領導人的姿態展開一場大膽積極的外交出擊，大幅提升台灣的國際「能見度」。二月初，李登輝前往東南亞訪問，進行他所謂的「破冰之旅」。台灣與東南亞國家並沒有外交關係，不過台商在那裡有大量投資，估計自一九八〇年代起已有超過四千家台商企業到東南亞各國投資設廠。李登輝這趟東南亞「破冰之旅」有當時台灣財經界三巨頭隨行，包括國民黨投審會主委劉泰英、經建會主委蕭萬長與中信銀行執行長辜濂松。李登輝除希望憑藉台灣豐厚的經濟實力打破與各國的冷凍外交關係外，更期待擴大利用當地豐富天然資源與廉價勞力來進一步發展台灣經濟。李登輝一行第一站造訪了菲律賓，他在蘇比克灣（Subic Bay）與羅慕斯（Fidel V. Romos）總統共進午餐，兩人進行了長達兩小時的會談。達成了一項七點經濟合作協議，內容包括台商的土地取得、放寬台商入境簽證與課稅等。李登輝訪問東南亞的第二站來到印尼的萬隆（Bandung），他在那裡參觀了飛機製造工廠與太空產業中心，二月十一日接受印尼總統蘇哈托的款待。在兩人的工作午餐會中，雙方財經代表就如何投資發展印尼的天然氣與石化工業，擴充印尼的糖與鹽生產，以及巴丹（Batam）島基礎建設等問題敲定了六大合作方案。方案提到的巴丹島距新加坡約二十公里，台灣在該島上已設有光華工業園區。之後李登輝由爪哇轉往泰國首都曼谷，二月十六日他受到泰王蒲美蓬（Bhumibol Adulyadej）的歡迎接待，台灣代表與泰國部長簽訂了多項協定，其中包括把惡名昭彰的鴉片區金三角（Golden Triangle）轉變為蔬果生產區計畫。1

李登輝推動南向計畫的主要動機有二：一是分散台商一窩蜂到中國大陸投資貿易的風險，一是引進東南亞廉價勞工，解決台灣勞力密集產業困境。到了一九九八年，台灣自菲律賓、印尼與泰國等引進了約二十五萬名勞工，除了生產工廠與土木建築等勞務外，台灣的多數家庭幫傭與看護也都已由外籍勞工擔任。李登輝宣稱，在他訪問前述三個國家一年後，台灣與東南亞國協（ASEAN）各國已就關稅程序進行簡化與整頓，台灣與各國的貿易與投資關係因此擴大了二倍到三倍。例如，一個由四十七家台灣企業組成的代表團一九九五年七月與菲律賓當局簽訂合約，取得蘇比克灣工業區的大筆土地租賃權，準備在那裡進行一項規模達兩億美元的投資計畫。一九九四年五月到一九九五年五月間，台灣對泰國的投資由四十億美元增加到五十億美元，同一期間也有總金額達二十三億五千萬美元的三百個台灣投資計畫進入馬來西亞。一九九四年底，菲律賓登記有案的台灣投資即多達三百一十七項，總投資金額達二十五億美元，為一年前的十八倍之多。同一期間台灣的多家銀行也紛紛前往東南亞主要城市設立分行或辦事處，例如慶豐銀行與中國進出口銀行到越南設立分行。在各國吸引的外資當中，台灣是馬來西亞與越南的最大外資來源，台資在菲律賓與印尼外資榜中排名第三，在泰國則排名第五。2

在結束成果豐碩的東南亞之旅後還不到十一週，李登輝再次起程到國外推動彈性外交，這是一次跨越美洲、非洲與亞洲三大洲的訪問行程。在這趟行程緊湊的十三天訪問行程中，李登輝一九九四年五月四日與尼加拉瓜總統查莫洛夫人（Violeta Barrios de Chamorro）簽署聯合公報，五月八日出席哥斯大黎加總統費蓋雷斯（Jose M. Figueres Olsen）的就職典禮，五月十日與多國領導人出席了南非總統曼德拉的就職典禮。訪問馬納瓜（Managua）時，李登輝宣布減免尼加拉瓜積欠中華民國兩千兩百萬美元總債務的百分之七十五。在聖約瑟（San Jose，或譯聖荷西）訪問時則宣布台灣將協助哥斯大黎加在北部邊境附近興建一條四十五公里的高速公路，並提供一千五百萬美元貸款協助哥國發展農工商業。在普勒托里亞，李登輝有機會與前往祝賀南非第一位黑人總統就職的美國希拉蕊夫人（Hillary Clinton）、高爾副總統（Al Gore）與英國菲力普親王（Prince

Philip）等各國代表們交談。李登輝致贈兩萬美元給普勒托里亞大學的癌症研究計畫，另外還捐贈五十萬美元給史瓦濟蘭國王恩史瓦第三世（King Mswati III），用於協助該國興建索布達（Shobuza，即恩史瓦第國王的父親）紀念公園。[3]

同樣是一九九四年，李登輝在台北先後接待來訪的尼日（六月）、布吉納法索（八月）與中非共和國（十月）等友邦總統，李總統向這些非洲朋友承諾，將透過中華民國海外發展基金提供必要的專家與金錢，協助他們改善農漁、貿易與公共衛生。為回報台灣援助，這些非洲國家承諾將連署支持台灣重回聯合國提案，並在適當場合與時機發言支持台灣參與國際活動。與許多發展中國家一樣，這三個非洲貧窮國家在台灣被迫退出聯合國後不久即與中國建交，後來又與台灣復交。曾經由這種模式與台灣重建邦交的非洲國家，以及各國與台灣復交日期資料如下：中非共和國，一九九一年七月，尼日共和國，一九九二年六月；布吉納法索，一九九四年二月；甘比亞共和國，一九九五年七月；塞內加爾共和國，一九九六年一月；聖多美普林西比共和國，一九九七年七月；查德共和國，一九九七年八月。[4]

李登輝總統的下一個外交目標是在中東重新建立據點。一九九〇年沙烏地阿拉伯王國宣布與台灣斷交時，台灣再次受到重大外交挫折。不過一九九〇年八月發生了第一次伊拉克戰爭（美國所謂的「沙漠風暴作業」〔Operation Desert Storm〕），台灣提供了數千萬美元減輕美國負擔。像約旦早已於一九七七年與台灣斷交，但戰爭爆發後台灣隨即向約旦提供一千萬美元的現金援助，以及一批價值一千萬美元的稻米與毛毯等物資援助。接到台灣慷慨援助後，約旦王儲哈山（Hassan）親王與阿拉伯聯合大公國外交部長韓姆丹（Hamdan）分別邀請李登輝到他們國家進行非正式訪問。在一九九五年四月二日，在阿布達比官式午餐會上，李登輝與接受阿國王儲哈里發（Khalifa）親王款待，並就兩國發展天然氣與石化工業，以及台灣在該國海岸興建倉庫等問題交換意見。在安曼，擔任約旦特種部隊司令的阿不都拉（Abudullah）親王以一場盛大的國宴接待中華民國訪問團。[5]

李登輝打出彈性外交政策，密集前往東南亞、中美洲、南非與中東等地訪問，有時被批評為行事魯莽，或是回收成果與花費不成比例，無益且浪費。例如，一九九四年五月李登輝透過秘密管道給了南非執政的「非洲民族議會黨」（Africa National Congress，ANC）一千〇五十萬美元，但南非總統曼德拉依然在一九九七年十一月宣布與北京建交。批評者不只指責李登輝浪費大量國家資源，卻沒有獲得相應成果，還說李登輝這些外交讓台灣面臨中國強力報復的危險。另外，李登輝用於「賄賂」外國領導人的錢，主要來自不公開的總統國安密帳，用這種秘密資金進行援助很容易導致貪污腐化，最近一些調查即顯示類似的弊案可能曾經發生。但從李登輝的政策考量，當時台灣擁有僅次於日本的九百八十億美元外匯，當然有能力負擔這種「金錢外交」。更重要的是，這些外交出擊與援助友邦的計畫，正是突破中國在國際孤立台灣，以及爭取國際社會認同台灣是主權國家的重要工作一環。李登輝甚至在一九九五年對財務拮据的聯合國喊出「台灣捐助十億美元換取會員國席位」的條件，顯示他急於為台灣確立國際地位的迫切心情。雖然美國國務院提醒他不要把中國逼得太緊，應該考慮可能引發的嚴重政經後果，不過李登輝仍決心在國際舞台繼續積極推銷台灣。事實上，因為有李登輝這種不眠不休的努力，台灣一九九五年時才能於全球九十個國家設立大約一百三十個大使館、領事館與各種非正式代表機構。台灣還向超過三十個國家派遣了四十五支農耕隊或技術團，向駐在國提供農業、醫療與其他各種技術援助。6

但北京當局認定，李登輝追求的彈性外交只是一種手段，真正的目的是要讓台灣自中國獨立出去。一九九五年一月三十日，中國國家主席江澤民發表所謂的「江八條」意見，宣稱「中國人無意打中國人」，催促台灣與中國談判統一問題。李登輝則在九個星期後回以「六點主張」聲明，堅持台海兩岸以和平方式解決爭端，表達向中國提供技術援助意願，呼籲加強兩岸交流。[7] 不過就在同一時間，中國繼續對有外交關係的國家施壓，要它們不得以國家元首對待李登輝，不得在李登輝造訪過境時給予習慣國際法上的外交特權。其中一個實例是李登輝一九九四年前往中南美洲訪問途中，在檀香山過境停留時遭受屈辱待遇一事。為避免觸怒中國，美國國務院安排李登輝的專機在夏威夷一個小型軍用機場降落，且只安排一名上校軍官負責接待。李登輝得知降落的機場設備極為簡陋時，氣得決定以拒絕下機表達不滿。等到美國在台協會主席白樂崎（Natale H. Bellocchi）上專機致意時，李登輝故意穿著夾克與拖鞋向對方抱怨，表示代表一個民主主權國家的他應受到有尊嚴的接待，這種次等待遇他無法忍受。非常明顯，中國意圖全力壓縮台灣的國際活動空間，盡其所能羞辱李登輝總統。

另一方面，李登輝也深知如何適時以台灣的雄厚財力作為反制中國封鎖戰略的槓桿。例如，李登輝透過國民黨投審會主委劉泰英聘請美國知名的卡西迪（Cassidy & Associates）公關公司，負責台灣對美國政府的公關遊說。據稱在簽訂的三年合約期間，台灣每年付給卡西迪的費用高達一百五十萬美元。[8] 康乃爾大學第九任校長羅茲（Frank H. T. Rhodes）在一九九五年四月初訪問台北時，拜會了李登輝總統，並當面邀請李登輝訪問母校康乃爾大學，出席由三百多名台灣康大校友捐助二百五十萬美元在該校設立的李登輝講座成立典禮。為實現李登輝訪美，卡西迪成功遊說動員了美國三百六十九名眾議員及幾乎是兩黨的全部參議員，促成參眾兩院分別通過支持李登輝訪美的決議。另外還有成千上萬旅美台灣人寫信給白宮，要求美國政府發簽證給李登輝，不要向中國的壓力屈服。美國總統柯林頓最後並沒有照單全收，僅同意在嚴格限制國家元首禮遇條件下，讓李登輝以「私人旅遊」而非國家元首身分訪問康乃爾大學，而且不准他在訪美期間舉行記者會。

儘管美國對李登輝訪美加上許多嚴格限制，中國仍向美國提出嚴重抗議，表達中國堅決反對李登輝訪問美國的立場。中國國家主席江澤民表示憤怒之後，中國外長錢其琛還召見美國駐北京大使芮孝儉（J. Stapleton Roy）表達中國的不滿與抗議，中國國防部長遲浩田則推遲了原定的訪美行程。中國方面並威脅要取消購買波音噴射客機，以及關閉美國駐四川成都的領事館。[9] 在吵鬧喧囂甚至是中台可能發生戰爭威脅下，李登輝依計畫展開他的美國訪問之旅，李登輝本人形容這次訪美行程的「艱難程度有如登陸月球」。為美國炮製一個中國政策的前國務卿季辛吉指李登輝總統的這次訪美行動「魯莽又具挑釁性」（reckless and provocative），但穆考斯基（阿拉斯加州）、黑爾姆斯（北卡羅萊納州）、達馬托（紐約州）等多位共和黨籍參議員及其他共和黨要員都親赴紐約州雪城機場歡迎李登輝，當時的雪城市長並宣布六月八日為「李登輝總統日」（President Lee Teng-hui Day）。10

諷刺的是，中國就李登輝訪美一再表達激烈抗議，反而使李登輝的訪問行程廣受外界注意。六月九日李登輝在康乃爾大學的「歐林講座」（1995 Spencer T. and Ann W. Olin Lecture）以〈民之所欲，常在我心〉（Always in My Heart）為題對超過四千名美國人發表演說，超過四百名國際傳媒記者、攝影師與攝影記者趕到康大所在地綺色佳採訪李登輝的這次演講新聞。身高六英尺略帶白髮的李總統在長達四十分鐘的演講中回憶了他在康大的研究生活，並總結他所稱的「台灣經驗」。李登輝對台灣完成的民主憲政改革非常引以自豪，他並指出台灣是美國的第六大貿易夥伴，是美國政府債券的全球第二大買主。李登輝在演說中引用捷克總統哈維爾（Vaclav Havel）的名言說：「解救人類世界的唯一途徑，就在人類心中。」（the salvation of this human world lies nowhere else but in the human heart）呼籲美國與台灣建立更緊密的聯繫。11

中國當局指李登輝的康乃爾訪問是為台灣走向獨立建國序幕，是孤注一擲的一場政治豪賭。中國自八月十五日起開始以一系列軍事演習威嚇台灣，首度對台灣北方約一百三十六公里海域發射戰術導彈與其他砲彈。對中國的武力威嚇，這種不向中國屈服的精神已成為李登輝留給台灣人的重要資產。一九九五年秋季，李登輝也啟動台灣的軍事演習，呼籲亞洲鄰國採取安全防衛措施。李登輝這種冒險舉動雖然引起美國不悅，卻大幅提升他在國內選民中的支持度。在全球大力推動積極外交的同時，李登輝更在國內繼續推動民主改革，李登輝也心繫一九九四年到一九九六年的連續三次選舉。一九九四年，台灣人民將投票選舉台灣省長與北、高市長，北、高兩市原來都是中央直接管轄的院轄市，這次選舉因此被視為台灣民主改革的一項重要成果。接著一九九五年的立法院選舉一九九六年的國代選舉，則關係著李登輝未來的改革計畫。另外，一九九六年三月二十三日台灣選民也將首度直選總統與副總統，李登輝本人一心一意想贏得台灣這場劃時代的總統直選。

一九九四年十二月的省長與北、高市長選舉不只是候選人的個人競爭，也是一場關係著地方與全國問題的選戰。在省長選舉方面，國民黨候選人宋楚瑜面對的是民進黨的陳定南，後者因兩任的宜蘭縣長政績優異成為全國知名人物。不過宋楚瑜憑藉豐厚的選舉資金與龐大的政黨組織，一舉拿下四百七十萬票，以百分之五十六點二二的得票率，輕鬆擊敗只獲得百分之三十八點七二選票的陳定南。在南部的高雄市，國民黨的吳敦義以五十四點四六得票率，擊敗民進黨候選人張俊雄的三十九點二九。不過三大政黨激烈角逐的首都台北市長之爭最有看頭，許多人把這場市長選舉視為台灣民主發展的指標性選戰。民進黨提名的候選人為四十三歲律師陳水扁，他曾因美麗島雜誌社誹謗案坐過政治牢，擔任過台北市議員與立法委員。深具個人領袖魅力的陳水扁，頭腦反應快，擔任議員與立委時以質詢犀利火辣著稱。國民黨提名李登輝的台大學生黃大洲，黃大洲一九九〇年奉派擔任台北市長，是選前的現任市長。黃大洲行事穩重，但作風過於保守，口才欠佳，兩次電視辯論表現都不理想。新黨推出的趙少康為當時外省第二代政治明星與領袖，趙少康不只輕易吸引老眷村絕大多數的外省人，也獲得不少年輕自由選票支持。激烈選戰辯論圍繞著環境、教育、公共保健、交通，甚至國家安全問題打轉，成功吸引台北市一百八十萬合格選民的百分之七十七前往投票。結果民進黨的陳水扁獲得六十一萬五千票（百分之四十三點六七），新黨趙少康獲得四十二萬票（百分之三十點一七）。儘管李登輝曾於競選期間多次為黃大洲站台助講，黃大洲最後還是屈居第三位，得票率為百分之二十六。[12]

政治觀察家認為，一九九四年選舉是台灣政治發展的重要里程碑。國民黨首度在台北市市長與市議員選舉中挫敗，國民黨在五十二席的市議會只贏得不到半數的二十席。事實上，頻繁密集的選舉讓反國民黨人士有許多機會攻擊執政黨，獲取政治利益。當時的台灣一下子有超過七十個合法登記政黨，不過其中絕大多數都是登記後沒有實際活動的「純登記政黨」。另外，台灣也陸續出現各種媒體、智庫與社會運動，還有了一些只關注特定議題的遊說團體。雖然選舉總被說成是民主支柱，這根柱子有時卻是裡面空空，沒有實質內容。台灣的選舉活動通常都是既昂貴又喧鬧，為了製作大量選舉旗幟傳單、舉辦大型造勢活動甚至不法買票，台灣的候選人選舉經費常是美國類似規模選舉候選人的二十五到五十倍之多！過於頻繁的選舉不只耗費大量人力、物力，也讓李登輝政府無暇處理台灣面臨的基本經濟社會問題。為打破國民黨壟斷電子媒體情況，超過四十家的「地下扣應」電台迅速竄起，台灣一下子變成了「媒體飽和」狀態。在三個主要政黨中，只有國民黨擁有健全的地方黨部組織系統、龐大黨營企業與媒體王國。儘管國民黨繼續在台灣省與高雄市執政，一九九四年的選舉結果暴露出國民黨的弱點，反對黨在這次選舉成果鼓舞下，隨即投入一九九五年國會選舉準備工作。

超過九百五十萬的台灣選民一九九五年十二月投票選舉立法委員，這是九年前啟動民主政治改革以來的第二次立委選舉。選舉結果給了國民黨另一次震撼教育，國民黨首嘗全國性選舉得票率低於百分之五十的苦果。國民黨獲得八十五席（一九九二年為九十六席），只比過半席次勉強多了兩席。成立才兩年的新黨以清廉為號召，成為最大贏家，立院席次一舉由七席增加到二十一席，基本形成三黨鼎立局面。成立九年的民進黨以國家主權為選舉號召，但得票率只小增兩個百分點，當選立委由上次的五十人增加為五十四人。新選出的一百六十四名立委中的一百二十八人是由二十九個選舉區選民直接選出，三十個全國選區立委與六個海外僑選立委則是由各黨得票率分配產生。選情激烈且特別引起外界關注的是只選一席的嘉義市選區，結果由技術官僚出身的蕭萬長以八萬七千〇二十九票勝出，民進黨的現任立委蔡同榮以五萬八千八百四十八票飲恨。長年流亡海外的蔡同榮幾乎把他的大半生奉獻給台灣獨立公投運動。13

一九九五年的立法院選舉讓台灣政治生態起了重大變化，此時距離首次直選總統、副總統及第三屆國民大會代表選舉才十五週。一九九六年的總統直選是台灣人期待已久的重要選舉，這次選舉不只鞏固台灣民主改革多年努力的成果，也讓李登輝展示了他的政治能耐。主要政黨老早就已開始的初選活動，為這次選舉拉開序幕。首先要看的是一九九四年八月在台北召開準備推舉總統候選人的國民黨第十四次全國代表大會。雖然國民黨號稱有一百九十萬黨員，不過有權投票決定誰代表國民黨參選總統的是由全台畫分為台北、新竹、台中、台南、高雄與花蓮六個區所選出的一千九百七十三名黨代表。八月三十一日，一千七百九十五名與會代表參與投票，其中一千六百三十七票（百分之九十一點二）支持提名李登輝。在黨代表投票之前，李登輝已表示將以五十九歲的行政院長連戰為他的副總統搭檔。

國民黨十四屆代表大會否決黨員初選產生總統候選人議案時，當時貴為國民黨副主席與司法院長的林洋港即召開記者會，表示將依選舉法透過公民連署方式自行參選。根據總統選舉法規定，自行參選總統須提出百分之一點五以上的選民（一九九六年約二十一萬人）連署書，林洋港最後向選委會提出的連署人為六十三萬七千一百九十三人。十一月十五日林洋港與七十六歲的郝柏村達成協議，由一九九〇年到一九九三年間任行政院長的郝柏村擔任他的副總統候選搭檔。其實林洋港與郝柏村聯手挑戰國民黨並不令人意外，因為在最近一次的立委選舉時，林、郝兩人就曾多次為新黨站台助講，現在更是破口大罵國民黨是分贓政黨，李登輝被他們罵成是獨裁者。十二月十三日，國民黨中常會通過該黨考核紀律委員會所提開除林、郝兩人出黨的報告案。[14]此一決定終於讓國民黨內的分歧擴大為正式分裂，國民黨形象與聲望因此受到重創。

除了林、郝一組人外，五十八歲的監察院長陳履安也接著宣布參選總統，在向選委會提交三十八萬六千五百四十八人連署書與相當於五十五萬美金的保證金後，宣布以四十三歲的台籍女律師王清峰為他的副總統搭檔。[15]另一方面，民進黨則透過一個複雜冗長且頗具爭議的初選程序來決定候選人。民進黨的初選產生許多的轉折，在進入第一階段的決選時，只剩下許信良與彭明敏兩雄相爭。許信良客籍出身，曾是美麗島雜誌社的社長，初選時他曾對素有「台獨教父」之譽的彭明敏展開強有力的挑戰。但在經過三場初選辯論後七十二歲的彭明敏以十七萬七千四百七十七票對十二萬九千八百一十六票擊敗許信良，成為民進黨正式提名的第一個總統候選人。[16] 贏得初選的彭明敏選擇政治歷練豐富的四十九歲律師謝長廷為他的副總統競選搭檔。

台灣歷史性選舉舞台已經準備好，即將迎接台灣第一次的總統、副總統直選以及三百三十四名新國代的選舉。台灣總統、副總統直選採用的是簡單相對多數制，也就是由得票最多的一組候選人當選。四組候選人抽籤決定的號次為：一號陳履安與王清峰，二號李登輝與連戰，三號彭明敏與謝長廷，四號林洋港與郝柏村。選委會安排了四場電視政見會，二月二十五日、三月九日與三月十七日的三場是為總統候選人所辦，三月三日的一場是為副總統候選人而辦。選戰一開打，街頭巷尾只見旗海一片，宣傳車亂竄，報紙、廣播與電視大幅報導候選人活動，候選人與助選人除全力展開基層拜票外，也透過各地後援組織拉攏關係、大量散發傳單與施放爆竹煙火造勢，許多街道選舉期間經常亂得像垃圾場一樣。為拉近選民，包括陳履安與郝柏村在內的外省籍候選人，經常用台語與選民打招呼。平常西裝筆挺的政治人物在激烈的選舉期間幾乎都變成了一身球鞋、棒球帽與夾克打扮，候選人走進人群與民眾握手寒暄。為保護總統與副總統候選人安全，大批人潮或坐或站聆聽觀賞造勢活動時，穿著制服、荷槍實彈的安全人員總是緊緊跟隨在候選人旁邊戒備保護。許多造勢集會宛如嘉年華會，參加群眾經常可以拿到不少食物、飲料與各式各樣的紀念品。[17]

在四組候選人中，陳履安這組開始時氣勢很強，不過因經費不足加上太過簡單的選舉戰略，很快就落於其他候選人之後。雖然選舉時曾自稱是「政治圈外人」，陳履安其實絕不是什麼政治生手。陳履安有三十年的政治歷練，曾擔任國防、經濟與科技等部門要職，他的父親陳誠又是蔣介石一九五〇年代到一九六〇年代的副手，因此不論就家世出身還是個人經驗，陳履安都是道道地地的「既得利益者」與「政治圈內人」。林、郝這組候選人獲得新黨支持，公開打出支持中國統一的主張，為徹底削弱李登輝的外省選民支持，林、郝兩人大罵李登輝領導的國民黨政府貪污腐化，沒有效能，還向選民承諾要剷除大企業與黑道對政治的影響。[18]

李登輝在選戰中，對抽象的統一問題刻意保持模糊立場，民進黨因確信可得到百分之三十選民的傳統台獨票支持，彭明敏在選戰中一直強調「台灣不屬於中國」的主張。

曾是知名國際法教授的彭明敏一再向選民解釋：「沒有所謂的固有領土或是傳統領土，因為人民不是土地的附屬物，相反，土地屬於人民所有，因此台灣人有權決定台灣的地位。」[19]彭明敏並舉出台灣喪失掉多次宣布獨立的大好機會，其中包括第二次世界大戰結束的一九四五年、中華人民共和國進入聯合國的一九七一年，以及台灣解除戒嚴的一九八七年。民進黨競選時特別強調國民黨所領導的是「地方化的外來政權」，並為此特別推出「和平、尊嚴與台灣總統」的競選口號。民進黨提出的競選政見主要包括：推動符合台灣現狀的憲政改革、擴大台灣國際活動空間，以及重視環保與全民健康保險等。李登輝則自信滿滿，以多年實際政績為競選主軸，一再告訴選民他幾乎已完成了一次和平的政治革命，建立了全民健保制度（一九九五年三月實施），以及維持台灣經濟繁榮。儘管林郝自國民黨出走備受關注，李登輝還是穩穩掌握國民黨組織、黨營事業及黨產。國民黨對外公開的黨產為十八億美元，不過外界相信國民黨的實際黨產是這個數字的好幾倍。[20]競選期間李登輝還特別強調總統所需的眼光、經驗、世界觀、智慧與勇氣等領導特質，他向選民承諾將提高社會安全與穩定，維持台灣經濟成長並提升台灣國際地位與尊嚴。

然而，經常為選民所關切的一個重要問題是中國的對台軍事威脅。獲得軍人與忠榮民特別支持的林、郝兩人，一再指責李登輝把台灣帶到戰爭邊緣，他們還向選民宣稱只有他們兩人才是解除中國武力威脅的唯一選擇。不過李登輝很清楚中國各種威脅，主要是作為「國內消費」之用，況且那個時候中國軍隊根本缺乏入侵台灣所需的裝備與訓練。面對中國武力威嚇，李登輝表現得很穩重，公開場合甚至刻意對中國喊話，表達堅決立場，有效降低了選民的不安。21

事實上中國採取各種軍事行動時，李登輝在電視談話與各種政治發言都伺機展開口頭反擊，他一再表示，「武力與威脅無法阻止我們的自由與尊嚴」；「武力威嚇只會讓中國人更為渴望自由與民主，讓中國人更為唾棄共產政權」；「我們絕不會屈服」；「中國的威脅最後必然一無所得」。22 中國的武力行動果然導致台灣人對中國反彈，讓台灣人對統一更疏離排斥，諷刺的是中國這些行動反而讓許多台灣人趨向支持現任的李登輝總統。

面對中國武力挑釁與威脅時，台灣訓練有素的四十五萬國軍奉命加強戰鬥準備，特別是外島的台灣部隊更是高度警戒，準備隨時反開打。此乃因美國〈台灣關係法〉只規定台灣遭中國武力攻擊時必須採取適度行動反應，嚴格解釋並不包括離島，因此台灣人有單獨面對中國對這些地區進行局部騷擾攻擊的最壞準備。為此美國國防部長裴里

（William Perry）二月十三日發表措詞強硬談話，要中國停止威脅台灣的軍事演習。不過中國依然於三月八日向台灣兩大港口高雄與基隆附近海域發射三枚未裝置彈頭的戰術導彈。接下來的一星期，中國軍隊在接近廣東北部與福建南部的台灣海峽中線附近進行實彈軍演，中國派遣的軍機與多種軍艦曾先後跨越平時雙方機艦都禁止的海峽中間假想線。三月九日，美國國務卿克里斯多福指責中國魯莽的軍事挑釁「具有威脅恐嚇之意」，「中國如決定對台灣動用武力，將須面對美國採取相應行動的嚴肅後果」。[23] 三月十二日，正當柯林頓（Bill Clinton）政府為因應台海情勢發展而考慮各種制裁措施時，美國眾議院的兩黨議員們呼籲柯林頓政府明白保證，台灣一旦遭受中國武力攻擊將受到美國軍事防衛。雖然中國指控美國默許台灣分離主義者，美國依然派出兩個航空母艦戰鬥群前往台灣附近海域，嚇阻中國可能發動的任何攻擊。十二月，美國核動力航艦「尼米茲號」在多艘護衛艦陪同下由波斯灣前往台灣，並在駛經一百英里（約合一百六—公里）寬的台灣海峽後持續在台灣附近海域警戒。

這個時候，柯林頓總統剛任命五十六歲的鄔杰士（James C. Woods）為美國在台協會（AIT）主席，鄔杰士一九六五年獲得阿肯色大學法學博士，與前任AIT主席白樂崎不同，他既不是職業外交官，也不是中國事務專家，不料一上任就得一股腦兒投身處理這次情勢緊迫的台海危機。更糟的是，鄔杰士在一九九六年二月二日到十五日訪問台灣時，卻發現自己身陷一場尷尬困境。一向作風強硬的陳水扁剛就任台北市長，時間又是接近選舉的重要時刻，陳水扁顯然想要讓國民黨政府難堪，因此公開宣稱AIT積欠台北市政府數百萬美元的房租。不過鄔杰士與駐華盛頓的台北經濟文化代表處溝通管道暢通，如常指揮AIT派駐台北與高雄職員的活動，他表示美國沒有自台灣撤退總數近三萬人美僑的打算。[24]投票日前夕，「尼米茲號」為首的航艦戰鬥群停留於南海越南附近的公海上警戒，距台灣大約一日航程。美國國防部當時表示，尼米茲航艦戰鬥群可能與「獨立號」（Independence）航艦領導的另一個美國航艦戰鬥群會合，那時「獨立號」航艦距台灣不到一百英里。「尼米茲號」與「獨立號」航艦各載有約五十五架戰機（包括F-14「雄貓」〔Tomcat〕戰鬥機、F-A-18「大黃蜂」〔Hornet〕戰鬥轟炸機與A-6「闖入者」〔Intruder〕攻擊機）。另外，「奧伯龍號」（O'Brien）驅逐艦、「休威特號」（Hewitt）導彈巡防艦與「克拉斯基號」（McClouskey）驅逐艦等美國軍艦也都奉派進駐該區域，加入「獨立號」航艦戰鬥群。[25]

在兩艘航艦進駐鄰近海域警戒下，台灣選民滿懷熱情前往投票所投票。一千四百三十一萬三千兩百八十八名合格選民中有一千〇八十八萬三千兩百七十九人（百分之七十六點〇四）前去投票。國民黨的李登輝與連戰獲得五百八十一萬三千六百九十九票（百分之五十四），民進黨的彭明敏與謝長廷獲得兩百二十七萬四千五百八十六票（百分之二十一點一三），林洋港與郝柏村得到一百六十萬三千七百九十票（百分之一四點〇九），陳履安與王清峰獲一百〇七萬四千〇四十四票（百分之九點九八）。在國代選舉方面，國民黨由前次（一九九一）的二百五十四席減少到一百八十三席，民進黨則由六十六席增加到九十九席，首次參選的新黨拿到四十六席。另有六席由其他無黨籍候選人當選。李登輝在南投縣以外的其他縣市都領先所有對手，南投縣是林洋港出生地，選舉時林洋港的弟弟還是現任的縣長。在選情激烈的台北市，李登輝得票率為百分之三十八點九，林洋港得到百分之二十四點八七，彭明敏得票率百分之二十四點三四。即使是在民進黨的大票倉嘉義市，李登輝還是以百分之四十七點〇四的得票率大幅領先彭明敏的百分之三十三點三五。在城市化程度較低的苗栗、台東、花蓮、雲林與新竹等縣，李登輝的得票率高達百分之六十四。[26]

台灣政治逐漸美國化早就是一個成功例證，一九九六年的總統直接民選更清楚證明民主化價值可落實為亞洲人的價值，顯示自由與人權為普世追求的價值。這次選舉也證實中國的飛彈與軍事演習，對仍在成長中的台灣民主制度與多元社會的影響，遠遠低於北京獨裁政權領導人的期待。事實上，中國的軍事威嚇已將一場總統選舉變成誰最有能力對付北京誰最能確保台灣發展的公投。結果很明顯，中國的飛彈不只沒有嚇倒台灣人，反而弄巧成拙，變成了李登輝贏得百分之五十四選票的一大助力。這結果讓李登輝能大聲地說，他的政策和國家信念已獲得台灣人民的信任支持，他也因此贏得了台灣「民主先生」（Mr. Democracy）的雅號。[27] 中國在選舉前後試圖將李登輝塑造成惡棍壞人，不過中國的打壓中傷顯然產生了反效果，根據民進黨的民意調查分析，大約有八十萬的民進黨死忠支持者基於保護心理轉而投票給李登輝。[28] 儘管彭明敏只獲得勉強超過百分之二十一的選票，不過二〇〇〇年代表民進黨參選的陳水扁一舉擊敗國民黨候選人登上總統寶座。另一方面，獲新黨支持的林、郝在選戰中大談「李登輝是台灣人或是日本人，卻不是中國人」的論調，兩人的慘敗也讓統一論調在台灣一時遭受嚴重挫折，新黨勢力也緊跟著在一九九八年中央民代選舉中大幅消退。

在李登輝五月二十日任宣誓就任新總統任期後，政府內閣也跟著改組。擔任副總統的連戰繼續兼任行政院長，不過十九名內閣成員中有四分之三為新面孔，這次內閣有五位女閣員。李登輝在新內閣起用這麼多的新人，顯示他對台灣政治環境變遷的因應努力。五月十七日他在接受美國CNN電視新聞訪問時表示，將全力促成政府政策的社會共識。一向務實的李登輝總統深知，雖然他在新選舉中取得人民的信任與授權，不過政府在推動他的政策時勢必不會一帆風順，因為他領導的國民黨在立法院只勉強超過半數，而且國民大會的席次也大幅降低。想要繼續推動國內的政治改革，李登輝必須向他的核心親信之外的其他黨內人士尋求意見整合，也需因應反對黨所提出的政策修正要求。面對新的政治局面，李登輝呼籲召開國家發展會議（國發會）討論憲政與政府改造、重大經濟問題與兩岸關係問題，以及政府如何因應台商到大陸投資已擴大到二百四十億美元的問題。十二月二十三日到二十八日，一百七十名政黨代表、民意代表、政府官員、學者、專家與地方領袖等在連戰副總統主持下總計通過了一百九十二項建議案，其中包括精簡省政府決議。國發會也就取消常設國代與鄉鎮市長與停止鄉鎮市長、代表選舉等問題達成了共識，並同意在精省前提下不再舉行省長與省議員選舉。29

不過新黨以反對憲政改革內容為由，該黨與會代表二十七日宣布退出國發會。四天之後，當時擔任台灣省省長的宋楚瑜也以抗議國發會通過停辦省長與省議員選舉的精省案為由，宣布辭去省長職務。與多數外省人一樣，宋楚瑜很早就懷疑李登輝暗藏台灣獨立建國的陰謀，將取消省政府組織視為李登輝把陰謀攤在陽光下的行動。宋楚瑜公開抵制精省改革，彷彿突然對李登輝投擲一枚炸彈，李登輝一直認為宋楚瑜最終會支持精省。不過李登輝接下來就根據國發會決議，任命一個精簡政府組織結構委員會，負責檢討政府組織重疊問題，研究如何將省的權責劃歸中央與地方。由於多黨政治已成為台灣政治現實，政府沒有能力主導所有社會發展與變遷，李登輝有必要尋求新的方法與管道來改造政府，平衡國家權力與日益強大活潑的社會力。

台灣正由一個農業中心的社會轉變為工業、技術與出口為基礎的現代社會，再加上旅遊、教育、遷移與媒體等因素影響，台灣人民變得更多變動性，更少傳統束縛，態度也越來越強硬、越好鬥。由於社會強力追求自由與人權，李登輝與國民黨領導層再也無法一如往昔控制整個社會，結果李登輝領導的政府變得越來越不具高壓性，行政作為也越來越被動，警察不像以往粗暴，卻變得更為貪污腐化。以家庭與個人責任為基礎的儒教社會，僵化而壓抑，現正受到新的民主政治、社會平等與建基於契約性關係的新社會價值強力衝擊。除了政治對立外，台灣社會迅速出現明顯的城鄉差距，貧富差距也持續擴大，一波接一波的街頭示威抗議，為過渡期的台灣社會製造出新的衝突與暴力。在此過渡期的一九九六年冬季到一九九七年春季，台灣接連發生多起震驚社會的重大犯罪事件。一九九六年十一月二十一日，桃園縣長劉邦友與七名桃園縣議員在縣長官邸慘遭殺害。十天後，民進黨婦女部主任彭婉如在高雄遭殺害。雖然政府當局堅決表示要將兇手繩之以法，這兩個看似政治謀殺案的兇手至今仍逍遙法外。緊接著是知名女星白冰冰的女兒白曉燕一九九七年四月十四日遭人綁架勒贖事件，案發約兩週後，白曉燕的屍體被人棄置於台北縣五股工業區附近的大排水溝。

《聯合報》與《中國時報》等原本親國民黨政府的台灣媒體現在卻扮演敵對政府的角色，開口閉口無不攻訐政府與時局的錯誤。五月四日，為數約五萬人的群眾在台北市區遊行後聚集到中正紀念堂，他們大罵政府面對日益增高的犯罪率態度軟弱，束手無策，要求政府建立更好的公共安全秩序。緊接著又發生了兩次類似的大規模遊行示威。為此李登輝在五月十五日的記者會向人民公開致歉，他向人民保證，將盡一切力量確保社會與人民的安全。在這段忙亂期，李登輝仍於二月抽空接見退休的美國前聯席參謀會議主席鮑威爾將軍（Colin Powell），並於三月會晤西藏精神領袖達賴喇嘛（Dalai Lama）。鮑威爾訪台時還以〈變動世界的領導與挑戰〉為題發表付費演講，演講結束時他還為聽眾在他們購買的《我的美國之旅：鮑威爾將軍自傳》（*My American Journey*）上簽名留念。達賴訪台是由台灣的一批虔誠佛教信徒促成，他們募集了五十萬美元供達賴喇嘛訪台時個人之用。一年後，李登輝主持了「達賴喇嘛基金會」的成立典禮，這個基金會之後即負責與設於印度的藏人流亡政府聯繫工作。[30]

在社會強力要求壓力下，李登輝局部改組政府，一些人在這次改組下台一鞠躬。新選出的國民大會一九九七年五月集會，準備處理國發會所提出的相關建議案。在新黨代表強力杯葛下，李登輝總統未能如往常順利上台做國情報告。不過在經過超過八十天的熱烈討論後，國民大會完成多項中華民國憲法修正，這是李登輝任總統以來的第四次修憲。國大根據國發會建議，修憲凍結了省長與省議員的選舉，不過並未通過凍結超過三百六十個鄉鎮市的基層選舉的修憲條文，後者也是國發會所提出的憲政改革建議。在此次憲政改革下，台灣省政府的功能只剩下推行中央政府政策及對地方政府的有限監督權，原有的員工多數由中央政府吸收，部分員工則提前退休離職。另一項增修條文規定總統任命行政院長時不再需要立法院同意，但也配合給予立法院彈劾與罷免總統副總統的權力。這次修憲將立法院席次由一百六十四席增加到二百二十五席，好吸納停辦省議員選舉後有意繼續從事公職服務的人。國大也通過強化司法獨立的增修條文，加重憲法第八十條有關法官須超出黨派，依法獨立審判不受任何干涉的規定，並限制職司憲法解釋與統一解釋法令的大法官任期為八年，且不得連任。國大並通過提高立法機構婦女保障名額，以及公共設施必須有殘障人士進出設施的增修條文。另一方面，國大通過取消憲法第一六四條有關中央政府教育科學文化預算不得低於總預算百分之十五的強制規定。31

在國大完成修憲後不久，李登輝召開了國民黨第十五屆全國代表大會，準備選舉新的黨主席並修改新黨章。兩千兩百〇九名與會代表中的兩千〇六十四張支持票（百分之九十三點四四）讓李登輝輕鬆連任。不過在緊接著進行的中常委選舉中，因不滿精省而跑到美國去的宋楚瑜缺席下仍得到一千六百九十六票，宋楚瑜在代表中的高人氣，預示國民黨內將會有一場嚴重內鬥。不過李登輝顯然決定逐漸疏遠具有強烈政治企圖心的宋楚瑜，一九九七年八月二十八日李登輝宣布由台籍的蕭萬長組閣，組織李登輝就任總統以來的第五個內閣。五十八歲的蕭萬長具有多年財經背景，為人處事重視合作協調，他曾擔任立法委員，熟悉被批評者形容為是拳擊大賽或美式足球大戰的立法院「暴力戰術」與「咆哮策略」。由於爭鬥不休，立法院早就積壓大批法案等待處理，加上必須盡快通過精省的相關法律，蕭萬長確實比宋楚瑜更適合在此時出面組閣。蕭萬長的內閣成員平均年齡五十五歲，其中包括四名擔任比較不重要職位的女閣員。新內閣顯示李登輝是政府的總負責人，蕭萬長只是李登輝政策的推動者。另一方面，宋楚瑜最後落得遭國民黨開除黨籍，不過他很快就組織了親民黨，並於二〇〇〇年總統大選時出馬對抗國民黨提名的連戰。宋楚瑜原本認為自己是所謂的「李登輝之子」，不過翻臉後隨即成為李登輝的政治大敵。這應驗了「人生中多數的朋友都是虛假的，但政治上則沒有永久的同志也沒有永久的敵人」這句話。

在蕭萬長出任行政院長時，台灣的國民生產只有百分之三來自農業，百分之三十五來自工業，其他的百分之六十二則來自於服務。[32] 因此蕭萬長上任的優先政策目標是：讓台灣加入世界貿易組織（WTO），將台灣建設為亞太營運中心，強化南進政策的投資貿易，推動包括第二條南北高速公路在內的多項國內建設計畫。在李、蕭兩人領導下，台灣安然渡過了一九九七年的國際金融大風暴，那場金融風暴不只讓亞洲股市、匯市紛紛崩盤慘跌，甚至殃及全球市場。這場金融風暴由一九九七年夏季的泰銖貶值開始，迅速在亞洲各國產生連鎖效應。不過李、蕭兩人發現處於剃刀邊緣的亞洲各國經濟將大幅向下沈淪時，便開始運用台灣的龐大外匯資產來穩定台灣股市、匯市，成功讓台灣遠離暴風圈。蕭萬長也持續推動多項軍事改革計畫，將一九九六年高達四十五萬三千人的軍隊縮減為四十萬人，取消了布爾什維克黨型態的政戰體系，強化台灣空防與海防軍力。最後必須一提的是，蕭萬長領導的內閣在全力提升台灣經濟競爭力的同時，也相當重視消費者與產業界的權利平衡。蕭萬長內閣推動擴大工商業利益政策時，都會一併考量農民、勞工、教師與其他社會弱勢者的利益。

日益高升的犯罪率、社會問題與持續惡化的環境最終還是為李登輝與他領導的政黨帶來前所沒有的惡運。一九九七年十一月選舉，國民黨在激烈的縣市長選舉中輸掉了近三分之二的地方政權，民進黨贏得二十三個縣市長中的十二個，國民黨由原來在十五個縣市主政減少到只剩下八個，其他三個縣市長寶座由無黨籍人士贏得。民進黨的總得票率百分之四十三點三二首度超過國民黨的百分之四十二點一二，這是台灣政治發展史上的另一里程碑。[33] 這被視為台灣人希望政治改變的明顯指標。儘管多數縣市長候選人勝出，主要憑藉他們個人與家族在地方上的聲望與地位，不過部分候選人不僅是地方型政治人物，他們也有全國的知名度與活動，經常與學生團體、知識界、勞工組織及企業界領導保持聯繫。這次的選舉傳達出明確的訊息，那就是台灣人對連續執政半個世紀的國民黨已不再認同。

當李登輝與蕭萬長為國民黨的基層支持度迅速消失感到驚訝之際，更令他們不滿的是美國正快速傾向中國，早期的「圍堵」政策已被「積極交往」政策所取代。為降低中國因李登輝訪問康乃爾大學的憤怒，並引導中國與美國進行對話，柯林頓一九九七年邀請中國國家主席江澤民訪問美國。柯林頓一九九二年競選總統時曾批評當時的老布希總統對「天安門屠夫」姑息妥協，不過當他在一九九八年夏李以總統之尊訪問中國時，卻盛讚北京的經濟改革，還與中國大談所謂的「戰略夥伴關係」。更糟的是，在上海圓桌會談上，柯林頓告訴江澤民：「我們不支持台灣獨立、兩個中國或是一中一台，我們也不認為台灣應該成為以國家為必要資格的國際組織會員。」[34] 柯林頓的此一「三不」聲明，不只造成美國國會錯愕與日本當局驚慌，更激起台灣政治團體更多的台灣主權爭論。雖然美國國務院隨即派遣當時的AIT主席卜睿哲（Richard C. Bush）訪台，向台灣保證，美國對台政策沒有改變的立場，李登輝企圖在世界舞台為台灣建立國家存在的努力顯然大受打擊。[35]

之後中國即經常打出這張「柯林頓三不牌」，企圖迫使台灣恢復與其對話，兩岸對話自一九九三年四月的新加坡會談以來即告中斷。李登輝在新情勢下態度有所緩和，同意派遣一個十一人代表團前往中國大陸與對方進行會談。由海基會董事長辜振甫領導的台灣代表團在上海「和平飯店」與中國代表團會晤，中國代表團由海協會會長汪道涵領軍。結束上海會談後，辜振甫還前往北京拜會中國國家主席江澤民及其他中國領導人。在這次歷史性的會談中，雙方就四點事務達成共識，其中包括雙方應繼續進行對話，積極處理兩岸人民往來所產生的個人及財產安全等問題。台灣代表團並邀請大陸代表於最近的將來訪問台灣。[36]

一九九八年十二月，台灣再次舉行選舉，李登輝領導的國民黨因兩岸緊張關係降低，新黨、綠黨、台灣獨立黨與新國家連線等新興政黨的邊緣化、泡沫化，重新贏回立法院、國民大會、台北市長及北高兩市議會，民進黨只有謝長廷在高雄市長選舉中以些微票數險勝當選。在接下來的七個月，李登輝穩穩控制著國民黨與政府。這不尋常的平靜期，李登輝於一九九九年七月九日接受德國廣播公司訪問時，提出未來台灣與中國談判時必須建立在「國與國特別關係」的說法。李登輝此話一出震撼了美國華府當局，中國則隨即對積極準備的汪道涵訪台事宜喊停，大家都想知道李登輝此話的真正目的。稍後李登輝告訴美國政治學者金德芳說，汪道涵準備在訪台時對外宣稱台灣接受中國的一個中國主張，所以搶先說出「國與國特別關係」，就是要防止中國誤導國際認為台灣已接受其一個中國原則的主張。[37]同一時間李登輝仍繼續推展他的彈性外交，例如接見中國最知名的異議人士魏京生，以午餐款待一九七九年承認中國並與台灣斷交的美國前總統卡特。不過當卡特來到台北賓館時，館外一批憤怒的台灣人前來抗議，群眾高舉的一塊抗議牌上寫著「卡特！滾回老家去賣你的花生！」一九九九年九月初，李登輝在台北主持一項中美洲高峰會議，他在會中與來自瓜地馬拉、宏都拉斯、尼加拉瓜、薩爾瓦多、哥斯大黎加、多米尼克與貝里斯等國家領袖一起討論中美洲貿易、投資與其他經濟與農業合作事宜。同一年十一月的第三個星期，李登輝會晤了美國參議員杜爾（Robert

Dole）及其夫人伊莉莎白（Elizabeth），杜爾公開讚揚李登輝「持續推動台灣民主化的努力與成就」。[38]

正當李登輝與其追隨者努力推動各項建設時，一場芮氏規模七點三的強烈地震突於一九九九年九月二十一日凌晨一時四十七分侵襲台灣。震央位於南投縣的知名香蕉產地集集鎮，緊接著數分鐘內，四個幾乎同時發生的餘震侵襲包括台北在內的台灣南北廣大區域。這場可怕的「九二一地震」震毀或嚴重損壞了十一萬九千棟建築，除造成兩千四百九十二人死亡及超過一萬人受傷外，還導致數十萬人在一夜間無家可歸。所造成的財物損失估計達三千億台幣。[39]這是台灣一百多年來最嚴重的一場地震災情，李登輝說：「這是上帝對擔任總統的他最後一項試煉。」得知災情嚴重的幾個小時內，李登輝即風塵僕僕趕赴南投、台中與豐原等嚴重災區了解災情，聽取地方官員的災情簡報，並與災民和媒體記者見面。李登輝在電視短暫露面後在總統府召開政府緊急會議，隨即在第二天成立「救災中心」協調救災工作與救災物資分配。

李登輝九月二十五日發布一項有效期間達六個月的緊急命令，讓政府在處理緊急救災與重建工作時可不受現行財政、公債、國有財產與土地使用等法律限制，立法院稍後根據法定程序追認了此一緊急命令。由於緊急命令的發布，政府官員與救災人員才能順利克服都市計畫、環境保護、水源保護與建築等相關法規限制，迅速推動救援與重建工作。傳統上九月是台灣人最歡樂的月份，這個月有中秋節與教師節兩大節日，是全家人團圓慶祝的重要時節。不過這場天然災難讓這種歡樂心情消失無蹤，數十萬人因地震而不知如何度過這個年度假期。

雖然政府投入大筆經費救災，為流離失所者提供帳篷、食物與飲用水，全力搶救身陷瓦礫堆的災民，並派遣軍隊到災區協助救災，但調查顯示三分之二的社會大眾不滿意政府的整體救災表現。儘管政府為救助災民投注了一千三百億台幣，加上來自三十八個國家與國際組織的人力、機具與物資協助，災後的重建工作得要花費相當漫長的時日。事實上，災後重建直到新的千禧年（二〇〇〇年）與民進黨政府成立時還在持續進行。

李登輝在次年六月七日的臨時記者會宣布要對馬其頓、阿爾巴尼亞與其他巴爾幹半島國家的科索沃難民提供三億美元捐助，也讓此時深受震災之苦的許多台灣民眾有所不滿。顯然為了回應對外界批評，李登輝在地震發生四十九天後，在十一月八日發表三萬字的〈救災日記〉，詳細記錄地震發生後他走過哪些地方、見過哪些人、採取哪些措施、做過哪些決策以及震災試煉期間的生活點滴。40

這場「九二一大地震」震出了社會、經濟、教育、法律、建築與環境等種種問題，台灣人民需要很長時間才能真正恢復正常生活。並不令人意外，部分民眾隨即將震災轉變為國民黨的政治責任問題。在地震驚恐餘悸猶存時，台灣已重回平日的政治惡鬥。在過去五十年間，台灣人已被環境塑造出一種對國民黨的愛恨情仇，許多台灣人打從骨子裡痛恨國民黨，但也有成千上萬的人感念國民黨讓他們免於中國侵略，免於受凍挨餓。

有趣的是，大地震後不久，台灣選民在二〇〇〇年三月十八日為台灣帶來另一場政治大地震，首度以選票終結統治台灣半個世紀的國民黨政權。在這次歷史性的選舉中，民進黨總統候選人陳水扁贏得四百九十七萬四千六百九十七票（百分之三十九點三），原為國民黨但以無黨籍參選的宋楚瑜得到四百六十六萬四千九百七十二票（百分之三十六點八四），國民黨的連戰只獲得兩百九十二萬五千五百一十三票（百分之二十三點一）。[41]國民黨不只擁有豐厚的競選資金，且有遍及台灣基層社區的黨務組織系統，但代表國民黨參選的連戰卻遭到如此屈辱性的挫敗。觀察家將民進黨的這次歷史性勝利歸因於國民黨的分裂，以及李登輝偏離連戰真正傾向的統一路線。

選舉結束的兩天內，一些國民黨死忠份子跑到國民黨中央黨部前抗議，憤怒的宋楚瑜支持者在李登輝居住的總統官邸附近，放火焚燒路邊汽車。他們認為是李登輝逼得宋楚瑜離開國民黨，才會讓宋楚瑜以無黨籍參選落敗，他們要李登輝為國民黨的分裂負責。國民黨中央黨部前的抗議民眾指責李登輝未盡全力為連戰助選，還說他把國民黨的秘密文件洩漏出去，導致宋楚瑜「興票醜聞案」纏身而聲望慘跌。基於同樣的思考，抗議民眾不只指李登輝默認民進黨主張，還說李登輝在競選活動最後幾天向陳水扁提供援助。聚集的抗議群眾大罵李登輝是「騙子」、「偽君子」，要他立即辭去國民黨主席。[42] 正為敗選苦悶的連戰也要求李登輝立刻下台，而不是黨內溫和人士所主張的，再讓李登輝當六個月的過渡黨主席。在這種政治指控及其他黨內領導人壓力下，李登輝深感沈痛，不得不於三月二十四日宣布將黨主席職權交給他四年來的副手連戰。兩個月後的二○○○年五月二十日，七十七歲的李登輝將總統職權移交給民進黨的陳水扁，結束他十二年來多采多姿、驚濤駭浪的總統任期。

在擔任總統的最後幾天，李登輝接見了諾貝爾和平獎得主的前波蘭總理華勒沙（Lech Walesa）。在客套禮儀之後，兩人相互稱讚對方以多黨民主憲政取代他們國家原來的布爾什維克黨獨裁政府的貢獻。李登輝在一個下雨天的下午揮別了總統府，十二年來他曾在那裡執行總統權力與領導，在那裡為台灣建立起民主自由與經濟繁榮，套一句李登輝的客籍祖父的話說，這就是一個「蓬萊仙島」。[43] 在結束二十八年的公職生涯後，李登輝準備搬到桃園的「鴻禧山莊」與他的妻子曾文惠女士過安穩的退休生活。同一時間，李登輝在設於淡水一棟三十層大樓頂樓的「台灣綜合研究院」保留了一間辦公室，他經常在那裡接見客人、撰寫演講稿與從事卸任總統後的各種活動。李登輝辦公室所在的超高大樓一點都不像美國卸任總統的紀念圖書館，不過他從那裡可以觀賞對岸的觀音山雄姿以及淡水河口勝景。在那裡激動興奮的總統歲月已被童年生活及不平凡一生的回憶、聯想與反省所取代。

然而，李登輝卸任總統後並不等於就此回歸平靜沈寂，和外國許多退休總統不一樣的是，彷彿永遠靜不下來的李登輝對外界責難時很少沈默退縮。他的精力、個性以及他的「大嘴巴」，經常讓他對許多問題發表的見解意外成為台灣的報紙頭條。儘管年歲已高且又接受過兩次心臟繞道手術，儘管北京當局為他設下諸多障礙，李登輝還是繼續到國外推銷他自己與他深愛的台灣。二〇〇〇年六月底李登輝在英國曼徹斯特大學（Manchester University）召開的熊彼得學會（Schumpeter Society）會議上發表一篇論文，二〇〇〇年十月他到捷克首都布拉格出席「2000 千禧年論壇」（2000 Millennium Forum）。二〇〇一年四月二十二日李登輝到日本岡山縣倉敷中央病院接受心臟手術後檢查，當他抵達關西機場時，現場擠滿了一千多名關心其健康的日本友人，以及超過兩百名採訪新聞的記者。二〇〇一年六月二十六日到二十八日，李登輝再次返回他的母校康乃爾大學，這次康乃爾之旅是為了主持以六百二十五萬美元興建的「李登輝奈米技術研究所」（Lee Teng-hui Nano Technology Institute）成立大典。儘管這次行程被規劃為一次低調訪問，還是有四十二個新聞團體派出的七十二名記者前去採訪李登輝重返康乃爾新聞。[44] 當媒體相繼報導李登輝訪問康乃爾大學消息後，北京當局再次向康大校長羅林斯遞交了正式抗議信。

自卸任總統後，李登輝身體狀況一直不錯，儘管接受過兩次心臟繞道手術，他還是維持活躍的心智與政治活動。無疑李登輝將盡其所能注視著他的繼承者，是否維護他辛苦建立的政治民主，與經濟自由價值與制度，更重要的是要看他的繼承者，是否確保台灣主權並為台灣獨立地位奮鬥。這就是李登輝何以支持成立「台灣團結聯盟」與民進黨戰略合作，以及他何以卸任後與陳水扁總統保持密切來往的原因。二〇〇〇年總統大選時陳水扁僅以些微多數當選，而且與連戰或宋楚瑜相比，陳水扁的政治歷練顯然相對不足。事實上，不到一半的得票率使陳水扁總統的政治基礎相當薄弱，更麻煩的是他還得面對反對黨牢牢控制住的立法院。幸好李登輝適時扮演陳水扁良師益友的角色，李登輝將權力順利移轉給欠缺執政經驗的民進黨，讓任何可能因台灣內部紛爭所導致的政治傷害降到最低。和美國的卸任總統不同的是，李登輝卸任後依然有很大的政治影響力，一般相信李登輝對陳水扁二〇〇四年成功連任幫助不少。首先，李登輝是台灣團結聯盟的精神領袖，台聯則是熱烈推展台獨宣傳的主要政黨，李登輝本人也經常在「李登輝學校」為青年學員主持專題研討會。其次，李登輝可能是國際社會中最有名的台灣人，且與企業界及非政府組織有深厚淵源，像是基督教長老教會與農會體系都與李登輝關係匪淺。另外，李登輝不只以中文與日文出版多本書籍，且經常到台灣各大專院校演講，並且一呼百諾，輕易就能號召成千上萬民眾與他一起走上街頭。不過李登輝也有他的能力局限，例如他想把台灣建立為中國之外的獨立國家之夢，就受到許多他無法控制的外在變數制約，其中包括操之於中國領導人與美國決策者手上的不可知變數。

第十章　結語

美麗島台灣充滿無數生命，這些生命在過去超過三百年的歷史中受到各種無形力量的試煉與塑造。複雜的移民族群在台灣逐漸融合過程中，台灣人社會在令人悲傷的一六四二年、一六八三年、一八九五年與一九四七年一再經歷失敗的慘痛。在淪為被征服國家時，台灣人在心理、文化與政治層面做出了多樣化反應。在每一次的失敗之後，台灣的精神與道德支柱幾乎遭到徹底摧毀，台灣人民被迫學習來自荷蘭人、日本人與中國人等戰勝國的語言、心靈、精神與文化認同。除了文化認同，台灣更面臨缺乏社會共識與政治連續性中斷的雙重問題。被占領期間，台灣人居民對外來政權初期往往採取抵抗反制，最終卻只好妥協，甚至成為道德與精神的屈服者。不過台灣人民的文化並沒有因為失敗而遭到完全破壞。相反，這些經驗很快被加進錯綜複雜的新國家認同觀念中，創造出殖民地尊嚴與自治的共同信念。總的來說，經過數個世紀的試煉，台灣人吸取了勝利者的部分特性，但也機靈地拒絕了其他特性，他們吸收消化不同時代所帶來的改變，最終為本身帶來了改變。易言之，台灣可能向強勢力量屈服，但即使是在這種失敗中，也能維持一定的精神特性，並在最後產生共同而特殊的隸屬感，這種特殊隸屬感被台灣人驕傲地稱為「蓬萊仙島的遺產」（Heritage of the Immortal Island）。人類的記憶具有選擇性，這種選擇性會加強某些面向的記憶而去忽略其他記憶面向。李登輝的台灣認同正是由這種混合著失敗、壓迫、殘暴與屠殺等歷史記憶的自我意識所塑造出來的。

每當台灣遭外來殖民政權統治時，社會中總會出現一些與殖民政權合作的膽怯者甚至是背叛者。但從另一面來看台灣的發展史，每當政權轉移的陣痛期，也產生了許多英雄、烈士與形形色色的殖民政權抵抗者。儘管很難知道李登輝信念的確實深度，不過很顯然他並不是意識型態與政治組織的「純粹主義者」（purist），因此他能自原本的日本天皇效忠者轉變為蔣家政權的合作者，最後又轉變為一名台灣獨立的運動鬥士。所有的新政權都在重新寫歷史，重新根據既得利益者觀點來選擇過去的文件資料重新塑造歷史。在一九五〇年代到一九六〇年代的白色恐怖時期，台灣的知識份子依靠政府獲取工作安全並獲得特別的生活照顧，有過這樣經驗的許多人可能經常為國民黨政府美化宣傳，並在有意無意間漠視國民黨政權所犯下的各種罪行。因為有過這樣的經驗，台灣政治總是夾雜許多關於台灣歷史的知識性與情緒性爭議。幾乎沒有例外，當代台灣作家總是傾向於讚揚殖民政權的反抗者與在艱苦環境中不屈不撓的奮鬥者。本書雖是一本關於李登輝生活與上個世紀台灣歷史的書籍，但從這個角度言，它也是隱喻象徵今日台灣的一本書。這裡讓我想起英國政治學家柏克（Edmund Burke）所說過的這一段話：「社會契約不僅僅是由一般市民與權力者相互談判成立的，社會契約也不僅僅是目前生存者之間的合夥關係，它還包括現存者與已過世者以及未來將出生者之間的合夥關係。」[1]

試圖探究李登輝在台灣歷史洪流中的起伏興衰，試圖了解他的思想並評價他的功過時，本書提供了過去一個世紀來的台灣傳統與變革背景，從這裡讀者可以掌握與李登輝台灣意識形成息息相關的李登輝的記憶、構想以及李登輝所受的日本教育與文化。在探討複雜的黨國體制與多元社會、政治壓迫與經濟繁榮以及各種不同的文化記憶時，它讓我們回憶起台灣在日本殖民統治與國民黨白色恐怖統治中的無數受害者與受難者。本書也分析了台灣自高隸民（Thomas Gold）所說「高滲透性列寧主義式」（high penetrative Leninist）的國民黨統治體制，轉化為一九九〇年代民主體制的整個過程。[2] 本書並分析了李登輝特定思想形成的環境與個人變數，但更重要的是，我們探討了台灣人的集體懺悔、記憶與認同等問題。因為直到李登輝總統時代，台灣人才對過去的歷史表達懊悔與譴責，才展現出要與國民黨政治傳統切斷關係，才開始重新去尋找新的認同。

在一九四〇年代大批外省人抵台前，台灣社會雖有相當多樣的族群組成，不過社會基本維持著高度同質性和諧。當李登輝與他數百萬同胞在一九五〇年代被再教育為中國人時，台灣人還呼吸著戰爭與落敗的氣息，還面對著台灣海峽兩岸的台灣人與中國人緊張關係。李登輝的出生地三芝雖然以早期漢人移民地引以自豪，但與新興的淡水與台北相比，卻是屬於文化落後地區，不過李登輝成長的年代是在淡水與台北度過的。少年時期的李登輝曾與同儕共享新的學習成長經驗，曾受到日本文化的徹底洗禮，也曾被馬克思主義所吸引。之後的李登輝曾在他成長期的學習經驗與他各種不同階段的實際經歷中來回游走。在嚴肅而有教養的形象下，李登輝經常帶著一點火爆脾氣，他博學多聞又忠於知識，但也有馬戲團獅子般的不可預測性，李登輝一生中皈依基督教、接受國民黨政治意識型態，以及最後走上台獨運動之路的種種轉折，可以說是這種不可預測性的具體表現。

李登輝攀上權力高峰的過程沒有特別依靠血統、婚姻、家族、事業或是與國民黨權力菁英的裙帶關係。他所依靠的是本身個性、手腕與對知識的不斷追求，或許還得加上一些機運。雖然李登輝曾與專制腐敗的國民黨合作，不過他很不喜歡被人說成是出賣靈魂去換取權力。當反對國民黨的台灣人在一九七〇年代深感政治權利遭不當剝奪之際，台灣的政治抗爭對立也逐漸極端化，許多反對運動領導人不是入獄就是流亡海外。諷刺的是，當國民黨越想要讓台灣異議人士不致過度激化時，它就越需要像李登輝這樣願意與它合作的台灣人。李登輝也因此才得以在十年間迅速由台北市長、台灣省政府主席、副總統到總統一路平步青雲爬上來。外人很難了解，李登輝在這些過程中，是否因沒有利用影響力幫助那些受苦受難的異議人士而有罪惡感；外人也很難知道，反抗國民黨的異議人士的犧牲促成了李登輝魚躍龍門的事實，是否曾使他受到良心的折磨或譴責。另一方面，李登輝顯然不認為他自己是在支持罪惡，反而會認為是在有需要時去利用它，並嘗試用善來改變它，就像是《新約聖經》中所謂的「你不可為惡所勝，反要以善勝惡」（《羅馬書》十二章二十一節）的實踐。

受國民黨家父長式教育文化洗禮近三十年後，李登輝在確信社會大眾偏向支持民進黨主張的總統直選後突然宣示他支持總統直選，並隨即以靈活手腕與強大的權威，協助台灣由一黨專制轉變為功能性民主制度。李登輝始終是一個複雜的人物，他為台灣政治帶來比他異常高大的身材還要大的喧鬧與震撼，在他十二年總統任期內，台灣經歷了沒有社會共識的憲政改革，沒有廉潔政府卻維持著經濟發展，沒有重大挫折卻一直處於外交孤立，社會抗議連連卻未嚴重脫序，國家認同紛歧卻未曾嚴重衝突流血，外加充滿希望卻又沒有確定未來的期待。卸任後的李登輝留下了一個完成政經社會轉型的國家，當然他也給台灣人留下了專制統治與其他爭議性的資產。另外，在經過二〇〇〇年總統大選之後，李登輝與國民黨正式決裂，似乎無法解決的台灣政治爭議對立也更為加深。李登輝背離國民黨究竟是一項精心計畫？還是他多變個性使然？或是現實對李登輝的命運安排？這個問題也許沒有簡單的答案，在李登輝辯護者看來，李登輝的政治大轉變其實是既正常又可貴，因為這正是李登輝勇氣與心胸開放的表現。

歷史偉大人物的是非功過與歷史聲譽必須接受旁觀者審視，是一句老掉牙的話，李登輝當然不會是例外。當李登輝一九八八年首度接掌總統職位時，他曾運用領導智慧與技巧為台灣建立起市場經濟所需的社會價值。李登輝適時抓住了機會並運用高教育水準的人民智識能量，大幅提升了台灣的經濟力。事實上，台灣在一九九〇年代以多樣化的農業，以及為世界市場製造各種產品為基礎，展現出強大經濟活力。當時李登輝領導的台灣是快樂富裕生活的象徵。另一方面，「二二八事件」與緊接著而來的國民黨恐怖統治記憶則早已被吸收進台灣人的歷史文化中。因此李登輝的稱贊者總很有說服力地宣稱：李登輝不須暴力流血就為台灣帶來了民主自由與繁榮，這在充滿暴戾的中國政治傳統上是非常稀有的一個例外。在台灣歷史的幾個重要時代裡，李登輝時代不只成功跨進了民主新時代，也成功建立新的國家認同。許多人不只稱贊李登輝的施政能力與樂觀進取的態度，甚至搬出「新台灣之父」（Father of New Taiwan）的封號來稱贊他的成就。

不過，在李登輝批評者心目中，特別是那些懷念蔣家政權時代者的心目中，第一位台灣人總統李登輝被他們輕易描繪成邪惡者的形象，他們認為李登輝並不是一個忠誠、正直、前後一致或是高尚的領導人。[3] 在這些人心目中，李登輝唯一的興趣是保護自我利益，認定他是「欺騙、傲慢與不負政治責任行為」的典型代表人物。他們指控李登輝讓社會不公橫行、放任政府與黑金掛勾、忽視環境惡化且無力處理犯罪率日益升高等問題，還說李登輝到了總統任期即將結束時開始貶抑中國文化與政治歷史。在這些批評者心目中，李登輝還有更大的罪行，那就是卸任後成了最積極的台獨代言人。這一系列的「罪惡」讓李登輝被批評為罪魁禍首。對他們言，李登輝曾於艱困時期做過各種承諾，但最終卻是用新承諾去推翻、否認舊承諾。批評者指李登輝的言行不只加深台灣社會政治隔閡，也引發了台灣族群緊張關係。由於支持李登輝台獨立場的人經常認同代表民進黨的綠色，反對李登輝宣揚台灣獨立於中國之外的人則認同於國民黨黨旗的藍色，台灣社會的這種緊張對立常被稱為藍綠對立。

西方世界的部分中國學者指李登輝令人捉摸不定的中國政策導致了台海關係緊張，而他未能在國內建立起台灣人與外省人的國家認同共識，則為台灣社會播下政治與社會衝突種子，胡佛研究所的馬若孟（Ramon Myers）教授是持此種觀點的知名學者代表。但其他學者與台灣事務觀察家則較為同情台灣爭取獨立的立場，也因此對李登輝掌握權力、強化台灣民主改革與正面處理台灣主權問題的傳奇作為給予積極肯定。著名中國學者休斯（Christopher Hughes）在他一九九七〈台灣與中國民族主義〉（Taiwanand Chinese Nationalism）專文中明白指出：「中國的一九二五、一九三四與一九三六年憲法都未曾將台灣列為中國一省，甚至到了第二次世界大戰時，毛澤東還宣稱要幫助韓國與台灣脫離日本的獨立運動。」[4] 最早研究台灣現代國家社會的美國知名學者高棣民則說：「台灣的民主化過程有脫殖民化的意義：因為其結果是台灣人自外省人手中奪取了國家控制權，後者自一九五〇年代即控制台灣政治系統並壟斷台灣政治、文化與經濟資產。」[5] 當然，一個獨立的台灣勢必打亂目前微妙的美中台三角關係，屆時台灣真正的未來究竟在哪裡？是親中國還是親西方呢？

自中國一九七一年取代台灣在聯合國席位後，北京的共產中國即全力阻止台灣出席、參與或是觀察國際衛生組織（WHO）與國際民航組織（ICAO）等非政治性國際組織與活動。並堅持台灣的相關資訊與國際活動都必須歸諸於「中國台灣省」（Taiwan province of China）名義之下。[6] 而且直到今日，中國也一直不願宣示「放棄武力解放台灣的手段」。一九九〇年代以來，中國已在接近台灣的東南沿海地區部署數百枚精良的戰術導彈，每年國防經費都在大幅提升，還曾有過一年激增百分之十七的記錄，並且陸續自俄羅斯購買先進的軍艦與戰機。一旦朝氣蓬勃的台灣被中國併吞，西太平洋的權力平衡究竟會產生什麼樣的變化？當中東出發的油輪與自新加坡出航的貨輪無法自由經由全球最重要水路台灣海峽與巴士海峽抵達日本時，世界經濟會有什麼後果？如果美國不能及時給予台灣防衛援助，日本勢必被迫重新武裝保衛自己，這些都是美國決策者必須審慎思考的問題。美國在台灣的經驗非常具有啟發性，因為台灣已創造出一個與美國傳統與價值一致的民主政府，更重要的是台灣對美國具有的重要戰略價值利益。美國眾議院多數黨領袖狄雷（Tom DeLay，共和黨籍，德州）二〇〇三年六月三日曾說，儘管中國極力反對，美國應尋求與台灣簽訂自由貿易協定。這名來自德州的共和黨議員形容中國是「由一群老朽獨裁者，一群緊抱垂死政權的共產官僚所統治的落後腐敗政權」。[7]

狄雷議員的觀點或許只代表華盛頓極端敵視中國的意見，不過在二〇〇〇年之後的美國媒體討論會上，多數意見領袖也都關切中國勢力的崛起。芝加哥外交關係協會（Chicago Council on Foreign Affairs）二〇〇二年進行的一項民意調查發現，超過九千名回答問題的美國人（百分之五十六）認為中國崛起對世界是一種潛在威脅。[8] 更重要的是，一九九六年到二〇〇三年間在台灣所做過的民調也都發現，台灣兩千三百萬人民中超過三分之二的人想要維持新建立的自由、民主與繁榮社會，拒絕被貧窮落伍且不可預測的一黨獨裁之中國所併吞。根據國立政治大學選舉研究中心的一項民調，多數台灣人寧願繼續保持現狀，但隨著時間過去，支持台灣獨立的人正持續增加，傾向統一的台灣居民卻逐年減少。二〇〇三年自認為是「中國人」的台灣居民比率只有百分之十，遠低於十年前的百分之二十五，自認為是「台灣人」的比率卻在同一期間增加一倍並超過了百分之五十。[9] 台灣與中國大陸隔著一百四十公里的台灣海峽相望，在最近的一百一十年裡，除一九四五年到一九四九年的短暫特殊情況外，台灣人民宛如居住在中國以外的另一個行星上，如果借用政治分析家凱根（Robert Kagan）的形容，其情況就像是台灣人生活於金星而中國人生活在火星一般。[10] 事實上李登輝的觀點是，台灣與中國存在著分歧，而這種分歧主要是因地理分隔、歷史環境、異質政治系統與不同經濟現實等造成，而非種族或文化差異所致。基於相同的道理，李登輝在一九九六年總統選舉期間就一再告訴選民：「共產中國沒有統治過台灣任何一小時一分鐘，他們從沒在台灣收過一分錢的稅，他們竟還敢在那裡大嚷：『你們是我的，你們是我的！』」[11]

最近幾年，台灣政壇瀰漫著仇視憤恨氣氛，不論是泛藍或泛綠都能輕易從充滿爭議的國民黨統治時期找到攻擊對方的材料。結果台灣的政治宛如一場拳擊，議場經常總是唇槍舌劍。出生在多次遭外國勢力征服的台灣，李登輝與三百多年來數以百萬計的台灣人一樣，心中總是帶著一股反抗情緒。如果李登輝未曾提出過台灣海峽兩岸是國與國特別關係，反而會讓李登輝變得很「不台灣」，而且也很「沒有李登輝特色」。如果李登輝沒有企圖去尋找台灣獨立的可能性，他勢必被許多人視為是膽小怯懦的國家領導人。總而言之，李登輝最高的政治理念是要確保台灣的自由、獨立與主權。清楚知道台灣的資源與中國與美國的相對資源，並傾聽過四周受他影響的台灣人的渴望與信念後，李登輝搖身一變成為台灣國家民族主義的宣揚者。就像歷史上許多台灣人對抗殖民統治勢力一樣，李登輝的所作所為像是經過大膽計畫過的一次戰略行動。這樣的李登輝當然會變成中國人眼中的「不受歡迎人物」（persona non grata），但在多數台灣人心中，李登輝已成為國家的象徵。李登輝不只將台灣的「國家民族主義」當成他的主要課題，且已著手強化台灣人抵禦外來勢力的準備，這種做法實在很難讓人抗拒。在此我們可以很合理地做出如下結論：李登輝有他特殊的歷史地位，他似乎也把自己視為《聖經》中繼承摩西任務的約書亞，想要努力去完成領導子民的任務。信仰虔誠的李登輝不只每日會以主禱文來祈禱，也經常與人談論上帝、耶穌與摩西等事蹟。他常提起《哥林多前書》一章二十七節以下的這一段話：「上帝揀選了世上愚拙的，叫有智慧的羞愧。」事實上，李登輝最重要的特質可能是他擁有強烈的責任感與敏銳的自知，並樂於將這些心得提供大家分享。李登輝的演講激情又富魅力，常能引起台灣人的民族情緒共鳴。李登輝一度是台灣歷史的主角與時代推動者，但許多時候他對於外界而言依然神秘莫測，這種神秘性或許是未來一本以政治性格為主題的傳記很適當的題材。與許多新興國家開創者一樣，李登輝已在台灣歷史上留下了一系列記錄，這些記錄不只將成為許多未來世代台灣人的追尋目標，同時也將受到另一批台灣人的質疑與責難。

Pelagius 海島人 ——— 002

李登輝與台灣的國家認同

Lee Teng-hui and Taiwan's Quest for Identity

作　　者　蔡石山
譯　　者　曾士榮、陳進盛
校　　定　許雪姬
責任編輯　連玉佳
社長暨總編輯　涂豐恩
內頁排版　林佳玉
封面設計　FE 設計

出　　版　有理文化有限公司
發　　行　遠足文化事業股份有限公司（讀書共和國出版集團）
地　　址　新北市新店區民權路 108 之 4 號 5 樓
電　　話　02-2218-1417
客服專線　0800-221-029
信　　箱　service@bookrepclub.com.tw
法律顧問　華洋法律事務所 蘇文生律師
印　　刷　博客斯彩藝有限公司
地　　址　新北市中和區中板路 18 巷 3 弄 22 號 4 樓
電　　話　02- 8245-6383

初版一刷　2025 年 8 月
定　　價　460 元
ISBN　978-626-99892-1-8

First published in English under the title
Lee Teng-hui and Taiwan's Quest for Identity, by S. Tsai, 1st edition.

國家圖書館出版品預行編目 (CIP) 資料

李登輝與台灣的國家認同 / 蔡石山著 ; 曾士榮, 陳進盛譯. -- 初版. -- 新北市 : 有理文化有限公司出版 : 遠足文化事業股份有限公司發行, 2025.08
408 面 ; 14.8×21 公分. -- (Pelagius 海島人 ; 2)
譯自 : Lee Teng-hui and Taiwan's quest for identity
ISBN 978-626-99892-1-8(平裝)

1.CST: 李登輝 2.CST: 傳記

783.3886　　114009499

註　釋

前　言

1. 必須說明的是，1975 年蔣介石去世之前，他早就不言明地放棄光復大陸的想法。
2. ROC Mainland Affairs Council, *Taipei Speaks Up: Special State-to-State Relationship: Republic of China's Policy Documents*, 1-2.
3. Fairbank and Goldman, *China: A New History*, 45.
4. 其他有關民族主義的著作，請參閱 Anderson 的 *Imagined Communities: Reflectionson the Origin and Spread of Nationalism*, chapter 4；與 Copper, *Taiwan: Nation-Stateor Province?*
5. Corcuff, ed. *Memories of the Future: National Identity Issues and the Search for a NewTaiwan*, xiii; also Gary Klintworth, "*In Search of Identity," Taipei Review*（previous *Free China Review*, hereafter cited as *FCR*）（September 2002）, 30.
6. 台北《自立晚報》1994/04/28， 1994/04/30；日本東京版《朝日新聞》1994/05/06。
7. 摘自李登輝在南投縣的「李登輝之友會」的演說，《新浪網》，2003/01/11。

第一章　李登輝誕生時的台灣

1. 《新浪網》， 2002/05/11。
2. 更多關於西班牙占領台灣的研究， 請參見 Kelly Her, "Voyages to Ilha Formosa," *Taipei Review*, （January 2003）, 25-26；Mateo, *Spaniards in Taiwan. Mateo*, 列出西班牙統治北台灣的16年間總共8位總督，他們是：Antonio C. Valdes, Juan de Alcarazo, Bartolome Diaz Barrera, Alonso Garcia Romero, Francisco Hernandez, Pedro Palomino, Cristobal Marquez, and Gonzalo Portillo.
3. James W. Davidson, *The Island of Formosa, Past and Present*. 38-39；也請參見Campbell, *Formosa under the Dutch*.
4. 秦就，《台灣之父：鄭成功》，362-363。連雅堂，《台灣通史》，傳 29，〈陳永華傳〉。
5. 同前引 38, 陳以德進一步指出：「今天中國在台灣的利益嚴格說來是 1945 年之後的現象。」參見陳以德 "Formosa Political Movements Under Japanese ColonialRule, 1914-1937, 496；Hughes, Christopher, *Taiwan and Chinese Nationalism:National Identity and Status in International Society*. 3-5.
6. Wills, *Embassies and Illusion: Dutch and Portuguese Envoys to K'ang-hsi,* 1666-1687, 148、151. 關於鄭成功，請參見：近松門左衛門，《國姓爺合戰》
7. 更多相關資料，參見薩兒馬那札 *An Historical and Geographical Description of*

Formosa. 本文件於1964年由R. Davis在倫敦重印。柏克萊加州大學的Bancroft圖書館有一份薩兒馬那札寫給伯奇牧師的信件手稿複製品，時間是1752/07/13，倫敦。

8. Kerr, *Formosa Betrayed*, 5. 在 Kerr 於 489-490 頁的註解中，他引用李仙得的書 *Is Aboriginal Formosa a Part of the Chinese Empire?* 以反駁漢學家關於台灣仍屬於明清的「大地域」之中的論點。又參見 Lamley, "Frontier Days in Formosa," 59-63.
9. Lamley, "From Far Canada to Set Up the First Tamsui Churches," 56.
10. 畢麒麟的書於 1898 年由 Hurst and Blackett 在倫敦出版。
11. 參見 Kiang, *The Hakka Search for A Homeland* 與 Constable, ed., *Guest People: Hakka Identity in China and Abroad.*
12. 吳濁流，《無花果》，11-13。
13. 由台灣籍學者所寫的歷史書籍包括史明的《台灣人四百年史：台灣社會與人民的起源與持續發展》；陳以德 "Japanese Colonialism in Korea and Formosa: A Comparison of Its Effects upon the Development of Nationalism"；王育德的《台灣：苦悶的歷史》等。
14. Bailey, *A Diplomatic History of the American People,* 315；*Kerr, Formosa Betrayed*, 5；Long, *Taiwan: China's Last Frontier*, 18.
15. 同上，17-18。
16. 遠流台灣館編，《台北歷史深度旅遊》，96-99。
17. 薛福成向光緒帝陳情，光緒，（1893 年 6 月 29 日），收入《庸盦全集》，1:318.
18. 《大清會典事例》，775:1a.
19. Shepherd, *Statecraft and Political Economy on the Taiwan Frontier*, 1600-1800, 161.
20. 蔡慧玉，"One Kind of Control: The hoko system in Taiwan under Japanese rule，1895-1945," 5. 關於清代保甲制，蕭公權寫道：「許多清代的人討論保甲，但他們都被混淆而難以理解。」參見蕭公權的 *Rural China: Imperial Control in the Nineteenth Century,* 26、48、55、58.
21. Meisner, "The Development of Formosan Nationalism," 92; Myers, "Taiwan Under Ch'ing Rule, 1684-1895: The Traditional Order," 495-520；Chen Chiu-Kun, "From Landlords to Local Strongmen: The Transformation of Local Elites in Mid-Ch'ing Taiwan, 1780-1862," in Rubinstein, ed. *Taiwan: A New History*, 136.
22. 遠流台灣館編，《台北歷史深度旅遊》，6；Kuhn, *Rebellion and Its Enemies in Late Imperial China: Militarization and Social Structure*, 1796-1864, 24-27、51.
23. 參見 Lamley, "The 1895 Taiwan Republic: A Significant Episode in Modern Chinese History," 739-762.
24. Corcuff, ed. *Memories of the Future: National Identity Issues and the Search for a New Taiwan*, xiii, 3-20；許極燉編，《尋找台灣新座標》，41
25. 陳以德，"Japanese Colonialism in Korea and Formosa: A Comparison of Its Effects upon the Development of Nationalism," 130-131.
26. 翁佳音，《台灣漢人武裝抗日史研究》，92-95。

27. 羅吉甫，《野心帝國：日本經營台灣的策謀剖析》，85。
28. 同上，81、90。
29. 同上，97、99-100。
30. 同上，118；李登輝、中島嶺雄，《アジアの智略》，164
31. 後藤新平，"The Administration of Formosa (Taiwan)," in Okuma Shigenobu, ed., *Fifty Years of New Japan*, 538-539.
32. 蔡慧玉，"One Kind of Control: The hoko system in Taiwan under Japanese rule, 1895-1945," 574-575.
33. 羅吉甫，《野心帝國：日本經營台灣的策謀剖析》，112、119-120。Tsurumi, "Taiwan Under Kodama Gentaro and Goto Shimpei," and Takekoshi (竹越與三郎), *Japanese Rule in Formosa.*
34. Borton, *Japan's Modern Century*，273. 也請參見 Bigelow, *Japan and Her Colonies.*
35. 張漢裕和 Myers, "Japanese Colonial Development Policy in Taiwan, 1895-1906: A Case of Bureaucratic Entrepreneurship," 441-455；Myers, and Peattie, eds. *The Japanese Colonial Empire*, 1895-1945, 420-452.
36. Lamley, "Taiwan Under Japanese Rule, 1895-1945: The Vicissitudes of Colonialism," in Rubinstein, ed. *Taiwan: A New History*, 221.
37. Balcom, "A literary Revolution," 73-81. 也請參見 Chung, Chao-cheng, "The Plight of Taiwanese Literature As Seen From Taiwan's Literary History," in North America Taiwanese Professors' Association Bulletin, Vol. 4, No. 2 (December 1984), 5.
38. 關於「台灣文化協會」，參見吳密察的《台灣史小事典》，128、132。
39. 1931 年，「台灣民眾黨」不幸地被殖民政府強迫解散。又參見 Kerr, *Formosa:Licensed Revolution and the Home Rule Movement, 1895-1945*, 123-124。Ong Joktik, "A Formosan's View of the Formosan Independence Movement," in Mancall, ed., *Formosa Today*, 163-164.
40. 陳以德，"Formosan Political Movements under Japanese Colonial Rule, 1914-1937," 496；吳密察，《台灣史小事典》，148。
41. Tsurumi, *Japanese Colonial Education in Taiwan*, 1895-1945, 50.
42. 唐耀宗，〈第一家庭的族譜〉，收入《海外學人》，214，1990/05/31，28。此後簡稱為 *HWHJ*。
43. 羅吉甫，《野心帝國；日本經營台灣的策謀剖析》，92。蔡慧玉，"One Kind of Control: The hoko system in Taiwan under Japanese rule, 1895-1945," 46-47、65、74-82、102-106.
44. 〈李登輝訪談記〉，2002/10/16。
45. 李登輝，《台灣的主張》，38。
46. *HWHJ,* 187, 1998/02/29, 18。
47. 李登輝班上第一名的畢業生名叫紀福明，因家境貧窮無法升學，遂在淡水鎮公所工作，並種菜維生。

48. Tsurumi, *Japanese Colonial Education in Taiwan*, 1895-1945, 109, cf. 川村竹治，《台灣的一年》6。
49. 關於語言作為帝國主義的工具，參見 Kleeman, *Under an Imperial Sun: Japanese Colonial Literature of Taiwan and South.*
50. 《中央日報》，1999/02/02。
51. 關於 1996 年總統選舉的意義的闡釋，請參考林佳龍尚未出版的文章，"Taiwan's Emerging Civic Nationalism: Origin and Implications," 本篇論文發表於第五屆北美台灣研究會，威斯康辛大學麥迪遜分校，1999 年 6 月 4-7 日。

第二章　一個台灣經濟學人的日本教育

1. 蘇格蘭的傳教士 William Campbell (甘為霖) 比馬偕早兩年抵達淡水。參考 Huwei Culture & History Workshop. (滬尾文史工作室)，"Educator, Medic, and Never-tiring Missionary." trans. Chen Wen-tsung, in *FCR* (May 1993), 68-70. 2002 年 7 月，一個來自台灣長老教會的代表團訪問馬偕的故鄉安大略的牛津，並回贈該地的聖大衛聯合教堂。參見《新浪網》，2002/06/25。
2. Tsurumi, *Japanese Colonial Education in Taiwan*, 1895-1945. 251.
3. 〈李登輝訪談記〉，2002/10/16。
4. *HWHJ*, 140, 1984/03/31, 22.
5. 李登輝，《台灣的主張》，38-39。
6. Tsurumi, *Japanese Colonial Education in Taiwan*, 1895-1945. 118.
7. 李登輝，《台灣的主張》，39-40。
8. Eugenia Yun, "The Hakka, The Ivisible Group," 9.
9. Aso Makato and Ikuo Amano, *Education and Japan's Modernization*, 49-50.
10. *HWHJ*, 187, 1998/02/29 , 19.
11. 李登輝，《台灣的主張》，40。其他細節請參看彭明敏，《自由的滋味》，17-18。
12. 《國體の本義》修訂版經 John O. Gauntlett 翻譯成英文，由 Robert K. Hall 編輯，並於 1937 年由哈佛大學出版社出版。
13. 吳濁流，《無花果》，108。
14. 吳密察編，《台灣史小事典》，152。
15. 羅吉甫，《野心帝國：日本經營台灣的策謀剖析》，241。Kerr, *Formosa: Licensed Revolution and the Home Rule Movement*, 1895-1945, 162-164.
16. 同上，168。Barclay, *Colonial Development and Population in Taiwan*；吳密察編，《台灣史小事典》，141、154。台灣的兩大神社都在台北，後來分別變成圓山大飯店與中央圖書館，台南神社則經過重建而成為體育館。至今唯一完整保存的大神社位於桃園，現仍受到政府保護。
17. 顏新珠編，《打開新港人的相簿》，124-125。
18. 葉榮鐘，《林獻堂先生紀念集》，24-41。又參見荊子馨，*Becoming "Japanese"*:

Colonial Taiwan and the Politics of Identity Formation.
19. 上坂冬子，《虎口の總統：李登輝とその妻》，52。
20. Aso Makato and Ikuo Amano, *Education and Japan's Modernization*, 52-54.
21. 全日本只有八所高等學校，只有非常優秀的中學生才能進入這所學校。
22. 〈李登輝訪談記〉，2002/10/16。
23. Tsurumi, *Japanese Colonial Education in Taiwan*, 1895-1945. 127、253、280；伊藤潔，《李登輝新伝》，34-38。
24. 這些日文的作者與書籍，應對李登輝產生了不同程度的影響，參考李登輝，《台灣的主張》，40-41。
25. 對於新渡戶的「愛國的世界主義」的批評，參見 Barshay, *State and Intellectual inImperial Japan: The Public Man in Crisis*, 53-54；McClain, *Japan: A Modern History*, 393、428.
26. 關於自傳式小說，參見 Hibbett, "The Portrait of the Artist in Japanese Fiction," 347-352。
27. 本書由 Glenn W. Shaw 翻譯成成英文，並由日本的 Hokusedo 出版社於 1941 年 6 月出版。
28. 李登輝，《台灣的主張》，40。
29. Reischauer and Craig. *Japan, Tradition and Transformation*, 215.
30. 《台灣日報》，1989/08/18; Itoh Kiyoshi. *Ri Tohki shinden*, 39-40.
31. 〈李登輝訪談記〉，2002/10/16。
32. 台北帝國大學主要是個研究機構。1928 年創立時，只有 2 個學部，共 60 個學生，且幾乎全部是日本人。
33. 關於京都帝大及其農業課程的資訊，請參考京都大學官方網站：https://www.kais.kyoto-u.ac.jp/japanese/。
34. 1931 年，河上肇開始將《資本論》譯成日文。李登輝向本書作者透露，戰爭剛結束他還在日本時，第一次閱讀《資本論》的日文翻譯本。
35. 李憲文，〈父親與我〉，於《中華日報》1979/08/08。
36. 李登輝，《台灣的主張》，41。上坂冬子，《虎口の總統：李登輝とその妻》，51。
37. Lu, *Sources of Japanese History*, 11、164、179.
38. 彭明敏，*A Taste of Freedom: Memoirs of a Formosan Independence Leader*,（《自由的滋味》），32.
39. 1946 至 1948 年間，小磯國昭將軍是在遠東軍事法庭中接受審判的 28 位日本高級軍官之一，他被判終身監禁。
40. 這個布袋戲的標題是《殲滅英美的飛行員》，劇中台灣民兵射落盟軍飛機，捕獲美國飛行員。見《布袋戲大師》(1993)，此為台灣影片製作人侯孝賢導演的電視劇。

第三章　受困於戰爭與屠殺的鉗口
李登輝的悲情歲月，一九四四 — 一九四七

1. Kerr, *Formosa: Licensed Revolution and the Home Rule Movement*, 1895-1945, 228.
2. 司馬遼太郎，《台灣紀行：街道をゆく》，86-88。
3. 上坂冬子，《虎口の總統：李登輝とその妻》，42-43 。
4. *HWHJ*，140, 1984/03/31, 18.
5. 〈李登輝訪談記〉，2002/10/16。更多有關日本軍官預訓生的資訊，參閱奧野健男等人編《青年士官の戰史》，431-441。
6. "Diary of a Housewife,1943-1945," and "Imperial Rescript on Surrender, 1945," in Lu，*Sources of Japanese History*, 176-177. 當時裕仁天皇宣布日本無條件投降，8 萬名徵調的台灣工人奉命修補嚴重受創的台灣總督府。
7. "Enduring the Defeat, 1945, Diary of Yoshizawa Hisako," *in Sources of Japanese History*, 183.
8. 關於這首歌，見李敖，《李登輝的假面具》，62-64。
9. Barshay, *State and Intellectual in Imperial Japan: The Public Man in Crisis*. 233.
10. 《資本論》的第一冊於 1867 年出版，其第二冊與第三冊由恩格斯編輯，分別於 1885 年與 1894 年出版。
11. 〈李登輝訪談記〉，2002/10/16；見李敖，《李登輝的假面具》，64-65。
12. 莊永明編，《台灣世紀回味》，24。約有 4 萬名台灣的軍人與受徵召者死亡，其中有近 2 萬名死者的屍體未被家屬認領。然而，每年 2 次，分別於春天與秋天，位於新竹縣北埔鄉濟化宮的和尚，會替那些死去的台灣人進行追悼超渡儀式。參見《新浪網》，2002/10/27。
13. 陳芳明，"Unexpected Encounter at Yuraku-cho," *FCR* (July 1995), 38.
14. 何即明向司馬遼太郎與上坂冬子談及這一段事。參閱司馬遼太郎的《台灣紀行：街道をゆく》，89-91。上坂冬子的《虎口の總統：李登輝とその妻》，56-57。
15. 早在 1944 年，國民黨在重慶設立「台灣調查委員會」，做為從日本手中收復台灣的準備。這個委員會是由陳儀將軍主持。而安藤利吉可能因無法忍受落入中國人手中的羞辱，於 1946 年 4 月 19 日在上海監獄中上吊自殺。
16. *HWHJ*, 96, 1980/07/30, 46.
17. 《台灣省五十一年來統計提要》，1214-1217。
18. 同上；又參見 Kerr, *Formosa: Licensed Revolution and the Home Rule Movement*, 1895-1945, 179; Tsurumi, *Japanese Colonial Education in Taiwan*, 1895-1945, 123-124.
19. 參見〈國立台灣大學簡史〉，請參考國立台灣大學官方網站：www.ntu.edu.tw。
20. *HWHJ*, 187, 1988/02/29, 20.
21. 若林正丈，《蔣经国と李登輝：「大陸国家」からの離陸 ？》，54。本書作者在 2002 年 10 月 16 日與李登輝的一次談話中，李登輝透露曾經想轉到社會系，但徐慶鐘與王益滔說，如果他留下來念農經系直到畢業的話，他們同意請他當助教。

22. 台灣作家鄭清文的作品《三腳馬》，描述台灣人與和日本警察的聯結與合作關係，本書獲得 1999 年美國桐山亞太地區書卷獎。
23. 李登輝，《台灣的主張》，42-43。
24. 同上，41。
25. 同上，47。又參見《新浪網》的「東森新聞」，2002/07/01；李敖，《李登輝的假面具》，65-66。
26. 賴澤涵等人，《悲劇性的開端》，138.
27. 關於傳聞李登輝與共黨成員的聯繫，見《新浪網》的「東森新聞」，2002/07/01；李敖，《李登輝的假面具》，21-23、65-79。
28. 關於蔣介石，參考 Keiji Furuya, *Chiang Kai-shek: His Life and Time.*
29. Kerr, *Formosa: Licensed Revolution and the Home Rule Movement*, 1895-1945、159-160. 賴澤涵等人 *A Tragic Beginning: The Taiwan Uprising of February* 28, 1947, 8.
30. 賴澤涵等人《悲劇性的開端》，136-140; Kerr, *Formosa Betrayed*, 438-439.
31. Kerr, *Formosa Betrayed*, 100-116; 136-140. 關於二二八事件，參考 U.S. State Department, *The China White Paper*, August 1949, 308-309。
32. 上坂冬子，《虎口の總統：李登輝とその妻》，63。
33. 彭明敏，《自由的滋味》，69-70。
34. 2003 年 3 月 1 日，吳敦義於立法院的證詞。吳敦義為現任立委與前高雄市長，也是這家農民合作社經理的兒子。
35. 上坂冬子，《虎口の總統：李登輝とその妻》，66-67；《黃武東：黃武東回憶錄》，163；*U.S. State Department Central Files. Formosa: Internal Affairs*, 1945-1949. Reed I (Dean Acheson's report to Senator Joseph H. Bald)；賴澤涵等人，*A Tragic Beginning*：*The Taiwan Uprising of February 28, 1947*, 156-157.
36. 《台灣新生報》，1947/04/01, 1; Meisner, "The Development of Formosan Nationalism," 98 99。
37. 上坂冬子，《虎口の總統：李登輝とその妻》，65-68。據李登輝母親最小的弟弟江源麟的回憶，李登輝也在三芝的母親娘家藏匿過；Itoh Kiyoshi. *Ri Tohki shinden* .50.
38. 賴澤涵等人《悲劇性的開端》，9、158；彭明敏，《自由的滋味》，70.
39. 《新浪網》，2003/02/28。
40. Robert Edmondson, "The February 28 Incident and National Identity," in Corcuff, ed. *Memories of the Future: National Identity Issues and the Search for a New Taiwan*, 42；參見 Gary Klintworth 為這本書所寫的書評，收入 Taipei Review (September 2002), 31.
41. 若林正丈，《蒋经国と李登輝：「大陸国家」からの離陸？》，63。
42. 2003/03/01，吳敦義 (前高雄市長) 於立法院的證詞。
43. *HWHJ*, 210, 1990/07/31, 4-5.
44. 若林正丈，《蒋经国と李登輝：「大陸国家」からの離陸？》，63-64。

第四章　一個學者的形成

1. 賴澤涵等人，《悲劇性的開端》，170；再參見，Robert Edmondson, The February 28 Incident and National Identity," 收入 Corcuff, ed., *Memories of the Future*, 26.
2. 顏新珠編著，《打開新港人的相簿》，80-118、195-203。關於台灣經濟變遷的研究， 參 見 Samuel P.S. Ho, *Economic Development of Taiwan*, 1860-1970, 103-116；Riggs, *Formosa Under Chinese Nationalist Rule*.
3. Rankin, China Assignment, 202.
4. 關於魏道明，參見 Boorman, ed., *Biographical Dictionary of Republic China*, III, 406-408.
5. Steven Phillips, "Between Assimilation and Independence: Taiwanese Political Aspirations Under Nationalist Chinese Rule, 1945-1948," in Rubinstein, ed., *Taiwan: A New History*, 297.
6. Kerr, *Formosa Betrayed*, 341；〈台大簡史〉，請參考國立台灣大學網站：https://www.ntu.edu.tw/about/history.html
7. 〈李登輝訪談記〉，2002 年 10 月 16 日。口語的台灣話真的非常獨特，它與日本語及中國語的口語不同。事實上，如果我們無法完全理解大量的台灣俚語、民間諺語與方言，那麼想要真切分析李登輝的性格是很難的 (如果不是不可能)，更不用說分析台灣認同議題。
8. 上坂冬子，《虎口の總統：李登輝とその妻》，50-51、77-78。
9. 同上，82-83。
10. 關於陳誠，參見 Boorman, ed. *Biographical Dictionary of Republican China*, I, 153-160。
11. Hsu, Immanuel C.Y. *The Rise of Modern China*, 746.
12. U.S. *Department of State Bulletin.* January 16, 1950.
13. Kerr, *Formosa Betrayed*, 369.
14. Taylor, *The Generalissimo's Son: Chiang Ching-kuo and the Revolution in China and Taiwan*. 191.
15. *HWHJ*, 221, 1991/01/31, 4.
16. Peter Chen-main Wang, "A Bastion Created, A Regime Reformed, An Economy Reengineered, 1949-1970," in Rubinstein, ed., *Taiwan: A New History*, 323-325.
17. 這些公有土地是來自於二次大戰結束時，對日本的個人、公司與殖民政府所擁有的土地中充公所得。
18. 關於台灣的土地改革，參見秦孝儀編《中華民國經濟發展史 III》，1026-1029。
19. Shu Wei-der, "Who Joined the Candestine Political Organization? Some Preliminary Evidence from the Overseas Taiwan Independence Movement," in Corcuff, Stephane, ed. *Memories of the Future: National Identity Issues and the Search for a New Taiwan*. 52-53.
20. U.S. *Department of state Bulletin*. July 3, 1950, 5. 又參見 Stueck, *The Korean War: An*

International History.

21. 彭明敏，《自由的滋味》，93。參見 Douglas H. Mendel, Jr., "American Relations With The Republic of China," in John Chay, ed., *Problems and Prospects of American-East Asian Relations*, 80. 又參見 Immerman, *John Foster Dulles and the Diplomacy ofthe Cold War*.
22. U.S. *Department of State Bulletin*, 1951/05/28, 847.
23. Peter Chen-main Wang, "A Bastion Created, A Regime Reformed, An Economy Reengineered, 1949-1970," in Rubinstein, ed., *Taiwan: A New History*, 325；*HWHJ*, 253, 1993/09/30, 32. 在 1961 年國民政府的總預算是 $3.75 億美元。見 Kerr, *Formosa Betrayed*, 408. 蔡斯將軍 1955 年離職後，這預算與 MAAG 的人員逐漸減少。到 1964 年，只有 842 個顧問留在台灣，這個數目在 1975 年越戰結束時進一步減到 60 員。關於 MAAG，見 Kerr, *Formosa Betrayed*, 406-407；吳密察，《台灣史小事典》，171。
24. 同上，166。
25. *Ames Daily Tribune*, 1988/10/11.
26. "Theodore W. Schultz Papers, 1933-1988," Box 1, RS 13/9/14， *Iowa State University Library Special Collections*.
27. 〈李登輝訪談記〉，2002 年 10 月 16 日。李登輝對大川一司的《農業の經濟分析》一書印象深刻，他在台大任教時，他要求他的學生讀這本書。
28. *Ames Daily Tribune,* 1988/10/11.
29. 幾乎每個國家的媒體，包括台灣、日本與美國以及每一本談到李登輝的書，都說李登輝於 1953 年在愛荷華州立學院取得碩士學位，但李登輝親自告訴筆者，他只住在阿美斯一年多，並無時間寫論文。就這件事而言，李登輝的確並未從愛荷華州立學院或其他地方取得碩士學位，後來則於 1965 年從康乃爾大學取得博士學位。
30. 戴國煇，《台灣總體相：住民、歷史、心性》，154-155。戴國煇關於「白團」資料，是引自一位前日本陸軍中校小笠原清志的文章，其發表在日本雜誌《文藝春秋》(1971 年 8 月)。
31. Rubinstein, ed., "Political Taiwanization and Pragmatic Diplomacy: The Eras of Chiang Ching-kuo and Lee Teng-hui, 1971-1994," *Taiwan: A New History*, 437. 在一些場合中，李登輝稱蔣經國為開啟台灣民主化與台灣化的「政治家」、「偉大的領導者」。
32. 許介鱗，《台灣史記》VI，336。
33. 關於蔣經國早期的歷史，見 Taylor, *The Generalissimo's Son: Chiang ching-kuo and the Revolution in China and Taiwan,* 15-164，與若林正丈，《蒋经国と李登輝：「大陸国家」からの離陸？》，17-37。
34. Chang and Myers, eds., *The Storm Clouds Clear Over China: The Memoir of Ch'en Li-fu,* 1900-1993，根據本書，陳立夫不曾因國民黨在大陸的崩潰而受到責備。同上，

218-219。
35. ROC government, *A Pictorial History of the Republic of China: Its Founding and Development*, II, 385.
36. 但是，國民黨的資深政治人物陳立夫將陳誠描述成「權力攫取者」 陳立夫說：「如果陳誠當上總統，他會把我關起來。」參考 Chang and Myers, eds., *The Storm Clouds Clear Over China: The Memoir of Ch'en Li-fu*, 1900-1993, 220-221.
37. Human Rights Education Foundation, *Green Island Human Rights Memorial*, 142.
38. 《新浪網》，2002/09/03。於 2003 年 9 月下旬，由中華民國國史館舉辦的「二十世紀台灣的民主發展」研討會中，中央研究院學者吳乃德描述蔣經國為「獨裁者」。吳乃德的評論立刻引起國民黨強硬派的回應，指控吳乃德誣衊蔣經國，並忽視蔣經國對台灣民主發展的貢獻。見《新浪網》，2002/09/25。
39. Taylor, *The Generalissimo's Son*, 259-260.
40. 上坂冬子，《虎口の總統：李登輝とその妻》，88-89。
41. 〈陳希煌訪問記〉，文訊雜誌社編《信心、智慧與行動》，70-73。
42. ROC government, *A Pictorial History of the Republic of China: Its Founding and Development*, 380-381.
43. 關於美國對台灣的援助，參見 U.S. Senate, *Republic of China Military Relations* 1971， Vol. 1, 918-1146.
44. Mancall, *Formosa Today*, 21; cf, 《徵信新聞報》，1962/11/16。
45. 人權教育基金會，《綠島人權紀念碑》，144-147。
46. 同上，147。
47. 同上，148。
48. 〈綠島曹欽榮訪問記〉，2002/10/20。曹欽榮是綠島人權紀念公園計畫委員會主任。
49. 許介鱗，《台灣史記》VI，338。
50. Newsweek, Vol.127, Issue 21, 1996/05/20, 38.
51. 人權教育基金會，《綠島人權紀念碑》，130。
52. 一般而言，華人與外國媒體，乃至台灣人民，都將「新台灣人」認同這個想法的原創者歸功於李登輝。但事實上，這個用以解決台灣矛盾多重的認同——本省人對外省人或獨立對統一的想法。事實上是本書作者的原創。參考蔡石山於 1996 年 5 月 29 日，在德州休士頓舉行的「國建會聯誼會」會議上所做的專題演講。1996 年 5 月 29 日的《世界日報》「德州新聞」版，報導了部分的演說內容。

第五章　皈依基督信仰、轉向國民黨的李登輝

1. 遠流台灣館編：《台北歷史深度旅遊 III》， 6-7。
2. 關於台灣的宗教，參見 Thompson, *Chinese Religion: An Introduction*, 56-66；Clart, and Jones, eds., *Religion in Modern Taiwan: Tradition and Innovation in a Changing Society*.
3. 李登輝接受《新聞週刊》的訪問，1996/05/20, Vol. 127, Issue 21, 38.

4. 關於金門危機，參見 Tsou Tang. (鄒讜), *The Embroilment over Quemoy: Mao, Chiang, and Dulles*.
5. 〈李登輝訪談記〉，2002 年 10 月 16 日。
6. *HWHJ*, 201, 1989/04/30, 5-6. 李登輝直到 1979 年都留在這個教會，同年他轉到位於濟南路的長老教會。
7. 張月雲〈回首來時路〉，收入李登輝的《台灣的主張》，299-300。張月雲嫁給李登輝的兒子李憲文，李憲文於 1982 年死於癌症。
8. Peng Ming-min(彭明敏), *A Taste of Freedom: Memoirs of a Formosan Independence Leader*, 120-163.
9. 同 上，174； 又 參 見 Taylor, *The Generalissimo's Son: Chiang Ching-kuo and the Revolution in China and Taiwan*, 271, 280.
10. 〈陳月娥訪問記〉，收入文訊雜誌社編，《信心、智慧與行動》，98-99；*HWHJ*, 220, 1990/12/30, 9.
11. Blaine Friedlander, "Memories of Lee Teng-hui at Cornell".
12. 同上。
13. 同上。
14. Carman, James. "Lee Teng-hui: A Man of the Country," 33.
15. 同上。又參見 *HWHJ*, 220, 1990/12/30, 11.
16. 上坂冬子，《虎口の總統：李登輝とその妻》，101。
17. Douglas H. Mendel Jr., "American Relations With The Republic of China," in Chay, ed., *Problems and Prospects of American-East Asian Relations*, 85.
18. 數據與百分比來自於專欄作家 Jack Anderson 與 *Business Week* 上的一篇報導，1982/05/17, 24B.
19. Taiwan Tribune, 1981/08/04. 更多相關資訊請參閱 Shu, Wei-der, "Who Joined the Clandestine Political Organization? Some Preliminary Evidence from the Overseas Taiwan Independence Movement," in Corcuff, ed., *Memories of the Future: National Identity Issues and the Search for a New Taiwan*, 47-65.
20. Nixon, *The Memoirs of Richard Nixon*, 556-557.
21. 吳濁流，《亞細亞的孤兒》。
22. 參閱，例如 *Newsweek,* 1982/05/17, 73。更多相關資訊請參閱 Mendel, *The Politics of Formosan Nationalism*, 171-195.
23. 更多有關李登輝對中國與美國的政治觀點，參閱李登輝、中島嶺雄《アジアの智略》，第一部，《如何與中國與美國和睦相處？》。
24. 這是李登輝在康乃爾大學校友團聚時，在歐林(Spencer T. and Ann W. Olin Lecture)講座所做的演講，1995/06/09。
25. 在李登輝關於灌溉投資的文章中，他描述台灣的一萬六千公尺的灌概渠道，及其對台灣農業與經濟上的貢獻
26. Lee Teng-hui(李登輝), *Intersectoral Capital Flows in the Economic Development of*

Taiwan, 1895-1960, 141-142.
27. 同上，x-xi，1-6。
28. 上坂冬子，《虎口の總統：李登輝とその妻》，100 。
29. 〈李登輝訪談記〉，2002 年 10 月 16 日 。
30. Carman, James. "Lee Teng-hui: A Man of the Country," 33.
31. 李登輝，《台灣的主張》，301-302。
32. 上坂冬子，《虎口の總統：李登輝とその妻》，106。
33. 李登輝，《台灣的主張》，302。
34. 同上；李登輝從未真正透露他在警備總部的審訊細節，但彭明敏與其他人曾詳細記載審訊的過程。參見 Peng Ming-min (彭明敏)，*A Taste of Freedom: Memoirs of a Formosan Independence Leader*, 141-143；上坂冬子，《虎口の總統：李登輝とその妻》，105。
35. 李登輝，《台灣的主張》，302。
36. 同上，303。
37. 若林正丈，《蒋经国と李登輝：「大陸国家」からの離陸？》，18-119 。
38. 關於嚴家淦的背景，參見吳密察編，《台灣史小事典》，185 。
39. Taylor, *The Generalissimo's Son: Chiang Ching-kuo and the Revolution in China and Taiwan*, 272.
40. 法院內 86 位本省籍的立委成員中，有 74 位是經由民選產生，其他則是海外代表。參考田弘茂，*The Great Transition: Political and Social Change in the Republic of China*, 146.
41. 於台灣的中央政府，參考 Sutter, Robert G., *Taiwan Entering the 21st Century*, 8-9.
42. Hsu, Immanuel C.Y. *The Rise of Modern China*, 750.
43. 田弘茂，*The Great Transition: Political and Social Change in the Republic of China*, 89. 關於蔣介石對黨國的控制，參見 Lumley, *The Republic of China under Chiang Kai-shek*.
44. 田弘茂，*The Great Transition: Political and Social Change in the Republic of China*, 73.
45. 李登輝，*Intersectoral Capital Flows in the Economic Development of Taiwan*, 1895-1960, 189-190.
46. 上坂冬子，《虎口の總統：李登輝とその妻の妻》，108-109。
47. 〈李登輝訪談記〉，2002 年 10 月 16 日 。
48. 田弘茂，*The Great Transition: Political and Social Change in the Republic of China*，68-69.
49. 本書關於國民黨為新黨員舉辦的入黨程序與儀式的史料，是由一位李登輝政治轉向時任職於台大的教員所提供。又參考王作榮《與登輝老友話家常》，台北：天下遠見出版社，2003，34-36。
50. 同上。
51. 上坂冬子，《虎口の總統：李登輝とその妻の妻》，111。

52. 《新浪網》，2003/01/14。

第六章　初嚐權力

1. Clough, *Island China*, 250.
2. Nixon, *The Memoirs of Richard Nixon*, 570-571.
3. 台灣與日本的雙邊貿易很快就恢復。事實上，到1989年底台灣出口二十三億八千萬美元的農產品到日本，這相當於台灣年農業產值的60%，台灣出口到日本的主要農產品包括冷凍豬肉、家禽羽毛、加工鰻魚與各種養殖蝦等。
4. Ch'en Ku-ying, "The Reform Movement among Intellectuals in Taiwan since 1970," *Bulletin of Concerned Asian Scholars* (July-September 1982), 34-45.
5. 伊藤潔，《李登輝新傳》，69。
6. 有關1960年代台灣農業發展一般情況，請參閱 K.T.Li, *The Experience of Dynamic Economic Growth on Taiwan*, 386-392.
7. 李登輝，《台灣的主張》，60-61。更詳盡資料請參閱 T. C. Wu, "The Role of Administrative Support for Agricultural Development in Taiwan," *Industry of Free China*, Vol. 54, No. 2(1980), 14-27。
8. 同上註，61。更詳盡的台灣農業狀況請參閱 Jack Williams, "Vulnerability and Change in Taiwan Agriculture," 25-44。
9. *HWHJ*, 176, 1988/01/31, 29-30.
10. 其實連李登輝本人也未能預見台灣的快速都市化，因為1990年代初期台灣勞動力只有約13%從事於農業相關產業，農業所占國民產值比率只有4%。
11. 伊藤潔，《李登輝新傳》，70 。。
12. *HWHJ*, 187, 1988/02/29, 23。台灣農耕隊也教導約旦人增產蔬菜、教導泰國人改良水果，並在宏都拉斯協助規劃淡水蝦養殖等。
13. 《中華日報》，1975/02/27與《中央日報》1976/3/5。更詳盡情況請參閱 Hung Chin-chu, "Sino-Japanese War: A Long, Long Way to Go," *FCR*(October 1995), 54-57。
14. *The New York Times*, 1977/01/30，台灣外匯存底一直在持續增加，1987年時達760億美元，僅次於日本與西德。2003年底累積到兩千億美元，僅次於日本與中國。
15. 戴國煇，《台灣總體相》，183。請參考 K. T. Liu, "Population Distribution and the Quality of Life in the Taiwan Area," *Industry of Free China*, Part I, 60, 3: 1-24; part II，60, 4: 17-31 。
16. 文崇一，〈台灣的工業化與社會變遷〉，收錄於《台灣地區社會變遷與文化發展》，台北，中國論壇社，1985，7。
17. Clough, *Island China*, 80；King-yuh Chang, "Partnership in Transition: A Review of Taipei-Washington Relations," *Asian Survey*(June 1981), 603-621；Anthony Y. C. Koo, "Economic Development of Taiwan," in Paul Shih, ed., *Taiwan in Modern Times*, 397-433.

18. Douglas H. Mendel Jr., "American Relations with Republic of China," in Chay, ed. *Problems and Prospects of American-East Asian Relations*, 92.
19. Clough, *Island China*, 27-28.
20. 戴國煇，《台灣總體相》，181-182。也請參閱 Tien Hung-mao, *Political and Social Change in the Republic of China*, 33-34。
21. 魏鏞，〈突破延攬海外人才的瓶頸〉，《天下雜誌》，1983 年 6 月號，29-30。
22. Jane Winn, "Not by Rule of Law: Mediating State-Society Relations in Taiwan through the Underground Economy," in A. Rubinstein, ed., *the Other Taiwan: 1945 to the Present,* 183-211.
23. "Protest against Taiwan's 'Youth Goodwill Mission' to Visit University of Georgia," in *Independent Taiwan*, 1976/06/28, 16.
24. Frank S.T. Hsiao and Mei-chu W. Hsiao, "Direct Foreign Investment and Economic Development-The Taiwan Experience," *North America Taiwanese Professors' Association Bulletin* (December 1984), 7-12。
25. Jack F. Williams, "Vulnerability and Change in Taiwan's Agriculture," 25-44。想更進一步了解空氣污染與農業生產問題，請參閱 W. W. Heck, et al., "An Assessment of Crop Loss from Ozone," *Journal of Air Pollution Control Association*, Vol.32(1982), 353-359。
26. 李登輝，《台灣的主張》，92。
27. Interview with Lee Teng-hui, 2002/10/26。也請參考 1996/02/25 李登輝發表的電視演說，內容收錄於《李主席登輝先生重要黨政言論選集》，中興山莊印，出版日期不詳，46。
28. *HWHJ,* 186, 198/01/31, 29 。
29. 陳暾初訪問，收錄於文訊雜誌社編，《信心、智慧與行動》，190-193。
30. 李振光訪問，收錄於同上註，122-130。
31. 翁修恭訪問，同上註，167-168。翁修恭，彰化縣人，畢業於台南神學院。
32. Carter, *Keeping Faith, Memoirs of a President*, 190-191。安克志大使後來回憶說，美國國務院只給他兩個小時來讓蔣經國知道中美即將斷交的震撼消息，原因是卡特總統核心顧問們擔心，如果台灣有太多時間來為卡特上電視宣布承認中國演說的因應準備，台灣可能要求有重大影響力的共和黨籍北卡羅萊納州參議員赫姆斯出面阻止。詳細情節請參閱 1988/12/16 日《聯合報》刊登周玉蔻的〈十年前的今日清晨〉專論。
33. Taylor, *The Generalissimo's Son*, 335-337.
34. Harding, *China and the U.S.: Normalization and Beyond*, 10.
35. Taylor, *The Generalissimo 's Son*, 338-339.
36. Harding, *China and the U.S.: Normalization and Beyond*, 2.
37. U.S. Public Law 96-98, April 10, 1979, 96th Congress. 更詳細情況請參閱 John Copper, "The Taiwan Relations Act: A Ten-Year Record," in Chang King-yuh, ed., *ROC-US*

Relation under the Taiwan Relations Act: Practice and Prospects, 3-6。
38. 同前引書，6-14；also David Chou, "ROC-US Political Relations as Seen from the Implementation of the Taiwan Relations Act," 同前引書，14-22。
39. Wolff and Simon eds., *Legislative History of the Taiwan Relations Act,* 262.
40. Office of Treaty Affairs, U.S. Department of State, *Treaties in Force*, Washington, DC: U.S. Government Printing Office, 1987，1987/01/01；also *Federal Register*, 51, January14, 1986, 1558-1559.
41. 根據美國邁阿密大學金德芳 (June T. Dryer) 說法，多年來與蔣經國及台灣保持友好關係的瓦克(Dixie Walker)與克萊恩(Ray Cline)得知美國撤銷對台承認時，曾建議蔣經國宣布台灣獨立，不過此建議遭蔣經國拒絕，理由是蔣經國認為一旦宣布獨立，國民黨與外省人在台灣統治地位正當性將一舉喪失。
42. Chang and Myers, *Memoir of Chen Li-fu,* 243-244。
43. 更詳細資料請參閱 Mab Huang, *Intellectual Ferment for Political Reforms in Taiwan, 1971-1973*。
44. 林政杰、張富忠，《選舉萬歲》，240-279。台灣選舉請參閱 Lerman, *Taiwan Politics: The Provincial Assemblyman's World*。
45. J. Bruce Jacob, "Political Opposition and Taiwan's Political Future," *Australian Journal of Chinese Affairs*, (July 1981)，27。
46. 〈新浪網〉，2003/02/28。
47. 同上。
48. *Formosa Weekly*，(這是美國版的《美麗島》雜誌，台灣發行的《美麗島》雜誌在發行量達十萬份時遭禁，旅美反國民黨台灣人接著在美國發行同名雜誌以為延續)，1980/09/06, 4; 1980/09/13, 15。
49. 上坂冬子，《虎口の總統：李登輝とその妻》，147。
50. Hiroo Mukooyama, "Taiwan Independence Movement," in *Independent Taiwan*，1976/06/28, 22。
51. *Time*(U.S.), 1981/08/10, 19。
52. *The Washington Post*, 1982/05/10, A21。有關更多美國對台軍售與中美台三交關係問題，請參閱 Harding, *A Fragile Relationship: The United States and China Since 1972*，383-390。
53. 自從卸下總統職位後，李登輝曾多次公開宣稱，他與許多台籍高官都是被蔣經國「收買」去為國民黨外來政權服務。
54. 上坂冬子，《虎口の總統：李登輝とその妻》，148。

第七章　省主席與副總統時代，一九八一 — 一九八七

1. Chen Shui-bian, "A Review of Tangwai Movement," 26；also *Far Eastern Economic Review*, 1981/11/20, 10.

2. Jim Hwang, "From Day One…," *FCR*(October 1999), 21.
3. 何振奮，〈省議員選前分析〉，《聯合月刊》(1985，4 月)，26。
4. 黃大洲訪問，收錄於文訊雜誌社編，《信心、智慧與行動》，110-112。
5. 余玉賢與陳新友訪問，收錄於同前註，92，114-115。
6. Tien Hung-mao, *Political and Social Change in the Republic of China*, 132-133.
7. 福元文化編，《長者的睿智》，164。
8. *HWHJ*, 159, 1985/10/31, 4-5.
9. Arrigo, "Economic and Political Control of Women Workers in Multinational Electronics Factories in Taiwan", 19.
10. 同上引書，也請參考 *HWHJ*, 159, 1985/10/31, 6-7.
11. 同上引書，8-10。有關 1970 年代到 1980 年代台灣社會經濟變遷的更詳細狀況，請參閱 Robert G. Sutter, *Taiwan Entering the 21st Century*, 18-44。
12. 李登輝卸任總統後，台、港一些敵視他的媒體常刊登暗示李登輝涉及不法受賄與貪污的各種消息。2003 年 6 月 8 日，李登輝任命的前國民黨投管會主委劉泰英被依收受回扣與背信等十二項罪名起訴，李登輝曾於 2003 年 11 月到法院為劉泰英案作證。
13. 江清謙訪問，收錄於文訊雜誌社編，《信心、智慧與行動》，138-39。
14. 余玉堂訪問，同上註，148-151。余玉堂是余玉賢的弟弟，當時擔任台中警察局副局長。
15. Jeffrey H. Mindich, "Intractable River Pollution," *FCR*(October 1991), 12、16.
16. 有關李登輝的音樂與文化生活，請參閱文訊雜誌社編，《信心、智慧與行動》，190。
17. 有關淡水河的更多問題，請參閱 Jeffrey H Mindich, "Intractable River Pollution," *FCR* (October 1991), 4-19。
18. 楊麗花訪問，收錄於文訊雜誌社編，《信心、智慧與行動》，202-203。
19. 游國謙訪問，同上註，206-210。
20. 《中華民國年鑑》，台北，1978，140。
21. Jay Taylor, *The Generalissimo's Son*, 379-380。國民黨政府 1947 年宣布台獨為非法，還為台獨運動領導人加上「外國勢力代理人」、「共產黨同路人」、「野心分離主義份子」與「中華民族叛徒」等封號。
22. *The Overseas Torchlight Weekly*, 1983/10/21.
23. Taylor, *The Generalissimo 's Son*, 379.
24. 〈李登輝訪談記〉，2002/10/16。李登輝告訴作者，他在 1984 年 5 月 20 日到 1988 年 1 月 13 日擔任副總統時，每次與蔣經國總統會面前後都會做筆記。
25. 福元文化編，《長者的睿智》，168-169。
26. 同上註，169-170。
27. 同上註，170-172。
28. *The New York Times*, 1985/02/11.

29. Taylor, *The Generalissimo's Son*, 391-393.
30. 詳細情況請參閱 Robert G. Sutter, *Taiwan Entering the 21st Century*, 63。
31. *The Taiwanese Collegian*, (November 1985), 14.
32. *The Overseas Torchlight Weekly*, 1984/09/07.
33. *The Taiwanese Collegian*, (July 1985), 20.
34. 蔣經國啟動自由化改革時，首先於 1983 年 5 月將王昇上將調離國防部總政戰部主任位置，並於同年 9 月將他外放巴拉圭擔任大使。有關更多反對派與民主改革情況，可參閱 Yun-han Chu, "Social Protests and Political Democratization in Taiwan," 65-88。
35. *The Washington Post*, 1986/10/07.
36. *The Overseas Torchlight Weekly*, 1984/06/29.
37. Chen Shui-bian, "A Review of Tangwai Movement," 27.
38. *HWHJ*, 173, 1986/12/31, 12-13.
39. 同上引 , 14-15.
40. 同上引 , 9.
41. 《中國時報》，1988/11/03 。
42. 同上註，1988/01/16。田弘茂與魯賓斯坦都提到 1986 年 10 月 15 日取消戒嚴令之事。參閱 *Tien's Political and Social Change in the Republic of China,* 111-12 與 Rubinstein, "Political Taiwanization and Pragmatic Diplomacy," in Rubinstein, ed., *Taiwan: A New History*, 447。
43. 〈李登輝訪談記〉，2002/10/16.
44. *HWHJ*, 186, 1988/01/31, 3-5.
45. 根據國民黨資料，蔣介石為五連任的總統，第一任 (1948 就任) 第二任 (1954 就任)、第三任 (1960 就任)、第四任 (1966 就任) 與第五任 (1972 就任)，嚴家淦擔任 1972-1975 年的副總統，1975-1978 接替逝世的蔣介石出任總統，仍被列為第五任總統，蔣經國在嚴家淦之後當選第六任 (1978) 與第七任 (1984) 總統。李登輝 1988 年接掌蔣經國過世後留下的總統職位仍列為第七任總統，第七任總統任期屆滿的 1990 年，李登輝被國民大會選為中華民國第八任總統。
46. 〈李登輝訪談記〉，2002/10/16.

第八章　李登輝總統，一九八八 — 一九九三

1. Swaine, *Taiwan's National Security, Defense Policy and Weapons Procurement Processes*, 36-38.
2. 想進一步了解台灣總統權力，請參閱 https://www.taiwan.gov.tw/ 網站。
3. 例如，1988 年的第一季，台灣進口的美國冰箱跳升 163%，美國彩色電視進口增加 127%，美國洗衣機銷售增加 130%，從美國進口的汽車增加了 800%。
4. *HWHJ*, 188, 1988/03/31, 4-16.

5. 上坂冬子，《虎口の總統 : 李登輝とその妻》，160-161。
6. 〈李登輝訪談記〉，2002/10/16。
7. Tien Hung-mao, *Political and Social Change in the Republic of China*, 86, 參見溫曼英，〈重整國民黨股份有限公司〉，《遠見》(March 1988), 15-18。
8. 李登輝，《台灣的主張》，267-268。
9. *HWHJ*, 192, 1988/07/31, 4-5, 6-10.
10. 香港《明報》，1988/05/20。
11. *HWHJ*, 191, 1988/06/30, 7.
12. 張慧英，《李登輝執政十二年》，22。
13. 同上註，21-22。
14. Ministry of Foreign Affairs, *Republic of China Diplomatic Yearbook, 1998*, Taipei: Ministry of Foreign Affairs, 1998, 587. 有關台灣經濟實力與李登輝彈性外交的詳細情況請參閱 Sutter and Johnson, ed., *Taiwan in World Affairs* 與 Richard R. Vuylsteke, "The Road Less Traveled," *FCR*(July 1995), 52-57。
15. L.H. Chang. "Flexible Diplomacy," *FCR*(May 1989), 6-7: Seah Chee Meow, "Relations the Taichi Way," Ibid, 12-13.
16. *The Strait Times*(of Singapore), 1989/03/10.
17. 郭婉容是知名台獨運動領袖彭明敏的表妹。更詳細資料請參閱 *HWHJ*, 202, 1989/05/31, 11-15. 日本作家上坂冬子在她的《虎口の總統 : 李登輝とその妻》一書166-168 頁有訪問郭婉容的內容。
18. 李登輝與中島嶺雄後來曾合作出版《アジアの智略》一書。
19. U.S. State Department decoded archives Part 4, no. 16, 1989, 48-51；also Lardy, *Integrating China into the Global Economy*, 10.
20. 中國前外交部長錢其琛在他出版的回憶錄《外交十記》第九章，曾敘述天安門事件發生期間及北京武力鎮壓後他與老布希政府的「艱難談判」情形。
21. *HWHJ*, 192, 1988/07/31, 16-17; 196, 1988/11/30, 17; 231, 1991/11/30, 26.
22. 同上引 , 204, 1989/07/31, 48-51.
23. 同上引 , 202, 1989/05/31, 26.
24. 有關 1989 年選舉情況請參閱 *Free China Journal* (《自由中國紀事報》)，1989/11/30, 1989/12/07 與 1989/12/11。*Free China Journal* 後來已改為 *Taiwan Journal*(《台灣紀事報》)，這是台灣行政院新聞局發行的英文雜誌，每週發行兩期。
25. 吳祥輝，《選舉學》，135。
26. 張慧英，《李登輝執政十二年》，45-46；若林正丈，《蔣经国と李登輝 :「大陸国家」からの離陸？》，198-199。
27. 《中央日報》海外版，1988/02/04。
28. 上坂冬子，《虎口の總統 : 李登輝とその妻》， 174 。
29. *HWHJ,* 233, 1992/01/31, 4-20; 234, 1992/02/29, 4-7.
30. 張慧英在《李登輝執政十二年》第 46 頁中引述李登輝親信蘇志誠的話。有關李

登輝執政初期更詳盡的情況，請參閱 Lin Chia-lung, "Path to Democracy: Taiwan in Comparative Perspective," Ph.D. Dissertation, Yale University, 1998。

31. *HWHJ*, 227, 1991/07/30, 6–7.
32. *Free China Journal*, 1990/06/28.
33. 黃鑫華，《李登輝主政以來的兩岸關係》，344。
34. 同上註，346-347。1991 年 5 月 30 日，政務委員黃昆輝取代行政院副院長施啟揚出任大陸事務委員會主委。
35. Mainland Affairs Council, *Cross-Strait Economic Statistics Monthly*, No. 83 (Taipei: Executive Yuan, July 1999), 26；*HWHJ*, 189, 1988/04/30, 17-24; 234, 1991/02/29, 16。《自立晚報》，1991/04/18.
36. 許介鱗，《台灣史記》，72-74。
37. 完整的國統會綱領全文請參閱 *HWHJ*, 221, 1991/01/31, 6-7。
38. 有關憲法增修條文的詳細內容請參閱 *HWHJ*, 225, 1991/05/30, 18-19。
39. 值得一提的是，中國國防部長徐向前在十二年前的 1979 年 1 月 1 日下令福建的中國軍隊停止對金門等離島進行砲擊。
40. *HWHJ*, 242, 1992/10/31, 43.
41. 同上引 , 240, 1992/08/31, 6-9.
42. 同上引 , 243, 1992/11/30, 63.
43. 同上引。
44. 南海諸島由南海中超過二百五十個的島嶼與珊瑚礁構成，中國、越南、菲律賓、馬來西亞與台灣對這些島嶼的全部或部分有主權爭議，前述五國目前占據的島嶼數依序為七個、二十一個、七個、三個與兩個。台灣內政部 1989 年 6 月 30 日在南沙群島中最大的太平島上豎立石碑，該島距離高雄港 1500 公里。
45. 這些行程日誌是由總統發言人邱進益對外透露的，參見 *HWHJ*, 223, 1991/03/30, 6 7。在推動彈性外交時，李登輝經常邀請國際知名人士訪問台灣，像是 1991 年 1 月訪台的戈巴契夫以及 1992 年 9 月訪台的佘契爾夫人等。
46. *HWHJ,* 241, 1992/09/30, 8-9； *Newsweek*, 1996/04/01, 31；also U.S. Department of Defense, "Report to Congress Pursuant to the FY 99 Appropriation Bill," *Defense LINK*，3/4/99, 8.
47. 《自由時報》, 1996/03/31；〈新浪網〉，2003/03/02。
48. 這些補助金額先由國民黨的《中央日報》報導，之後被轉載於 *HWHJ*, 201, 1989/04/30, 7; 242, 1992/10/31/1992, 19 。
49. 許介鱗，《台灣史記》，229。有關李潔明 (James Lilley) 以中央情報局工作人員與外交官雙重身份在東亞的工作生涯，請參閱由 Public Affairs 出版社 2004 年所出版厚達四百一十七頁的《李潔明自傳》(*China Hands*)。由於加大柏克萊分校的「自由派教授」反對，蔣經國紀念圖書館最終並未興建。
50. 〈李登輝訪談記〉，2002/10/16。民進黨的陳水扁 2000 年就任總統後，蔣經國基金會已逐漸增加對台灣相關研究的補助。

51. James Carman, "Lee Teng-hui: A Man of the Country," 35; also *HWHJ*, 256, 1993/12/31, 15-16.
52. *HWHJ*, 244, 1992/12/31, 4-14；亦請見吳祥輝，《選舉學》，30；Niou et al., "Issue Voting in the Republic of China on Taiwan's 1992 Legislative Yuan Election," 13-17。
53. 有關 1992 年立法院選舉的意義與重要性，請參閱 Tien Hung-mao, ed., *Taiwan's Electoral Politics and Democratic Transition: Riding the Third Wave*, Armonk, NY: M.E. Sharpe, 1996。
54. *HWHJ*,,254, 1993/10/31, 34-35。更詳盡分析請參閱 James McGregor, "Taiwan Ruling Party's Many Businesses Are Beginning to Be an Embarrassment," *Wall Street Journal*, 1988/07/22。
55. 〈新浪網〉，2003/01/22。這些金額是在劉泰英被控收賄案審判中透露出來的。
56. 有關更詳盡的 2000 年總統大選，請參閱 Clark, "Taiwan's Elections in 2000," *Asia Society Briefing Paper*。2003 年 10 月 22 日，李登輝到台北地檢署為宋楚瑜涉嫌侵占國民黨一筆高達一億台幣基金疑案作證。
57. 《財訊》，台北，1991 年 5 月號。另參見張正修，《全診李登輝》，125-134。
58. 〈新浪網〉，2003/01/22。
59. 同上，2003/11/12。
60. *HWHJ,* 251, 1993/07/31, 6.
61. 有關台灣與中國未來關係展望，請參 Herschensohn, ed., *Across the Taiwan Strait: Democracy, the Bridge between Mainland China and Taiwan* 。
62. 甚至李登輝本人都說，85% 的政府公共工程經費涉及不同程度的舞弊。

第九章　領導台灣鞏固民主

1. *HWHJ*, 258, 1994/02/28/, 4-8.
2. *FCR* (July 1995), 48-49; (September 1995), 6-35.
3. *HWHJ*, 261, 1994/05/31, 4-13.
4. 至2003年9月，台灣曾十一度試圖重新加入聯合國，但都因中國強力反對而失敗。
5. *HWHJ,* 271, 1995/04/30, 10-15.
6. Richard R. Vuylsteke, "Taiwan in World Affairs, the Road Less Traveled," *FCR* (July 1995), 56.
7. *Free China Journal*, 1996/01/06, 7。有關更詳細的中國對台政策可參閱 Nathan and Ross, *The Great Wall and the Empty Fortress: China's Search for Security*, chapter 12。
8. 許介鱗，《台灣史記》，IV，229；也請參閱張慧英，《李登輝執政十二年》，120-121。
9. 美國《時代》雜誌，1995/06/05, 34。欲深入了解中國的反應，請參閱錢其琛回憶錄《外交十記》第 9 章。
10. *HWHJ*, 273, 1995/06/30, 6-7.

11. 李登輝演講全文請參見 "Always in My Heart," *FCR*(August 1995), 4-7；亦可參見：https://www.president.gov.tw/NEWS/22622。
12. *HWHJ*, 267, 1994/12/31, 4-11。有關 1994 年選舉更詳細的分析請參見 John Fuh-sheng Hsieh, Dean Lacy & Emerson M.S. Niou, "Economic Voting in the 1994 Taiwan Elections," *American Asian Review*, (Summer 1996), 51-70。
13. Free China Journal, 1995/12/08；Far Eastern Economic Review, 1995/12/14, 14-15。有關二十世紀末台灣政治情況可參閱 Schafferer, *The Power of the Ballot Box: Political Development and Election Campaigning in Taiwan*。在國民黨提名蕭萬長在嘉義市與蔡同榮對戰前，蕭萬長曾告訴作者，在嘉義市沒有人能打敗超人氣的立法委員蔡同榮。〈訪問蕭萬長〉，1995/07/22，台北。
14. *Free China Journal*, 1995/12/15.
15. 同上引，1996/11/26；及 *HWHJ,* 275, 1995/08/31, 6-9.
16. 有關 1995 年民進黨內的總統初選請參閱莊淇銘等所編著的《台灣總統》一書。亦請參閱 James A. Robinson, "How Parties Chose Top Candidates," *Free China Journal,* 1995/10/06。
17. 作者曾出席國民黨在台北近郊舉辦的一場大型集會，也參加過民進黨在台中市辦的一場大型造勢晚會，另外還參觀了中南部的多場類似集會。
18. 儘管一再遭李登輝反對者指控，台灣的台灣法務部 1994 年總共起訴了 1212 名涉嫌買票等選舉舞弊嫌犯；另外，1995 年前十一個月裡有包括台中市長在內的 1179 名官員被依貪污治罪條例等反貪污法律起訴。參見 *Far Eastern Economic Review*, 1996/01/25，16-21。
19. 1996 年 2 月 10 日與 1996 年 3 月 9 日電視實況轉播的總統辯論文字記錄稿。
20. *Far Eastern Economic Review*, 1996/01/04, 23.
21. 有關中國與台灣得軍力對比，請參閱 "David L. Shambaugh's interview with Richard R. Vuylsteke," in *FCR*(March 1996), 55-59。
22. *The Washington Post*, 1996/03/10；*the Los Angeles Times*, 1996/03/18；and *Associated Press*, 1996/03/17.
23. *The Los Angeles Times*, 1996/03/11.
24. 1996 年 2 月 27-28 日，美國在台協會主席鄔杰士到阿肯色大學參加傅布萊特 (J. William Fulbright) 參議員紀念郵票首日封活動的一次私下談話中告訴作者，中國的軍事威脅不只是恐嚇台灣而已，更有轉移中國大陸內部問題的功效。
25. *Associated Press*, 1996/03/12, 1996/03/13,1996/03/23.
26. 《聯合報》，1996/03/24。
27. 美國《新聞週刊》在 1996/03/26 那一期中稱李登輝為「民主先生」(Mr. Democracy)。
28. 《自由時報》，1996/03/14。
29. *FCR*(March 1997), 32-33；*Taipei Times*, 2000/03/01。有關國家發展會議的更詳細資料與分析，請參閱 Joong huh Huang and Chilik Yu, "Evaluation of the National Development Conference by the Intellectuals," *Public Opinion Research Quarterly*(April

1997)，87-116。
30. *HWHJ*, 289, 1997/03/25, 6; 290, 1997/06/27, 24; 296, 1998/05/15, 6.
31. *HWHJ*, 291, 1997/09/30, 4-7.
32. *FCR*(February 1999), 26.
33. 吳祥輝，《選舉學》，59-61。
34. *FCR*(February 1999), 26；also Richard Halloran, "The Clinton-Jiang Summit, Who Call the Tune?" *FCR*(September 1998), 40.
35. 卜睿哲 (Richard C. Bush) 在他的 *At Cross Purposes: U.S.-Taiwan Relations since 1942* 一書中，曾對外交世界的複雜性有深入的剖析觀察。
36. *HWHJ*, 299, 1998/11/20, 4-6.
37. 美國邁阿密大學金德芳 (June T. Dreyer) 教授 2004 年 1 月 9 日將他與李登輝會晤時的談話內容告知作者。
38. *HWHJ*, 303, 1999/05/15, 30-32; 304, 1999/09/18, 4-6。Also see *FCR*(February 2000), 54.
39. 根據中華民國內政部消防署 1999 年 12 月 14 日的死亡與損失統計資料。
40. 李登輝，〈救災日記〉，1999/09/26; 1999/09/27。
41. ROC Central Election Commission(中華民國中央選舉委員會)。
42. 更詳盡情況請參閱 Cal Clark, "Taiwan’ s Elections in 2000," *Asia Society Briefing Paper*, 2000。
43. 李靜宜，《近寫李登輝》，12。
44. 同上註，43-44、70-71、178-182、209-217。也請參看 Cornell Chronicle: www.news.cornell.edu, 2001/0 7/12.

第十章　結語

1. Edmund Burke, *Reflections on the Revolution in France*, 110.
2. 更詳細情況請參閱 Thomas Gold, *State and Society in the Taiwan Miracle*.
3. 2003 年的一項民調顯示，36% 的俄國人認為史達林是一名好的國家領導人。在台灣，儘管有過慘痛的白色恐怖經驗，至今仍有許多台灣人說蔣介石與蔣經國是好的國家領導人。
4. Hughes, *Taiwan and Chinese Nationalism*, 5、12。有關毛澤東支持台灣與韓國獨立的主張，Hughes 轉引自 Edgar Snow, *Red Star Over China*(中譯書名《西行漫記》與《紅星照耀中國》)(New York: Penguin, 1978), 128-129。
5. Thomas B. Gold, "Factors in Taiwan's Democratic Transition，" *FCR*(Nov. 1995)，49。有關李登輝所留下的爭議性政治遺產詳細分析，請參閱 June Dryer, "History Will Be the Judge," 收錄於 Dickson and Chao, eds., *Assessing the Lee Teng-hui Legacy in Taiwan's Politics, in Taiwan Review*, (June 2003), 40-43。
6. 引自程建人 (Cheng Chien-jen) 在美國華盛頓的「2003 Cynthia P. RobinsonMemorial

Lecture」的演講，當天的講題為 "Cross-Strait Relations: Past, Present, Future", February 21, 2002。

7. *Arkansas Democrat Gazette*, 2003/06/04. Ross Terrill 在他的 *The New Chinese Empire*(中譯書名《一中帝國大夢》) 一書中詳論了中國歷代帝國的模式與遺產，並對中華帝國的目標提出了警告。
8. Cited from William Drozdiak's article, "Avoiding a Breakup," *Oregon Quarterly Summer* 2003), 23.
9. 有關更多的台灣民意調查資訊，請參閱 John Hsieh, "Wither the Kuomintang," 909-922；也請參閱 *The Wall Street Journal*, 2003/12/12。
10. Robert Kagan 在他的 *Of Paradise and Power: America and Europe in the New World Order* (New York: Knopf, 2003) 一書中指出，美國與歐洲並沒有共同的傳統，也沒有共同的世界觀。
11. *The Wall Street Journal*, 1996/02/26.